economía
y
demografía

LA FORMACIÓN DEL CAPITALISMO EN MÉXICO

por

SERGIO DE LA PEÑA

siglo
veintiuno
editores

méxico
españa
argentina

siglo veintiuno editores, sa
CERRO DEL AGUA 248, MÉXICO 20, D.F.

siglo veintiuno de españa editores, sa
C/PLAZA 5, MADRID 33, ESPAÑA

siglo veintiuno argentina editores, sa

edición al cuidado de alejandra gómez lara
portada de richard harte

primera edición, 1975
segunda edición, 1976
tercera edición, 1977

impreso y hecho en méxico
printed and made in mexico

ÍNDICE

PRÓLOGO

La presente investigación está dedicada a determinar a grandes rasgos la forma como surgió el capitalismo en México, cuándo sucedió y el carácter que cobró. La labor se orientó primero a examinar los cambios en las relaciones de producción que indiquen los brotes iniciales del capitalismo y después a seguir su desarrollo hasta que se convirtieron en las relaciones de producción predominantes, o sea las determinantes de la reproducción del sistema social. En consecuencia fue necesario extender el examen al dilatado período que va de 1521 a 1910. A objeto de cumplir con esta tarea se aplicaron diversos criterios de valoración de la información existente, de los que los principales son los relativos a la forma predominante de explotación del trabajo, la formación de una clase portadora de objetivos de poder económico y político de orden capitalista, así como el surgimiento de expresiones superestructurales correspondientes a su misión histórica y que la hacían posible.

Un aspecto central para el desarrollo de este tema se consideró que era que en las relaciones de explotación del trabajo tenían un peso específico en cada momento histórico factores económicos, sociales y políticos internos y externos, pero que las relaciones de producción eran la instancia básica explicativa. En este sentido difiere este punto de vista del planteamiento de recientes interpretaciones acerca del capitalismo en América Latina que acentúan la importancia de la esfera de la distribución, lo que conduce mecánicamente a suponer que este modo de producción era el dominante desde que se producían mercancías. También difiere de otra corriente no menos popular que postula una sobredeterminación de las relaciones de explotación por las vinculaciones e influencia del exterior. Por lo contrario, se encontrará en el presente estudio que se postula el predominio determinante de las relaciones internas y que a partir de la conquista la importante relación externa se interiorizó por imposición colonial, en un principio, y por la conveniencia de las clases explotadoras desde la independencia. Esta forma de interpretación conduce a acentuar la importancia de las fuerzas productivas y las relaciones sociales y productivas internas.

Siempre han existido vinculaciones externas pero son interiorizadas por diversas vías y canales y sólo entonces se transforman efectivamente en influencias sobre las relaciones de producción. Además, toda vinculación externa supone e impone dependencias diversas que se convierten en esta medida en datos adicionales para el análisis de los procesos y formas de explotación capitalista del trabajo, cuando de este modo de producción se trata. Es decir, el problema central reside en establecer cómo se efectúa la explotación y cómo colaboran diversos elementos a reproducirla, ya sean internos o externos, pero siempre traducidos a una relación inevitable y última de explotador y explotado. El grado de éxito alcanzado en esta tarea queda a juicio del lector.

Mi reconocimiento a la crítica incisiva, rigurosa y generosa de Enrique Semo, René Zavaleta Mercado, Roger Bartra, Juan Felipe Leal, Raúl Benítez Zenteno, Cecilia Imaz y María Elena Cardero.

PRIMERA PARTE

DESPUNTES CAPITALISTAS EN LA ÉPOCA COLONIAL

I

AMÉRICA Y LA FRUSTRACIÓN DEL DESARROLLO DE ESPAÑA

El estudio del origen del capitalismo en México y las características que cobra nos remite a los primeros y violentos contactos entre América y España a través de la conquista y nos impone la tarea de examinar la forma cómo se desarrollaron en estas tierras las formas de explotación y surgieron las superestructuras correspondientes. A este objeto es necesario también ponderar el sentido y la intensidad que tuvieron las influencias externas sobre las relaciones de producción desde la poderosa sujeción colonial hasta las varias y cambiantes formas de presencia externa en las épocas independiente y liberal de la vida del país, o sea hasta la instauración definitiva del capitalismo en México.

El propósito anterior exige la caracterización del desarrollo español, aún cuando sea esquemática, no sólo al emprender la conquista sino a todo lo largo de la época en que fue la influencia externa más poderosa en la evolución de la sociedad mexicana, o sea durante la Colonia. De esta manera será posible apreciar la importancia que tuvo esa presencia y la manera como se ejerció, a fin de contrastarla con los factores internos del desarrollo.

Las relaciones de producción que se implantaron en la Nueva España al terminar el período de pillaje directo, pese a la diversidad de aspectos idénticos, no fueron exactamente las que existían en ese período en España. A pesar de que el brutal pillaje inicial tenía perfiles parecidos a la expoliación que se había ejercido sobre moros y judíos algunas décadas antes en España, y de que las formas de organización de la producción que se implantaron en América eran similares a las peninsulares, había también importantes diferencias. Algunas de estas diferencias fueron producto de la condición colonial; otras del traslado de esas relaciones hispanas a una base social absolutamente diferente; otras más, debido a que la dinámica social española era inevitablemente diferente a la de la Nueva España, entre otras razones, por ser ambos los polos opuestos de la relación colonial. Es obvio que las diferencias iniciales fueron creciendo en algunos aspectos, como fueron las derivadas de que una parte importante del aparato productivo americano se orientaba hacia el exterior mientras que en España era la actividad comercial la dirigida hacia el intercambio externo y en cambio sólo una fracción pequeña de la producción se exportaba. En otros aspectos se redujeron diferencias entre ambos polos durante la vida colonial, como fue la disminución del peso inicial de las comunidades indígenas americanas en tanto núcleos sociales diferenciados. También surgieron a lo largo de los tres siglos de dominación elementos nuevos de suma importancia: las clases explotadas y explotadoras americanas, la formación de un creciente grupo mestizo, la influencia inglesa y norteamericana, etc.

No hay un consenso sobre el carácter de las relaciones de producción que se implantaron en Nueva España. Hay interpretaciones que encuentran un capitalismo formado, otras que sugieren un feudalismo tardío y otras más que afirman que se trataba de una transición de modos de producción.[1]

Para nuestros propósitos es necesario examinar el tipo de relaciones de producción que prevalecían en España en la etapa de la conquista y su evolución, entre otras causas, por efecto de la expansión colonial. O sea, definir la orientación que imprimió la conquista y la explotación colonial a la economía española, en contraste con su incipiente desarrollo manufacturero de fines del siglo XV.

En las últimas décadas del siglo XV el capitalismo manufacturero se encontraba en estado embrionario en algunas regiones de la Península, al igual que en otros puntos de Europa, pero estaba inmerso en un medio donde había el predominio de un feudalismo tardío con aspiraciones mercantilistas. El estancamiento en el siglo XVII y el posterior retroceso en el tránsito del feudalismo europeo en lenta descomposición hacia un capitalismo manufacturero, que sólo se renueva en el siglo XVIII, han sido objeto de estudios iniciales.[2] Para nuestro propósito habremos de especular sólo acerca del caso español.

España, que tenía escasa población a fines del siglo XV (alrededor de seis millones de habitantes), fue capaz de emprender con éxito la conquista, ocupación y explotación de las colonias en América debido a que era, junto con Francia e Inglaterra, una de las sociedades de más avanzado desarrollo de Europa. Este adelanto se daba no tanto en el sentido de tener una grande y compleja base productiva industrial (en realidad era la agricultura la actividad más importante), sino sobre todo por el avance en las relaciones de orden político, social y técnico que había determinado la expansión de las fuerzas productivas –inducida en parte por la guerra de reconquista y por la ocupación de territorios moros–, y del relativo desarrollo de las relaciones de producción que empezaban a acercarse, en brotes aislados, a las de un capitalismo manufacturero más avanzado.[3]

1. Véanse, por ejemplo, Frank A., *Capitalismo y subdesarrollo en América Latina*, Buenos Aires, Siglo XXI, 1973; Puigros R., *Los modos de la producción en Iberoamérica*, Juárez Editor, Buenos Aires, 1970; Semo E., *Historia del capitalismo en México,* ERA, México, 1973; Barbosa Ramírez A., *La estructura económica de la Nueva España,* Siglo XXI, México, 1971.

2. Véase Hobsbawm E., *En torno a los orígenes de la Revolución industrial,* Siglo XXI, Buenos Aires, 1971.

3. Existen indicios de ello, tales como la expansión cuasiburguesa en torno a la Mesta y a la actividad marítima, sobre todo vasca; la herencia de la frustrada expan-

Un indicio de este adelanto relativo de España lo aporta, con las salvedades del caso, el hecho de que sus rivales europeos habrían de requerir un tiempo considerable para efectuar la acumulación de capital y la evolución económica y social para emprender hazañas como las que ejecutó España en los siglos XV y XVI.[4] Similares en cuanto a la forma de ocupación militar de territorios y a emprender procesos productivos en las colonias, no por lo que se refiere al dominio comercial y el control periférico de territorios, creando puestos estratégicos, como en el caso de Portugal, Holanda e Inglaterra en África y Asia. Por otra parte es de considerar que la evolución de los rivales europeos de España tuvo lugar, en parte, debido a la incapacidad de ésta para desarrollarse aprovechando las ventajas de la explotación colonial. Una de las principales causas de esto, y al propio tiempo efecto, fue el que una gran parte del excedente substraído de América fuese a parar al resto de Europa.[5]

La conquista y la colonización de América provocaron un extraordinario crecimiento de las fuerzas productivas mundiales, lo que fue un antecedente formidable para la futura implantación del capitalismo. Pero la expansión de las fuerzas productivas y sus correspondientes efectos superestructurales tuvieron lugar en diversa intensidad y forma en cada caso. En España la expansión se dio, en rigor, a través de la incorporación de las masas indígenas y de los recursos americanos al aparato productor hispano y en muy menor medida por el aumento de las fuerzas productivas de la propia Península. En cambio, el impulso que creó la demanda americana en otros países de Europa estimuló un sostenido y enérgico desarrollo de sus fuerzas productivas nativas que después fueron complementadas con las de sus correspondientes colonias. Tal expansión colonial fue de menor magnitud que la de España y además tuvo lugar más tarde, por lo que estos países se encontraban mejor preparados para aprovechar el violento impulso sin dislocar en igual grado los procesos de expansión de las fuerzas productivas autóctonas, en contraste con lo que sucedió en el caso hispano y también en el portugués.

sión catalana, etc. Véase Vicens Vives J., *Historia social y económica de España y América,* Ed. Vicens Vives, Barcelona, 1969.

4. A este respecto, dice Pierre Vilar: "Entre 1450 y 1650, España ha sido el primer país que ha creado un imperio verdaderamente mundial" (en *Crecimiento y desarrollo,* Ariel, Barcelona, 1964, p. 177).

5. Este traslado tuvo lugar principalmente a través del comercio y del fastuoso gasto real en las posesiones imperiales europeas y del financiamiento de las inacabables guerras. Otra vía de pérdida de excedente fue la piratería que además perturbó el tráfico marítimo. Pero este traslado fueron sólo modalidades de la necesaria acumulación originaria del capital para empezar a poner en operación la ley del valor en Europa e implantar la explotación del trabajo asalariado que garantizara el proceso de acumulación ampliada. Es interesante observar cómo, a través del movimiento de los precios más acelerado que el de salarios, Hamilton aporta indicios de la operación de la ley del valor en Francia e Inglaterra en el siglo XVI. (Véase Hamilton, E. J., *American treasure and the rise of capitalism,* Económica, noviembre 1929.)

Un importante aspecto adicional es que en España, por el pasado de Castilla, que fue el eje de la unidad española, se inició en el siglo XVI con objetivos internacionales de un mercantilismo de fuerte acento metalista. En contraste, Inglaterra, Francia y aún Cataluña, planteaban desde entonces objetivos mercantilistas consistentes en la exportación preferencial de sus productos autóctonos, principalmente manufacturas. Estas diferencias tendrían profunda importancia más adelante, pero en cambio en la explicación de la conquista cobran mayor relevancia otros aspectos.

A este respecto nos dice Chávez Orozco exagerando el desarrollo relativo español, que "España descubrió y colonizó América porque fue el primer país de Europa que realizó su unidad política; porque fue la primera nación que entronizó el absolutismo por encima de los intereses de los señores feudales, y sobre todo, porque su industria estaba muy floreciente en las postrimerías del siglo XV". Sin embargo, "la magnitud gigantesca de la empresa contribuyó a paralizar el desarrollo social y económico de la Península y sirvió tan sólo para acelerar la consolidación de la burguesía en los otros países".[6] En realidad, como se explica más adelante, la forma como sucedió esa unidad política (que tampoco fue la primera de Europa), determinó en gran medida el desarrollo hispano posterior, pero en todo caso lo importante a señalar es que Chávez Orozco centra su explicación de la conquista en el grado de avance de España.

Por lo que se refiere al grado de evolución de España en vísperas de la conquista de América, el Estado se fue fortaleciendo gradualmente debido a la prolongada guerra de reconquista contra los moros. Esto determinó que la unificación política no se efectuase bajo el dominio e impulso de las regiones más adelantadas, como era Cataluña y los países vascos, sino bajo el del centro del poder militar que era la feudalista Castilla. Ni siquiera Aragón, que competía en cuanto a fuerza bélica, resistió el impulso unificador de Castilla, lo que determinó la vitalidad de los componentes corporativos (clero y gremios) que correspondían a la forma de expresión y de vinculación clasista en Castilla. Así, Castilla dio el acento al desarrollo de España y aportó los guerreros conquistadores y en cambio los colonizadores fueron principalmente vascos y catalanes.

La centralización del poder en la Corona crecía a medida que combinaba la cesión de las tierras árabes rescatadas por el pillaje de la reconquista a favor de guerreros y señores feudales, con la incorporación de la nobleza a la burocracia real y con el fortalecimiento de su dominio sobre el clero que estaba dedicado a combatir su enemigo principal, que era el Islam. Estas son evidencias del uso de la vía corporativa como forma de relación política, lo que por cierto es un aspecto central del feudalismo tardío en España. La vitalidad guerrera, administrativa y económicamente

6. Chávez Orozco, L., *Historia económica y social de México*, Ediciones Botas, México, 1938, p. 27.

necesaria para emprender la conquista de América provino en un principio de una base productiva extensa y en proceso de crecimiento por efecto, en parte, de la ocupación de nuevas tierras. Por eso, en cierta manera, la conquista fue la continuación, en el continente americano, de la poderosa expansión hispana en la propia España y en África del siglo XV.

Las inmensas necesidades de orden militar y civil que supuso el descubrimiento y la conquista de América, y las aún mayores que implicó la ocupación y explotación de las colonias, dieron un poderoso impulso a la demanda de bienes y un estímulo igualmente enérgico a la producción.

Sin embargo, debido a la inflexibilidad técnica y organizativa del aparato productivo español que tenía marcado acento medieval (excepto el caso de Cataluña y de los países vascos), y a la multitud de obstáculos de carácter económico, jurídico y social que afectaba su operación y limitaba su expansión, se vio impedido para satisfacer la demanda creciente y aprovechar su poderoso impulso para desarrollarse. Esta deficiencia del aparato productivo empujó a los productores a tratar de protegerse de la fuerte competencia de las importaciones que indujo esa poderosa demanda y de la voracidad comercial. Pero la protección sólo podía efectuarse recurriendo a los medios tradicionales, o sea los corporativos, a lo que inclinaba la influencia castellana. En esta medida la base manufacturera y agrícola, que estaba llamada a cumplir con el papel más importante en el complejo proceso de tránsito del feudalismo hacia el capitalismo sufrió una involución y se convirtió en su más poderoso impedimento. En efecto, este viraje daba nueva vitalidad a los anquilosados y poderosos sistemas de defensa gremial y corporativa que se habían debilitado en las décadas previas a la conquista por la propia expansión de la producción. Además introducía, por el efecto combinado de la protección arancelaria y del endurecimiento de las defensas gremiales, condiciones de producción que determinaban costos y precios de los productos que limitaban seriamente la elasticidad de la oferta y la capacidad competitiva mundial de los bienes peninsulares. Los productores obtuvieron protección pero fueron incapaces para dominar el mercado peninsular ni el de ultramar.

Este mecanismo protector sin duda garantizaba una posibilidad de participación de los productores autóctonos en el mercado americano e hispano frente a la competencia de las importaciones europeas y en cambio cancelaba su capacidad de exportar con éxito. Así, imponía a los consumidores americanos e hispanos un sobre-precio que se convertía ya en ganancias a favor de los comerciantes, ya en impuestos para el Estado. Tanto ganancias como impuestos iban a dar, en gran parte, al resto de Europa. Por lo que hace a las colonias, la protección a la producción hispana se combinaba con los intereses de comerciantes de ultramar por mantener la mayor dependencia de importaciones, que ellos manejaban, para determinar restricciones a establecer actividades competitivas americanas. La oferta se componía de una proporción decreciente de productos españoles a cambio de mayores importaciones del resto de Europa y de producción interna.

Como se ve, el cambio en la orientación de los principales sectores productivos españoles no se debió sólo a condiciones sectoriales sino también a la influencia de la presencia de América sobre el conjunto de la sociedad hispana. Entre los efectos más notables de la conquista de América se encuentra el que la esfera de distribución de bienes se convirtiese en la más lucrativa, de la que el comercio lo era desde antes. Por su enorme incremento absorbió grandes contingentes de mano de obra y fue campo de acción de múltiples empresarios que según la ley debían ser hispanos.

Por otra parte, el auge fastuoso creó la posibilidad de emigrar para hacer en América el papel de conquistador, marino, soldado, administrador, comerciante, encomendero, cura o empleado público. Un número elevado de migrantes fueron hidalgos pobres en busca de fortuna que trasladaron a América su ideología aristocrática y sus ambiciones feudales.

Las condiciones anteriores fueron algunos de los factores que reforzaron pautas no capitalistas en el aparato productivo y social español, como era el sentido y aspiraciones señoriales, las orientaciones corporativas y las formas tradicionales de administración de los asuntos públicos.[7] Por tanto, los débiles impulsos a favor de la industrialización española que habían surgido antes de la conquista se abandonaron por las ventajas mayores que arrojaba una orientación de carácter mercantilista tradicional, que era de hecho un retroceso en el desarrollo de la Península.[8] Es decir, el interés que empezaba a surgir por la esfera productiva fue dominado por el interés basado en la fácil riqueza de las actividades distributivas de los bienes.

Acorde con el esquema mercantilista se crearon monopolios comerciales privados, que se implantaban mediante la compra de los privilegios respectivos a la Corona y que venían a completar los monopolios del Estado. La Corona y los comerciantes se encontraban interesados en sostener la mayor corriente posible de intercambio (los derechos al comercio eran una abundante fuente de ingresos corrientes de la Corona), más que en la expansión productiva de la Península o de las colonias. Por otra parte, los intereses europeos en el mercado americano encontraron fácilmente soluciones a las prohibiciones de participar en los monopolios dados en concesión a comerciantes hispanos. Para ello convirtieron a éstos en sus representantes no formales ("presta nombres" en la jerga del nacionalismo mexicano).[9]

7. A este respecto véase Vicens Vives, J., "Estructura administrativa estatal en los siglos XVI y XVII", en *Coyuntura económica y reformismo burgués,* Ariel, Barcelona, 1968.

8. Véase Elliot J. H., *Imperial Spain 1469-1716*, Penguin 1970, y Altamira y Crevea R., *Historia de España y la civilización española,* Ed. Suc. Gilis, Barcelona, 1928/1929.

9. Véase Vicens Vives, J., *Aproximaciones a la historia de España,* Ed. Vicens Vives, Barcelona, 1968, p. 16-17

El estancamiento en el desarrollo industrial de España y el retorno a las formas de organización corporativa significaban la derrota de la incipiente burguesía manufacturera y el consecuente retroceso del escaso proletariado, o sea, la debilitación de las pocas estructuras capitalistas. En esta medida se vitalizaban las tendencias feudales y se frustraban brotes sociales favorables a la transición. Empero debe considerarse que la derrota de la débil burguesía manufacturera –la que, al perder las actividades manufactureras y agrícolas su atractivo económico, se dedicó preferentemente al comercio y otros servicios–, no sucedió sin ventajas materiales para el conjunto de la población en algunas épocas (en la primera mitad del siglo XVI, por ejemplo), lo que provocó el bloqueo y la deformación de las fuerzas evolutivas en los campesinos y trabajadores españoles. Para ello colaboraron los efectos ideológicos derivados de la derrota, dominio y explotación de grandes masas de americanos y su reducción a diversas condiciones de esclavitud y servidumbre.

Se puede afirmar que España eligió, en razón del interés inmediato, un papel de intermediaria que la convirtió en el amortiguador de los desquiciantes efectos de la rápida elevación de la demanda y de la repentina expansión de las fuerzas productivas creadas por la colonización de América, para otros países de Europa. En esos otros países la consecuencia de la conquista de América no consistió en obligarlos a retornar al mercantilismo tradicional sino que la fracción de la demanda colonial que satisfacían sirvió para estimular los procesos productivos y hacer madurar su mercantilismo por la exportación de sus propias manufacturas. En esta medida constituyeron, desde el siglo XVI, impulsos que auspiciaron la transformación social que habría de formar los cimientos del capitalismo del siglo XIX. Claro es que en estos países europeos, de todos modos, la fuerte exportación de valor en forma de bienes de producción y de consumo supuso una dislocación de las relaciones entre las estructuras productivas y distributivas. Ello se expresaba en una demanda interna mayor que la disponibilidad de bienes, lo que desembocó en un largo período de elevación de precios en el siglo XVI, expresión de un extenso ajuste del sistema mundial al nuevo nivel de fuerzas productivas, a la alteración de la composición de la producción y del valor disponible.[10] La contracción de precios del siglo XVII corresponde al receso económico que pudo generarse en la incapacidad de desarrollar las fuerzas productivas de acuerdo con la expansión de la demanda por la rigidez de las incipientes relaciones de producción capitalistas. El desarrollo de éstas requirió largo tiempo. En realidad sólo en el siguiente siglo se renovó el crecimiento económico y con éste la inflación de precios, lo que en parte se debió al resurgimiento minero y a la

10. Véase Vilar, P., "Problemas sobre la formación del capitalismo", en *Estudios sobre el nacimiento y desarrollo del capitalismo,* Ed. Ayuso, Madrid, 1972.

consecuente expansión de valor en forma de oro y plata, es decir, no usables para el consumo y por lo mismo generadores de inflación.

El efecto inflacionario se generaba en gran parte en que la exportación de bienes europeos (principalmente manufacturas), tenía como contrapartida el intercambio de oro y plata de América, a cuya afluencia se atribuyó erróneamente la responsabilidad del aumento de precios. A su vez, el oro y la plata obtenidos servían para adquirir importaciones, en su mayoría bienes de lujo orientales y en mucho menor proporción, bienes intermedios con elevados aranceles dejando así la gran demanda popular insatisfecha, ya que requería alimentos y vestidos. La inflación garantizaba una extracción mayor de plustrabajo, con lo que se generaba una de las corrientes principales de la acumulación originaria y del financiamiento de la reproducción ampliada del capital en esos países.

En España a su vez la afluencia de metales preciosos americanos se dedicaba al financiamiento del gasto real (en gran parte efectuado en el Imperio mas no en España, y en alta proporción dedicado a fines bélicos y a gastos suntuarios), a la importación de bienes de consumo de lujo y a financiar la compra de productos que habrían de reexportarse a América. El efecto inflacionario de este proceder tenía varias vías como son el gasto público y privado y la composición de la oferta interna y de las importaciones. La presión sobre los precios aumentaba tanto por la poderosa protección que elevaba por igual el de los productos internos y el de las importaciones, como por la desviación de la capacidad para importar hacia la adquisición de bienes no esenciales para el consumo o la producción.

Al contribuir al desarrollo capitalista de Europa a costa del suyo propio, España selló su destino de sociedad relegada del desarrollo, pese a todo el espléndido consumo que logró mediante el control del comercio y la enorme extracción de oro y plata americanos. Las actividades mercantiles se convirtieron de esta manera en la "piedra angular de la economía española".[11]

Dice Semo, "las relaciones capitalistas estaban presentes en la España de los siglos XVI y XVII. Pero se trata de un capitalismo temprano o embrionario, que después de un breve período de auge entra en una larga declinación durante la cual se acentúa su parasitismo y se produce la reversión, la integración entre capitalismo temprano y sistema señorial".[12] En consecuencia, la influencia que España podía ejercer sobre América estaba inevitablemente determinada por el acento mercantilista de la explotación colonial, a pesar de lo cual trasladaba en diversos aspectos

11. Stanley, J. y Bárbara H. Stein, *La herencia colonial de América Latina*, Siglo XXI, México, 1970, p. 19.

12. Semo, E., *Historia del capitalismo en México. Los orígenes.*, Ed. ERA, México, 1973, p. 126.

elementos de su desarrollo más avanzado. Así, en cuanto a la técnica, y a la forma de organización de algunas actividades cuya explotación así lo exigían, implantó importantes adelantos.[13]

A través de la operación de relaciones de precios favorables a los productos europeos, de la aplicación de parte del excedente captado por la Corona española a la ejecución de fastuosas obras públicas en el resto de Europa y al sostenimiento de ejércitos de ocupación en esas áreas, y por el efecto de la extendida piratería y del frecuente contrabando, España sostenía el desarrollo de Europa hacia el capitalismo pero a costa del suyo propio. Dice Chávez Orozco que "el descubrimiento y explotación de América facilitó la perpetuación del régimen feudal en España y aceleró la maduración de la burguesía en las naciones rivales".[14] El feudalismo español se vuelve tardío y se arrastra en una lenta evolución. España pierde fabulosas cantidades del enorme excedente arrancado brutalmente a América a través de la venta de sus materias primas y la compra de manufacturas al resto de Europa bajo condiciones desfavorables. Como resultado se convirtió en "las indias de otros países", como amargamente decían algunos economistas españoles, a lo que contribuyó el que las estrictas limitaciones al comercio extrahispano fuesen burladas fácilmente no sólo por extranjeros sino sobre todo por peninsulares que practicaban intensamente el contrabando de bienes y de metales.

La industria española estaba cada vez más anquilosada dentro de su protección medieval diseñada para defender los mendrugos peninsulares del formidable movimiento comercial mundial. Los mercaderes hispanos traficaban intensamente con bienes del resto de Europa como representantes de esos intereses. Pero el indicador más dramático del violento retroceso que sufrió España es tal vez el hecho de que para 1740 menos del 5% de los productos consumidos en América eran hispanos y que su industria cubría sólo una fracción de la demanda peninsular.[15] Es interesante resaltar que la información inglesa confirma este panorama, ya que a mediados del siglo XVII la mitad de las exportaciones de textiles ingleses se dirigían a España, habiendo sido ésta una importante productora y exportadora de tejidos en los albores de la Conquista.

El retroceso de los despuntes del desarrollo manufacturero y capitalista de España se generalizó. Uno de los aspectos en los que se reflejó este proceso y que en sí mismo fue un factor de estancamiento, fue el ennoblecimiento. Comerciantes e industriales de éxito, preocupados por dar lustre al apellido, dedicaron a sus hijos a quehaceres más nobles y adquirieron títulos y juros. El desprestigio de las actividades productivas, característica feudal, llevó al abandono de éstas. Dice Semo que "esta tendencia se

13. *Ibidem.*, p. 128.
14. Chávez Orozco, L., *op. cit.*, p. 52.
15. Véase Semo, *op. cit.*, p. 108.

agrava porque hasta 1771, el dedicarse a actividades de tipo industrial implica la pérdida de la hidalguía . . . En las ciudades industriales de Castilla debió producirse, a fines del siglo XVI, un intenso fenómeno de liquidación de negocios y de transformación de empresarios en rentistas. La amplitud del fenómeno permite hablar de la transformación meteórica de una clase de capitalistas en una clase de rentistas ennoblecidos".[16]

16. Semo, E., *op. cit.*, p. 113.

II

LA RELACIÓN COLONIAL Y LA DINÁMICA DE LOS MODOS DE PRODUCCIÓN EN AMÉRICA

España implantó en América condiciones de explotación dictadas por las normas de operación de un mercantilismo rampante y las de un sistema de expoliación brutal e ilimitado por parte de la Corona. A este objeto adaptó y transifirió las pautas económicas y sociales peninsulares, que eran las únicas que conocía, para fines de organización, explotación y regulación de la sociedad colonial.

Empero, el trasplante de las formas españolas e insulares de explotación (la experiencia de las islas del Caribe), dio como resultado relaciones de producción diferentes debido a que se hacía sobre una amplia base social prehispana. Se establecían así formas híbridas resultado de la combinación de una parte de las relaciones existentes en las sociedades prehispánicas con las que iban desarrollándose en España, y todo ello marcado por las intransigentes disposiciones coloniales.

El resultado fue una formación económica compleja que combinaba las estructuras hispanas, que tenían entonces un carácter de marcado acento feudal tardío con ingredientes de mercantilismo avanzado, con los numerosos remanentes de las estructuras despóticas prehispánicas.[1] Pero es un modo de producción feudal atípico y además en descomposición el de España, que al implantarse en América se modifica. Por una parte, algunos de los componentes principales del feudalismo europeo "clásico" se escamotean en América, al inicio de la Colonia, como son la propiedad señorial de la tierra y el campesino individual. Por otra parte, incluye otros ingredientes como es la prepotencia del Estado y la gran proporción de comunidades indígenas que refuerzan el sentido corporativo del feudalismo español. Pero el factor principal que orienta en dirección modificada las relaciones de producción y las formas de organización social es la condición colonial que imprime a la explotación del trabajo una intensidad

1. Asumimos el concepto de feudalismo en tanto relación social que comprende una base esencialmente agraria, propiedad señorial de la tierra, relaciones entre vasallos y señores de carácter productivo sustentadas en coerciones feudales (tributos, prestaciones, deberes, etc.), comprendiendo una superestructura correspondiente. En este sentido, la gama de posibilidades de presencia feudal van desde plenas condiciones feudales hasta rasgos o tendencias correspondientes a este modo de producción. Respecto a las características feudales véase Parain, Ch., "Caracteres generales del feudalismo", en *El feudalismo*, Ed. Ayuso, Madrid, 1972.

mayor y diferente al de España. Por esta razón consideramos este modo de producción como feudal tardío en su versión colonial, y con diversos componentes de gran importancia. Uno de ellos fue el gran poder de la Corona y su enérgica intervención en diversos aspectos de la sociedad.

Así, la conquista impuso una combinación de poderosas tendencias hispanas como eran las correspondientes a la mezcla de feudalismo tardío con despuntes mercantilistas avanzados dentro de condiciones de rígida imposición colonial, con las formas comunitarias nativas, que iniciaron su decaimiento y desaparición.

Por lo que se refiere al vigoroso empuje hispano, debe resaltarse que estaba en una etapa de formación de nuevas relaciones, pero éstas se alteraron debido a la expansión colonial en sus dos formas, primero el feroz pillaje y después la consolidación de la explotación del trabajo que se intentó encuadrar dentro de los cánones feudales españoles. Pero estos cánones a su vez fueron modificados por la orientación externa de la producción y por la condición colonial bajo la que se establecieron en América, incluyendo en ésta el poderoso arbitraje real y la presencia de grandes masas de indios que podían explotarse a través de diversos procedimientos y formas de organización, por cierto también ajenos a las pautas del feudalismo europeo.

Algunos de los más poderosos componentes feudalizantes hispanos se reforzaron en el traslado al encontrar en América no sólo una función primordial colonial que cumplir sino también al coincidir con formas indígenas de organización social que los hacía particularmente eficientes para fines de gobierno y de explotación. Esta combinación dio por resultado la relación que acertadamente denomina Semo "despotismo tributario", de gran importancia al inicio de la Colonia pero de vigencia decreciente. Tal despotismo tributario era la forma de vinculación de comunidades indígenas con el resto del sistema colonial por lo que se refiere a la extracción de tributos y a las diversas formas comunales de explotación de la mano de obra (encomienda, repartimiento, tequio, etc.), que por lo mismo formó un modo de producción subordinado y parte central de la variante de feudalismo que se desarrolló en América.

La Corona, en su esfuerzo por mantener el poder centralizado frente a las exigencias del mayoritario núcleo de conquistadores y encomenderos con aspiraciones señoriales acentuó sus mecanismos tradicionales de dominio a través de la estructura tributaria y sostuvo una política de separación de indios y españoles. A este efecto declaró propiedad real todas las tierras, aguas y yacimientos coloniales, y convirtió en súbditos a todos sus habitantes nativos. Además preservó la unidad social básica prehispánica, que era la comunidad, y estableció una relación institucional con ésta como conjunto, más que con los individuos en particular, exigiendo obediencia y tributos. En este sentido la Corona contribuyó tanto a crear elementos similares al concepto de "feudalismo de Estado" propuesto por Hincker, como diferencias al combatir tendencias rebeldes feudalistas.[2] Por último, orientó la acción de la Iglesia a la constitución ideológica y a la defensa de las comunidades frente a los ataques de los otros sectores. Estos otros sectores eran, como decíamos, la parte de la sociedad favorable a la posición feudal y la parte incorporada a la incipiente formación empresarial, la que era tan reducida que sólo ocasionalmente se podía distinguir de la primera. Desde luego, eran posiciones y relaciones poco diferenciadas en vista de la mezcla de componentes (por ejemplo, la población indígena aportaba la mano de obra para ser explotada por todos ellos), y del efecto múltiple de las iniciativas y políticas reales.

En el esquema siguiente se intenta ilustrar la interdependencia que se estableció entre la base de las comunidades indígenas, en proceso de destrucción y que formaban un modo de producción que fue absorbido en una nueva variante feudalizante que es la despótico-tributaria, con la parte feudal colonial. Desde luego, todas estas variantes eran posibles en gran parte por la imposición colonial y además, se encontraban en proceso de cambio. Así, se observa la presencia de dos modos de producción al término de la conquista, aún cuando pueden encontrarse variantes de relaciones de producción diferentes.

MODOS DE PRODUCCIÓN AL INICIO DE LA COLONIA

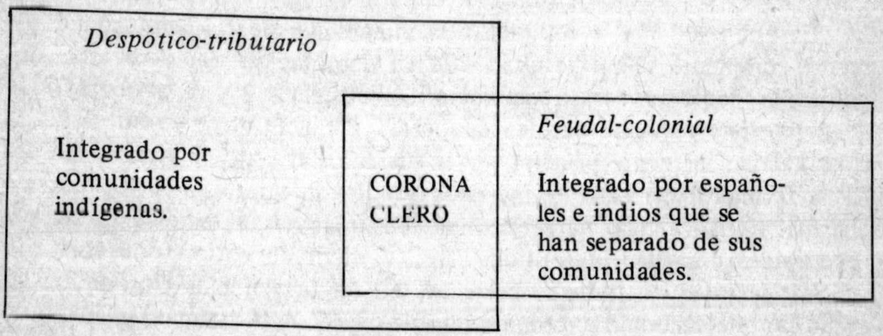

La Corona y el clero aparecen en esa etapa como el vínculo entre los dos modos de producción y además eran importantes componentes de ambos. Además, la separación de los integrantes de cada modo era virtual en cuanto que la fuerza de trabajo que hacía funcionar a ambos era la misma, es decir, la población indígena. Empero, a poco de iniciar la producción dentro del marco feudal colonial empezó la disgregación de comu-

2. Véase Hincker, E., "Contribución a la discusión sobre la transición del feudalismo al capitalismo: la monarquía absoluta francesa", en *El feudalismo*, Ed. Ayuso, Madrid, 1972.

nidades que más adelante se explica, de manera que pronto fue absorbido el modo de producción despótico-tributario en el modo principal e integrado en el mismo adaptándolo mediante la articulación de relaciones de producción. El siguiente esquema ilustra estos cambios:

MODOS DE PRODUCCIÓN A FINES DEL SIGLO XVII

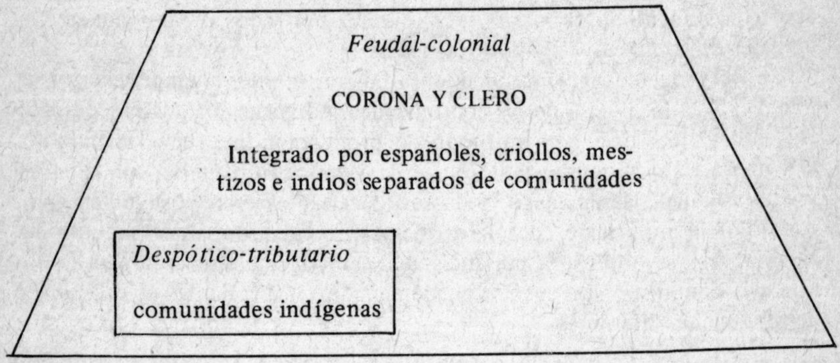

En este esquema se representa la integración de las comunidades al modo dominante como resultado de su debilitación por la pérdida de población (debido al desastre demográfico del siglo XVI y a la sustracción de población) y por la pérdida de tierras. Para entonces ya no eran las comunidades la fuente principal de la fuerza de trabajo en vista de que se había formado una base de mestizos e indios integrados a la producción hispana-criolla-mestiza. Para examinar con más detalle estos aspectos es necesario explorar la forma en que surgió el modo despótico tributario.

La finalidad central que perseguía en un principio la Corona era la extracción del máximo excedente posible mediante la vía más trillada, que era la del tributo y otros sistemas de impuestos. El tributo consistía en la capitación obligatoria por parte de todos los indígenas, para lo cual le convenía a la Corona sostener los mecanismos favorables para la captación de ingresos y para mantener la fuente, sobre todo si estos también facilitaban el dominio de los pueblos sojuzgados. La implantación de este sistema encontró grandes resistencias de parte de los conquistadores y de otros aspirantes a las ventajas del sistema feudal de las que se sentían merecedores. Sin embargo, la Corona logró imponer en corto tiempo gran parte de su política gracias a las características de las comunidades indígenas, entre ellas, su dispersión y autarquía, así como la forma de organización y dominio prehispánico que tenía marcadas similitudes con la que pretendía implantar la Corona: la relación de la comunidad con un poder central remoto cuya presencia se objetivizaba principalmente en la obligación del pago del tributo.[3]

El esquema social de la Corona para explotar y controlar las comunidades indias incorporaba elementos adicionales al sistema prehispánico de principal importancia, que fueron vías de su articulación con las relaciones de producción del modo dominante, entre ellos:

a) La apropiación de todas las tierras y aguas afectando al sistema de tenencia prehispánico.

b) La exigencia de conversión de la población indígena a la religión católica.

c) La introducción e imposición del castellano y la destrucción de la cultura prehispánica.

d) La eliminación de los estratos indios dominantes, reduciendo a las comunidades a masas de *macehuales* comandados por unos cuantos caciques.

e) La exigencia de aportar tributos y trabajo, primero gratuito y luego remunerado.

f) La reubicación de comunidades dispersas a través de las congregaciones, tanto para asegurar la tributación como para controlar rebeliones.[4]

g) La diferenciación de obligaciones y derechos de los indios en la sociedad colonial.

h) El intento de exclusión de las comunidades del resto del mundo colonial.

En los primeros tiempos de la Colonia la estructura despótico-tributaria era la más extendida y sobre ella se superpone todo el resto de la sociedad. Sin embargo, empezó a ser erosionada por múltiples vías para transformarse en una parte del modo de producción feudal de transición, principalmente al perder recursos naturales y contingentes de indígenas que eran incorporados al nuevo régimen de explotación, algunos de cuyos canales habremos de examinar más adelante. El efecto acumulado de este proceso fue la accidentada reducción de la importancia de este modo de producción a lo largo de dos siglos, de manera que a fines del siglo XVIII se hallaba reducida la estructura despótico-tributaria a tal grado que su significación era secundaria. Los ataques posteriores que siguió sufriendo principalmente después de la Independencia que convirtieron a esas estructuras

3. La similitud tributaria era tan grande que en 1523 se ordena a las comunidades el pago igual al prehispánico o sea, alrededor del 30% del producto agroartesanal. Véase Semo, E., *op. cit.*, pp. 67-68.

4. En las congregaciones se preservaban las tierras comunales, se destinaban tierras para funciones específicas (fundo legal, ejido, tierras de explotación comunal y de uso individual asignadas anualmente), y se estimulaba la reconstitución de los órganos de gobierno tradicionales. El clero ayudó a conservar el sentido corporativo de la comunidad, entre otras formas, por la organización de cofradías religiosas que proliferaron.

en simples comunidades indígenas, acabaron por contraerlas a un estado marginal y larvario. Así, los componentes de este modo de producción finalmente se transformaron en un simple remanente de relaciones de producción comunitario, usualmente con fuerte acento mercantil simple y que prevalecen hasta la actualidad.

El tributo mismo, que sólo se aplicaba a indios y después también a negros y mulatos, tuvo una diversidad de cambios. Por una parte, de ser la fuente principal del ingreso real a mediados del siglo XVI, pasó a ser insignificante a fines de la Colonia por la dramática reducción demográfica de las comunidades y de su debilidad económica creciente, en contraste con la riqueza que cobraron otras fuentes de ingresos (estancos, timbre, importaciones, alcabalas, quinto real, etc.). Por otra, pasó del pago en especie (que requería ser comercializado en subastas públicas para transferirlo a España en moneda o metales), a ser principalmente en dinero desde mediados del siglo XVIII, colaborando así a la monetización de comunidades y a la correlativa destrucción de sus relaciones de producción tribales. En cambio, la contribución en trabajo se derogó desde la reforma tributaria del siglo XVI.[5]

Es claro que la Corona no podía ni quería reducir toda la vida colonial a la condición despótico-tributaria. Pese a que su principal interés era el tributo y retener el máximo poder, no sólo estaba incapacitada para prescindir del estrato de españoles que eran en realidad el brazo ejecutor de su dominio, y que exigían una participación en la explotación colonial, sino que su interés incluía el fortalecimiento de este núcleo, de acuerdo con el concepto de que Nueva España era un reino, no una colonia sojuzgada. Además, los comerciantes y los "empresarios" que financiaban las aventuras de la conquista también demandaban su tajada de beneficios, mientras que los productores españoles clamaban protección ante la competencia de bienes del resto de Europa. Esta multitud de presiones e intereses, entre los que tenían importante lugar los de evangelización y dominio económico de la Iglesia, determinaron que el papel de la Corona fuese multifacético y cambiante.

Desde un principio se manifestaron poderosamente las peculiares tendencias de la influencia española que, sobre la base predominante de un feudalismo en descomposición, combinaba el gran poder centralizado de la Corona con las exigencias coloniales. Los hispanos exigían oportunidades para satisfacer su sed de riquezas y su ansia de transformarse en señores de la tierra. La Corona, en un claro ejemplo de la ambivalente posición respecto al feudalismo decadente, resistió esta presión evitando la formación de feudos tradicionales, aunque concedía gracias y mercedes territoriales y

5. Véase Borah, W., "Los tributos y su recaudación en la Audiencia de Nueva Galicia durante el siglo XVI", en *Historia y sociedad en el mundo de habla española. Homenaje a J. Miranda*, El Colegio de México, México, 1970.

tributarias para premiar y pagar a los conquistadores. Para ello aseguró para sí misma la propiedad inmanente de los recursos e implantó la concesión temporal, a través de *mercedes reales,* de la explotación de hombres y de recursos. Para lograr esto recurrió primero a la esclavitud por derecho de guerra y luego a la práctica de la tradicional encomienda, pese a la desastrosa experiencia anterior al aplicarse en las islas del Caribe, sobre todo en cuanto a que diezmó a la población nativa.

La encomienda, vehículo característico de acumulación primitiva, era una forma de cesión real de tributos de comunidades indígenas a los conquistadores, quienes en un principio estuvieron en capacidad de fijar su magnitud.

Tal fórmula tenía claro acento feudal pero la dinámica misma del proceso de explotación vino a modificar su carácter. Por ejemplo, la encomienda tenía carácter precario pese a que llegó a concederse hasta por cinco vidas o generaciones. Los encomenderos no se conformaban con vivir de sus tributos sino que pretendían más riquezas y fueron imponiendo modificaciones a su favor. El pillaje inicial había aportado un tesoro escaso y a su vez el tributo, aunque abundante, no correspondía a las expectativas de riqueza de los conquistadores e hispanos en general. En tal razón recurrieron a la explotación de yacimientos de minerales preciosos y a la producción de bienes valiosos para la exportación. Pero ello exigía, a su vez, la explotación de abundante trabajo y su organización, lo que sólo era posible lograr ya fuese mediante la implantación de la obligación de que laborasen los indios encomendados en estos quehaceres, o mediante la esclavitud, aunque también empezó a formarse un núcleo de trabajadores libres.

El trabajo obligatorio era una modalidad que desde su inicio intentaron asociar los conquistadores a la encomienda. A su vez la Corona se oponía a ello tanto por la elevada mortalidad que producía, lo que afectaba sus ingresos, como por la tendencia hacia la destrucción de la unidad básica de su poder colonial, que era la comunidad. Debe recordarse que el indio era libre dentro de su pueblo, con las limitaciones que en este sentido imponía la poderosa regulación comunal.

Para 1542 la Corona logró la ruptura de la relación individual entre indios encomendados y encomenderos que permitía la imposición del trabajo obligatorio en la producción agrícola y minera. Con el fin de sostener la producción, se instituyó el repartimiento mediante el cual se asignaban labores a los indios encomendados pero su trabajo debía ser remunerado. Esto no sólo debilitó al inquieto grupo de encomenderos, sino también rompió lazos serviles e impuso un proceso inicial de proletarización y de monetización de la relación laboral, de importantes consecuencias. Claro es que la mano de obra debía asignarse, lo que creó al igual que la administración de la tributación, en enorme sistema burocrático de complejas funciones.

En la encomienda simple, en teoría, los indios varones adultos eran forzados a trabajar alrededor de 20 días por año, sin paga, en actividades designadas por el encomendero. Ello conducía a la formación de relaciones serviles y a la destrucción de la comunidad tanto porque los indios eran arrancados de ella como por la elevada mortalidad que padecían. Es claro que con toda facilidad se pasaba del trabajo obligatorio eventual a la esclavitud permanente, ya fuese de hecho o legalmente. Esta práctica es una muestra de la simbiosis en que entraron relaciones de producción disímbolas por efecto de la articulación que auspiciaba el propio modo de producción. La esclavitud fue practicada con gran intensidad por los encomenderos en un principio dentro de las normas de rescate de prisioneros de guerra, mas pronto empezó a ser limitada esta práctica por la Corona por razones similares a las que condujeron a derogar el trabajo obligatorio de comunidades.[6] La esclavitud era parte usual de la explotación del trabajo tanto en España como en las culturas prehispánicas americanas y coexistía con el trabajo libre, aún en las mismas unidades productivas. La Corona prohibió y permitió varias veces la esclavitud. El total de esclavos negros llegó a su máximo a mediados del siglo XVII (había 35 000 esclavos negros), para declinar hasta fines de la Colonia, cuando aún se contaban 10 000, por ser ésta una forma de explotación de la mano de obra menos económica que otras, como era el trabajo servil y el libre, incluyendo el creciente peonaje. En la minería y en la producción de azúcar había esclavos en el siglo XVI, pero fueron disminuyendo de manera que a mediados de la Colonia se encontraban esclavos casi exclusivamente en obrajes y en ciertas producciones agrícolas, mas ya no en la minería.

En realidad, la solución del conflicto entre productores deseosos de explotar suelos y minas, que eran frecuentemente encomenderos, que exigían el uso de la capacidad de trabajo de los indios (gratuito y obligatorio en un principio, y luego remunerado), y la Corona que pretendía preservar la comunidad indígena, fue el repartimiento. Esta fórmula combinaba la asignación forzada de la mano de obra con el pago a la misma. Ello suponía una gran contradicción que más adelante se resolvió con la gradual disolución de las comunidades y la afectación creciente de la encomienda. En efecto, la comunidad se veía sujeta a competencia por parte de la estructura feudal-capitalista para absorber la mano de obra. Poco a poco se anexaba el trabajo al otro modo de producción ante lo cual la comunidad reaccionaba ya sea adaptándose a la competencia, y entonces perdía su carácter de comunidad, o ya sea rehusándola, lo que significaba marginarse. A su vez, la encomienda se veía atacada en su esencia al no disponer de

6. La esclavitud cobraba tres formas diferentes. Una era la del "rescate" de los esclavos de los caciques que habían sido vencidos por los españoles; otra era la compra de esclavos americanos; la tercera era la captura en combate de infieles. Cada variante tuvo su momento culminante por la facilidad de su práctica.

mano de obra esclava, a lo que se añadía la condición precaria de su dominio de la tierra para debilitarla.

Así, el embrión del trabajo asalariado en forma de labor remunerada, aunque acompañado de presiones extraeconómicas, como era la obligatoriedad inicial y el semiservilismo del peonaje, empezó a minar dos de los bastiones de la resistencia al capitalismo, o sea al modo de producción despótico-tributario y a los rasgos del feudalismo. Su triunfo, a su vez, eliminó la práctica que lo generó, o sea el repartimiento, que ya estaba en desuso a principios del siglo XVIII.

Claro es que este incipiente factor capitalista era insuficiente por sí solo para transformar todo el sistema. Sin embargo, al combinarse con la eliminación de otro bastión de resistencia al capitalismo que era la inexistencia del derecho a la propiedad privada de la tierra, pudo afectar más profundamente las formas de organización precedentes. En efecto, para mediados del siglo XVII,cuando la encomienda estaba en franca decadencia, la exigencia de fondos de la Corona llevó a la determinación de legalizar las propiedades privadas de tierras que existían de facto, a base de la venta a usufructuarios por parte de su propietaria immanente que era la propia Corona. Pese a la resistencia de los latifundistas, que pretendían la propiedad a título gratuito, la Corona impuso su criterio y se cimentó la hacienda a costa de la encomienda. Esta nueva forma de propiedad, cuya explotación usualmente estaba orientada a los mercados nacionales y externos, pero también tenía fuerte tendencia hacia la producción de sus propios requerimientos, generó el peonaje por deudas, que era una variante del trabajo asalariado. De hecho, la hacienda habría de subsistir como base de la organización productiva agropecuaria hasta principios del siglo XX, pero siempre acompañada, complementada y antagonizada por el rancho, que tuvo desde su inicio un marcado acento capitalista, ya que en ellos predominaba el trabajo asalariado.

Paralela al proceso de formación de latifundios, haciendas y ranchos, había surgido también la pequeña propiedad. Hasta antes de la legalización de estas propiedades a mediados del siglo XVIII, surgieron del despojo a comunidades, de ocupaciones ilegales de tierras públicas (demasías) o de compraventas fraudulentas. Al imponerse la titulación real se sustentó en la gradual formación de un mercado de tierras. Su creciente presencia aportó (y requirió) mano de obra libre así como una nueva posibilidad de que se incorporasen a la agricultura productores que no eran hacendados ni comuneros. Se convirtió así en un factor adicional favorable a la implantación del capitalismo dentro del panorama de grandes latifundios privados y clericales y de comunidades que luchaban por subsistir.

El complejo papel que desempeñó la Corona en todo este proceso revela el juego de relaciones que se estableció entre los dos modos de producción. Por lo que hace a las comunidades indígenas su posición era ambivalente pues por una parte procuró directamente su protección para preservar su organización, para lo que intentó aislarlas de las exigencias de trabajo de los españoles, y por otra organizó las formas de su explotación. También estimuló actividades artesanales que sustituían y complementaban a las que practicaban las comunidades antes de la conquista y dio exenciones diversas y facilidades para la constitución de gremios indígenas así como para facilitar su educación. En cambio, relajó la aplicación de la mayoría de las disposiciones antes mencionadas, expropió las tierras de los indios, asignó pueblos en encomienda y poblaciones en repartimiento y aplicó un despiadado sistema de tributación. Apoyó al núcleo no indio mediante la encomienda y la asignación de trabajo por diversos medios, otorgó derechos de explotación y esclavización de la mano de obra indígena (rescate, guerra justa, etc.) y toleró el funcionamiento corporativo. A su vez bloqueó el desarrollo de comunidades y en general de la economía americana al mantener la propiedad estatal de la tierra por largo tiempo. Impuso un rudo sistema de impuestos que superaba con mucho las tasas y condiciones prevalecientes en España. Además, estimuló las pautas señoriales y protegió sistemáticamente las actividades españolas frente a brotes productivos coloniales.

El clero también operó, dentro de su condición de apéndice de la Corona, como factor de múltiples y contradictorias influencias sobre las comunidades.[7] Ejerció una amplia protección que le dio prestigio de humanitario, y colaboró en la preservación de formas de organización tradicionales. Eso no fue obstáculo para que el clero expoliase brutalmente las tierras de los indígenas a través de la obtención de mercedes reales para constituir dilatados latifundios, principalmente en el caso de las órdenes. También se dedicó a extraer abundantes excedentes de los indígenas al obligarlos a trabajar en enormes construcciones y en labrar las tierras de la Iglesia. Igualmente se debe mencionar como factor negativo para la supervivencia de la comunidad la presión ejercida para evangelizar a los indios. En contraste, favorable a las estructuras feudales fue su contribución a la formación ideológica correspondiente (sentido señorial, estímulo de formas corporativas de funcionamiento social, etc.) y la constitución de la más poderosa corporación feudal que era la propia Iglesia. En su operación resalta, como pauta feudal, la acumulación de tierras y el régimen de "manos muertas". También ejercía poderosa influencia en ese mismo sentido a través de su práctica usurera que tendía a acentuar el poder señorial y a encadenar el empuje de la expansión de la producción y de la circulación al congelar su capacidad financiera en créditos hipotecarios y en adquirir bienes raíces.

Además del papel múltiple que desempeñaron los diversos participantes en el proceso de transformación colonial es de señalar que éstos cam-

7. Véase Miranda, J., *España y la Nueva España en la época de Felipe II*, UNAM, México, 1962.

biaron a través del tiempo. Así por ejemplo, la relativa protección del clero y de la Corona a los indígenas fue disminuyendo, hasta casi desaparecer a finales de la Colonia, a medida que decrecía la importancia de este núcleo de población. También la oposición a las tendencias feudales de los conquistadores, que al principio de la Colonia caracterizaba la actitud de la Corona, fue transformándose en tolerancia e inclusive protección en la medida en que aquéllos fueron perdiendo poder y se fueron reduciendo a un grupo de señores de la tierra que preservaban resabios de una relación de producción pretérita y que se hallaban abrumados por la proliferación de las haciendas. En esa etapa los encomenderos se transformaron en defensores de "sus" indios y de la estructura despótico-tributaria que había sido su oponente y ahora, en la decadencia de ambas, se complementaban.

Desde luego, el proceso de transformación social hacia la futura hegemonía del modo de producción capitalista mediante la gradual reducción de la importancia del despotismo tributario sucedió principalmente a través de la erosión de la extensión y dominio de recursos y población a favor de este último, ya por la expoliación y compra de recursos, ya por la asimilación y muerte de la población indígena. Pero este proceso incluyó no sólo aquellos aspectos referentes a la importante producción agropecuaria (donde tomó por momentos la forma de lucha entre ganaderos hispano mestizos y agricultores indígenas), sino a toda la existencia de la población dentro de ambos modos de producción. En la medida en que el contacto entre estos modos determinaba la succión de excedente y sustentaba un proceso de acumulación originaria, incorporaba a la transformación a todos los componentes y afectaba todos los aspectos de su existencia.

Por medio del intercambio comercial, de la aculturación, del tributo, del trabajo forzado o libre, del despojo de tierras y hombres y aún de la práctica de la autarquía, tenía lugar el proceso de deterioro del modo de producción despótico-tributario y el correspondiente fortalecimiento del que por facilidad llamaremos feudal capitalista. Para finales de la Colonia el proceso estaba casi terminado, ya que los componentes esenciales que constituían la relación central de la estructura despótico-tributaria se hallaba en pleno receso. O sea, por una parte, el interés de la Corona en la comunidad como fuente de tributos había disminuido radicalmente y por la otra, la vitalidad de la estructura despótico-tributaria como forma de organización significativa, tanto numéricamente como por la producción y excedente que generaba, era ya sólo una sombra de lo que había sido a principios de la Colonia. En estas condiciones lo único que faltaba para terminar con este modo de producción, cuyas relaciones productivas ya estaban seriamente erosionadas, era el rompimiento final de la relación central que le daba vitalidad, o sea la que existía entre la comunidad y la Corona. Ello habría de suceder con la revolución de independencia.

En síntesis, a lo largo de la época colonial tuvieron lugar una multitud de transformaciones simultáneas en los modos de producción. La organización despótico-tributaria luchó en un principio contra los poderosos embates de la encomienda y en general de las exigencias del mundo hispano, pero de todas formas fue absorbida por éste, que operaba dentro de condiciones feudales tardías adaptadas a su función de control y de explotación de la colonia. Empero, este último modo de producción contenía ingredientes de nuevas relaciones de producción que se multiplicaron con el tiempo. Estas nuevas relaciones eran resultado de necesidades impuestas por los procesos productivos y de exigencias sociales que provenían no sólo de la evolución interna sino también de la influencia directa de España. Al carácter de ellas contribuyó poderosamente el que el núcleo principal de hispanos proviniese de Cataluña y de los países vascos. Así, se formaron ranchos y propiedades menores, en parte por efecto del mestizaje, que operaban con base en trabajo asalariado. Al mismo tiempo, la encomienda fue perdiendo su capacidad de explotación en comparación con las haciendas. Así, la proliferación de haciendas, ranchos y pequeñas propiedades, el surgimiento de trabajo libre y de peonaje, junto con la expansión de nuevas actividades urbanas (obrajes, talleres, etc.) y rurales (ganadería, minería), se hace a costa de la importancia de las dos formas sociales antagónicas iniciales, o sea del modo despótico tributario y de la encomienda. Estos procesos, además, tuvieron modalidades y avances diferentes según las condiciones de cada región.

Empero, todos estos cambios no constituyeron la derrota final del feudalismo en su versión adaptada para fines de dominación colonial y la implantación del capitalismo. Indican más bien, la eliminación de la base despótico-tributaria a cambio del predominio de formas de organización de la explotación del trabajo y de recursos con uso creciente de asalariados (libres y también en su versión modificada que era el peonaje), aún cuando en combinación con trabajo servil e inclusive esclavo. La multiplicación de talleres de manufacturas (obrajes y artesanías), el intenso intercambio interno y con la metrópoli eran otros elementos más que imprimían un carácter peculiar a las relaciones de producción de acento feudal tardío, junto con la condición general y cambiante de sujeción colonial. Sin embargo, en todos estos elementos no había todavía un modo de producción capitalista sino sólo sus brotes iniciales y aislados que podían o no evolucionar en esa dirección. Un indicio de que se trataba de germinaciones incipientes es el hecho de que hasta finales de la Colonia las principales expresiones de carácter superestructural, poderosamente vinculadas a la situación de dominio colonial, no apuntaban principalmente en esa dirección. Por otra parte, la organización de la producción con base en trabajo asalariado no encontró oposición de importancia (pese a los gremios), ni limitaciones insuperables en las actividades y regiones donde se emprendieron. Por ejemplo, la minería y la ganadería del norte, la arriería en todo el Reino y algunas manufacturas en el centro, parece que se extendieron sin grandes problemas de combate con otras formas de organización. Sin embargo, se trataba más que todo de formas que sólo en casos excepcionales se transformaron, en la colonia, en relaciones capitalistas, puesto que faltaba uno de los ingredientes centrales, o sea la clase que tuviese el propósito de hacer operar a toda la sociedad en forma capitalista. La clase que vitalmente requiriese la implantación del capitalismo no tenía todavía un peso significativo para imponer este proyecto social.

III

EL CARÁCTER PREDOMINANTEMENTE SEÑORIAL DE LAS RELACIONES DE PRODUCCIÓN COLONIALES. INFLUENCIA AGROPECUARIA

La gestación capitalista de España, pese a las deformaciones que tenía y a los obstáculos que se le oponían, continuó su evolución no sólo en la Península sino también en el seno de la sociedad colonial. Claro es que el hecho de estar la sociedad americana bajo la condición de sumisión colonial y de sustentarse en una amplia base de relaciones y rasgos no capitalistas, afectaba su evolución. Sin embargo, en las nuevas actividades, en la explotación de grandes masas de nativos, en el surgimiento de una formación social diferente a la indígena y a la hispana y en la inevitable dinámica social, también había estímulos a favor de la formación del capitalismo. Una burguesía incipiente, formada sobre todo por comerciantes, rancheros, arrieros y mineros, apoyaba la proliferación de estos brotes y también, en ciertos momentos y aspectos, los estimulaban la Corona, los encomenderos y los grandes comerciantes, ya que coincidían sus intereses con el cambio (por ejemplo, en cuanto a la disolución de comunidades indígenas).

Se daba en forma incipiente la lucha entre el capital y el trabajo, pero esta lucha se complicaba por coincidir en gran medida con diferencias étnicas. En efecto, el capital se concentraba principalmente en criollos y españoles, aunque también en algunos mestizos. El trabajo lo realizaban indios, negros y mestizos. Una lucha inicial consistió en romper los vínculos comunitarios y convertir la mano de obra a la condición servil y asalariada. A medida que esto sucedía surgían actividades donde los estímulos capitalistas crecían. Sin embargo, la mayoría de las mismas aún operaban con base en la esclavitud y otras formas serviles de relación laboral a fines de la Colonia.

Surgieron con mayor energía los impulsos favorables del capitalismo en la minería, la ganadería, la agricultura de exportación, en una parte de la agricultura de uso interno y en algunas actividades de servicios (transporte y comercio, entre otros). Sin embargo, como decíamos antes, éstas eran tendencias y formas que surgían en regiones y actividades, mas no formaban relaciones sociales generalizadas ni se había convertido en el proyecto de una clase. Dentro de esta condición incipiente nos hemos de referir a su evolución.

Las comunidades indígenas luchaban por conservar sus relaciones tradicionales de producción y de organización social para lo cual contaban con el apoyo ambivalente y contradictorio de la Corona, con la defensa de frailes iluminados y con la protección de comerciantes y de productores cuyos intereses se favorecían con su existencia (por ejemplo, comerciantes locales cuyo control de mercados dependía del aislamiento de las comunidades).

El proceso de absorción y sustitución de las relaciones de producción prehispánicas (o de sus restos), por las relaciones de producción que imponían las normas españolas de sujeción colonial, sucedía dentro de una multitud de circunstancias y condiciones contradictorias. Por una parte estaba la compleja legislación medieval. Por otra, y en contraste, el cuerpo legal de protección al indio, en ocasiones sólo formal, que procuraba frenar su extinción y además proteger la prepotencia de la Corona. El "requerimiento" se combinaba con el concepto de la "guerra justa" y con el derecho de "rescate" como instrumentos para la institucionalización de la exanción de excedente y de la eventual acumulación originaria en el Nuevo Mundo y en Europa.[1]

La acumulación originaria en Nueva España, que se inició en el siglo XVI y se prolongó hasta el XIX, surgió de su propio seno, primero mediante la expoliación directa de los indígenas y luego a través de los procesos productivos. Una fracción del capital inicial fue aportado por comerciantes y aventureros hispanos que lo aplicaron a la importación de implementos y al financiamiento de la producción. Sin embargo, la inmensa mayoría se generó primero por el pillaje directo y después por la ruda combinación de la explotación del trabajo, la succión de tributos y la imposición de un desventajoso sistema comercial. El excedente, que en un principio aportaba solamente la población indígena, debía ser suficiente para cubrir el enorme tributo real para ser enviado a España, para sostener el aparato público, para construir una base productiva, edilicia, residencial y eclesiástica nueva, para sostener a la población de explotadores y de sus cortes, y para formar sus inmensas fortunas.

En el curso del siglo XVI, una vez consolidada la conquista, se fueron extendiendo las zonas de explotación, principalmente por medio de la minería, por la extensión de la ganadería y por la renovación y transformación de la agricultura prehispánica para el mercado interno. Simultáneamente se efectuaba la construcción de iglesias, de vastos conventos, de numerosos palacios personales y públicos, de cuarteles, caminos, obras hidráulicas, etc., que marcaba el ritmo de la explotación directa de la mano de obra y de la exanción de excedente en forma de tributos y diezmos.

Un elemento más que influía en el panorama de las relaciones de producción era la importancia relativa de ciertos tipos de producción. En efecto, la elevada vinculación con España determinaba que las variaciones

1. Véase Zavala, S., *La colonización española en América*, SepSetentas, México, 1972.

de esa relación repercutiesen profundamente en la organización interna de las unidades productivas. Y dichas variaciones podían favorecer la liberación de la mano de obra o la mayor sujeción servil o esclava de la misma, según el tipo de productos en auge.

A pesar de que las actividades de exportación tenían un elevado dinamismo, su irregularidad reducía su importancia en la determinación de la operación de la economía durante la Colonia. La agricultura era, con mucho, el sector de mayor influencia en la evolución de la sociedad y era seguido en importancia por la manufactura y los servicios. Las actividades agropecuarias no sólo comprendían a una inmensa mayoría de la población sino sobre todo eran determinantes poderosas de las relaciones de producción que se desarrollaban en otros sectores, ya sea a través del mercado de trabajo y de bienes, ya por el gran peso que tenían en la formación de la superestructura social. En este sentido era el determinante central de la reproducción del sistema social, al que se añadían los demás componentes y sectores imprimiendo matices a la orientación general del desarrollo que daba la agricultura.

La producción agrícola colonial se inició con un predominio absoluto del sector indígena a principios, mas pronto fue éste incapaz de mantener su importancia. Pocas décadas después de la conquista, la encomienda, después la hacienda y más tarde el rancho cobraron creciente importancia. Operaban, en tanto sector, con cierta dependencia de las fluctuaciones mineras. Empero, los cambios de la producción por razones climáticas y de otra naturaleza eran los que hacían variar bruscamente los precios internos, sobre todo por la fragmentación regional de los mercados. No menos importante era la falta de almacenes que los sistemas de regulación estatal de la oferta de bienes básicos a través de los pósitos y alhóndigas no lograron solucionar. También era importante la intervención estatal en cuanto a las prohibiciones de emprender ciertos cultivos (olivos, cáñamo) y la limitación de los mismos en otros casos (tabaco por ejemplo).

Entre los cultivos importantes para uso interno, además del maíz y el frijol, destacan el cacao y el añil por su insuficiencia sistemática para satisfacer la demanda interna. En cambio, el cultivo del maguey estaba muy extendido en el altiplano. La explotación ganadera, que se inició como característica de las unidades productivas españolas, tuvo una rápida expansión, en parte a costa de las comunidades indígenas. Poco después fueron surgiendo ranchos y haciendas ganaderas de criollos y de mestizos, sobre todo en el norte.

En general, las actividades agrícolas se caracterizaban por retener la mano de obra con prácticas de encomienda, esclavitud, y formas serviles en diverso grado según cada región, con mezcla de mano de obra libre o con su variante acasillada. También cooperaba a retener estructuras comunales al incorporar al interior de los grandes latifundios a las comunidades, lo que le era más ventajoso que destruirlas. Claro es que el resultado final era la disolución de la autonomía y de la seclusión de la comunidad al adaptarla a las relaciones de producción de la hacienda, aunque preservando la forma de organización comunal y las costumbres indias.

Un aspecto nodal de la hacienda era su notable carácter mercantilista que se expresaba en la orientación hacia la producción de excedente para mercados internos y mundiales combinada con una poderosa tendencia hacia la autarquía en relación a sus necesidades de alimentos, semillas, aperos, etc. Esto introdujo una marcada limitación a la demanda comercial interna y a la monetización, lo que fue un factor determinante en la fragmentación de mercados en pequeños espacios económicos. Este fue un poderoso obstáculo a la especialización, a la tecnificación, a la división del trabajo y al crecimiento económico. En parte pudo ser causado en un principio por la escasez de la mano de obra que favorecía formas de relación consistentes en variantes de aparcería que se orientaron a la producción de alimentos. Después, la escasa integración económica se mantuvo por la deficiencia de comunicaciones y de almacenes que hacía del comercio de bienes básicos un negocio especulativo y peligroso.

El capitalismo no podía surgir en el sector agropecuario aisladamente. Debía ser arrastrado a ello por la imposición de la evolución de las actividades urbanas. Pero este desarrollo previo no se dio en la Colonia. En este sentido, puede considerarse que la hacienda era en esa época el correspondiente rural del desarrollo de otros sectores, principalmente la minería y la manufactura, que no respondían todavía a relaciones capitalistas. Tal vez lo más relevante a este respecto es que el empuje capitalista no podía surgir del sector agropecuario y aún no surgía de los otros sectores, a excepción de brotes como los ranchos en la agricultura, la arriería y algunas explotaciones mineras.

Además de la elevada influencia de las relaciones de producción en el sector agropecuario estaban otros factores desfavorables a una extensión mayor de las condiciones esenciales para el desarrollo del capitalismo. Las limitaciones a la monetización de las transacciones, a la integración de mercados, a la acumulación productiva, y las restricciones coloniales eran algunos de ellos.

En el conjunto de la economía pesaba especialmente la pérdida permanente de excedente que salía hacia España y que iba a dar al resto de Europa en general, ya en forma de tributos (quinto real, remesas de fondos públicos), ya en forma de relaciones de precios desfavorables y de transferencias financieras de fortunas privadas y por el envío de fondos del clero a España.[2] Un indicio de la incidencia de esta carga es el que 2/3 del ingreso colonial de España era aportado por la Nueva España.[3] En torno al sosteni-

2. Aguilar, A., *Dialéctica de la economía mexicana*, Ed. Nuestro Tiempo, México, 1968.

3. Flores Caballero, R., *La contrarrevolución en la Independencia*, El Colegio de México, México 1969, pp. 28-29.

miento de esa corriente constante de valor se ajustaba buena parte de la vida colonial.

Se establecía una relación de primera importancia entre la creación de valor y la transferencia de excedente hacia España, con las funciones de consumo e inversión en la Nueva España y la forma del financiamiento "real" (esto es, en valor), de dicho excedente.

Desde luego, la compensación social o el financiamiento global de excedente en términos de valor se efectuaba mediante una cesión de capacidad de consumo novohispano (o de formación de capital, que en última instancia se traducía en menor consumo). Es decir, el nivel del consumo global novohispano resultaba menor de lo que correspondía al valor generado en el proceso productivo, y la diferencia significaba la magnitud del excedente transferido.[4]

Sin embargo, los mecanismos sociales para imponer ese sacrificio al consumo eran, naturalmente, acordes con las relaciones de producción y de intercambio de la época, por lo que diferían de los canales que actualmente operan a este objeto. Desde luego, la imposición del subconsumo y de la infra-inversión se efectuaba en mucho menor grado a través del sistema de precios que en la actualidad.

Las varias vías de transferencia de excedente hacia la metrópoli eran: los tributos, las relaciones comerciales, y las transferencias financieras de diversa naturaleza, tales como el traslado de fortunas, el envío de fondos del clero, etc. En todos los casos eran formas de exanción de parte del plustrabajo producido.

En el caso de los mecanismos de la tributación afectaba a los diversos núcleos en forma diferente. Por una parte estaba el quinto real aplicado a la producción de metales preciosos, que salía directamente del plus-trabajo de mineros. Por otra, la remisión de excedentes en forma de otros tributos, ya fuese que provenían de la capitación, de alcabalas o de cualquiera de la multitud de impuestos no destinados a fines concretos, que en general eran sustraídos del trabajo en forma de plus-producto. En efecto, o eran pagados directamente por los trabajadores (y en esa medida se convertían en plus-producto), o por los que se apropiaban del plus-producto y los pagaban con éste.

A su vez, las relaciones comerciales succionaban excedentes a través de precios relativos desfavorables y de la imposición de rígidos cánones mercantiles. En esta forma, el plus-producto se canalizaba en parte al financiamiento del excedente a través de la obtención de importaciones bajo con-

4. La "valorización" del valor transferido corresponde al problema de intercambio desigual que no puede reproducirse aquí. En todo caso, la pérdida de *valor de uso* de la Nueva España correspondía a la cantidad de éste que podría obtenerse del exterior por la venta de plata y oro y por lo que se hubiese comprado con los fondos transferidos directamente o a través de relaciones de precios del intercambio.

diciones de precios relativos elevados. Claro es que esta importación era efectuada casi exclusivamente por la clase explotadora.

La tercera vía de financiamiento del excedente eran las varias formas de traslado de transferencia de fondos. Una de ellas era el envío de fortunas que se constituían por puro plus-producto. Otro caso eran las transferencias del clero que a través de las múltiples formas de exanción (diezmos, donaciones, intereses sobre préstamos, cobro de servicios, etc.) se hacían de plustrabajo. Un caso especial de transferencia era el de préstamos voluntarios y forzosos a la Corona que las más de las veces no eran liquidados.

Como se puede observar estos eran canales característicos de la acumulación originaria fundada en la sustracción de valor a costa del trabajo americano, y sin duda en muchos casos ejercieron esa función a favor de Europa. En otros simplemente operaron como medios de financiamiento de derroches y guerras.

Un aspecto interesante es el que se refiere a la variación de precios en la colonia debida al envío de valor a la metrópoli en forma de excedente. Se puede suponer que en los primeros tiempos de la Colonia la exanción de excedente no presionaba sobre los precios americanos en vista de que se efectuaba por medio del pillaje directo y de la imposición de tributos en trabajo y en bienes de la población nativa, todo lo cual no pasaba por los sistemas comerciales. La dimensión misma del excedente así arrancado a los aborígenes era idéntica a la pérdida de capacidad de consumo equivalente de los mismos.

Con el avance de la producción mercantil y con la mayor interdependencia de la economía, se socializó la contribución al excedente al difundirse los mecanismos indirectos, es decir, los que operan a través del mercado y afectan al consumo, y extender los directos (tributos y transferencias). Igualmente, en la medida en que el trabajo fue retribuido y prevaleció el intercambio mercantil, se generalizaron los mecanismos de precios. A partir de esa etapa es de suponer que los cambios en el nivel del excedente producido y transferido tuvieron dos efectos sobre los precios internos. Uno era el inmediato, efecto que sería más intenso a medida que la interdependencia económica crecía. Otro era el efecto en el plazo medio cuando se habían efectuado los ajustes internos de oferta y de demanda que tendían a compensar la variación inicial del consumo, provocada por el cambio en el excedente. Es decir, ante una elevación repentina de la producción de oro y plata y de su envío a España, que no tenía una oferta interna equivalente de bienes, se producía una presión interna sobre los precios que reducía la capacidad de compra general. Esta reducción era por lo menos igual a la expansión de la capacidad adquisitiva adicional que se había generado —si no es que mayor— por los efectos acumulativos del aumento de precios. Además, afectaba directamente la magnitud del circulante en Nueva España al tener que dedicar más fondos para pagar importaciones y también para afrontar precios internos más elevados. En un segundo momento la producción interna podía incrementarse y aportar mayor volumen de valor para uso interno y hacer bajar de nuevo los precios. De esta manera, el financiamiento real del excedente cambiaba de carácter a lo largo del período de ajuste. Al incrementarse el excedente, en el primer momento se financiaba directamente por el sacrificio del consumo provocado por el aumento de precios. En el segundo momento podía suceder que se incrementase la producción y la oferta interna y que el valor adicional producido internamente permitiese satisfacer la demanda generada y reducir los precios. En caso contrario, prevalecerían los precios elevados que servirían de vía para hacer incidir el peso de la cesión de valor a través de los vínculos mercantiles internos sobre los grupos de consumidores y clases sociales.

En su conjunto, los mecanismos descritos eran formas de imponer contribuciones a la formación y al financiamiento del excedente que en todos los casos se componía de plus-trabajo. Tales formas eran diferentes en el caso de explotadoras y explotados nativos y en el caso de la cesión directa del valor (tributación, transferencias, etc.) e indirecta a través del sacrificio del consumo por vías comerciales, de concentración del ingreso y otras. En esta última categoría se encontraría el mecanismo consistente en la compensación de la pérdida de la capacidad de consumo por vía del aumento de la oferta, ya sea que la mayor producción se obtuviese a través de incrementos de la productividad o simplemente por una multiplicación de los procesos productivos.

Por más de dos siglos las variaciones de largo plazo de los precios internos se generaron en tres esferas principales: en las variaciones de la oferta interna de bienes (que también eran las causantes de las violentas fluctuaciones cíclicas de los precios), del cambio del precio de importaciones y por ocasionales elevaciones de la producción de bienes para formar el excedente. Cada una de estas causas tenía como compensación inicial la contracción del consumo, y a largo plazo, la producción y cesión de mayores volúmenes de bienes. Más tarde se constituyó como nueva fuente de estímulos sobre los precios el aumento de la demanda por expansión de actividades que no producían bienes de consumo o de producción. En efecto, a finales del siglo XVIII la rápida y constante elevación de la producción de oro y plata generó demandas que rebasaron la capacidad interna de compensación y tuvo lugar un largo período de aumento de los precios internos, sobre todo de los granos. Ello sirvió de canal para contraer el consumo pero también contribuyó a estimular el descontento popular y más adelante a las luchas por la independencia. Esta tendencia se acentuó aún más desde 1800 debido a las malas cosechas de maíz.[5]

5. Véase Florescano, E., *Los precios del maíz,* El Colegio de México, México, 1969.

El choque entre núcleos que operaban dentro de relaciones de producción diferentes no era continuo ni total. Había etapas de intensa complementariedad (por ejemplo, en las haciendas sureñas del siglo XVIII) y otras de abierto conflicto, como las que hubo en el Altiplano en el proceso de eliminación de comunidades. Así, la evolución del mundo colonial era principalmente el resultado de la lucha entre dos conjuntos de relaciones de producción conflictivas entre sí pero también en ocasiones complementarias incluyendo variantes como los ranchos y las pequeñas propiedades. Claro es que esta lucha sucedía bajo la poderosa influencia de las normas del coloniaje cuyos objetivos no eran necesariamente el cambio en las relaciones de producción –e incluso aprovechaba la coexistencia de éstas para fortalecer su dominio–, sino la expoliación más intensa posible de la colonia. Por lo mismo, fue más penoso el errático y largo camino de adelantos y retrocesos en la transformación social. La condición de brutal sujeción colonial destruía brotes positivos (por ejemplo en la industria) y reforzaba con frecuencia estructuras antagónicas a los impulsos favorables al capitalismo al amparo de los intereses coloniales.

La combinación, coexistencia, competencia y complementariedad de una multitud de rasgos pertenecientes a diversas formas de producción, indican un tránsito que se completó en el período colonial y que además, en gran parte por la sujeción colonial, sufrió una diversidad de importantes desviaciones. Los rasgos principales de la expresión de ese tránsito reside en la reducción radical del núcleo comunal operando dentro del modo de producción despótico-tributario, el predominio de la hacienda en combinación con el dominio territorial del clero y la formación de ranchos, sobre la base de la propiedad privada y el trabajo pagado. Pero esto supuso el predominio de unas relaciones y el retroceso de otras mas no su desaparición total. Esta articulación de relaciones de producción diversas y su persistencia se convirtió en un importante factor para obstaculizar más adelante el desarrollo capitalista.

Así podemos decir en breve síntesis que la Corona tenía múltiples razones para procurar evitar la desaparición de los indígenas y de sus comunidades, incluyendo las humanitarias. De aquí las disposiciones que dictó para su protección y la decisión de orientar la actividad de la Iglesia hacia estos menesteres. Obvio es que ésta tendría ventajas formidables al mismo tiempo que realizaba su tarea evangelizadora, de instrucción y de protección a los indios. La Corona y la Iglesia entraron en conflicto con los encomenderos por razón de la diferencia de criterios en relación a la población indígena. Este conflicto se complicó por la contracción acelerada del motivo de la disputa. A este choque y a la contracción de la población se aunaron los ataques de estructuras productivas con mayor correspondencia con la cambiante situación colonial, para que, desde principios del siglo XVII, la encomienda sufriese violentos embates. Tenía una incapacidad manifiesta y empezó a ser sustituida por formas de explotación más adecuadas a la condición de trabajo escaso. La organización interna y la relación externa de la hacienda respondía a estos requerimientos al estabilizar la mano de obra escasa ofreciéndole condiciones atractivas de participación (aparcería y otros convenios) complementados con prestaciones de servicios a la hacienda. Unos encomenderos se transformaron y otros simplemente fueron eliminados por esta nueva clase de explotadores que abiertamente se aplicaba a la producción directa de bienes, a diferencia de las encomiendas que estaban limitadas legamente a reducirse a obtener tributos y servicios domésticos. Por otra parte, la hacienda proliferó también por la declinación de la población que estimuló la formación de estas unidades en las tierras comunales.

En el curso del siglo XVII se implantó formalmente la propiedad privada y con ella la posibilidad de compra-venta de tierras, lo que vino a reforzar la tendencia de expansión de la hacienda, y en menor medida del rancho y de la pequeña propiedad. La movilidad de propiedades de tierras concedió existencia legal al mercado de bienes raíces, lo que produjo importante efecto, pese a la costumbre del mayorazgo. Estc fue en rigor un episodio más de los muchos despojos reales que le produjo a la Corona fuertes ingresos por la venta de tierras supuestamente suyas y arrebató nuevas áreas a las comunidades. Es de señalar que la Corona se reservaba la propiedad inmanente de tierras y yacimientos, pero concedía una explotación privada al venderlos.

Para finales del siglo, el proceso de mestizaje estaba avanzado y la población indígena empezaba a reproducirse de nuevo. Las flotas hacia y de España iban escaseando cada vez más, lo que estimulaba la producción interna de una diversidad de artículos manufacturados y agrícolas que estaba formalmente prohibida. El mercado interno, a pesar de la marcada tendencia hacia la autarquía de las haciendas en cuanto sus demandas de alimentos y bienes de producción, se expandía sobre todo por la influencia del crecimiento de la población urbana y por la extensión permanente del transporte animal. En los poblados urbanos se formaban lentamente estratos de población criolla y mestiza que en diverso grado y forma iban reclamando una participación menos discriminada en los beneficios de la explotación. En esos años la recesión española y mundial se combinaron con la proliferación de la piratería para formar una protección adicional a las actividades internas de la competencia de bienes hispanos y sobre todo ingleses, holandeses y franceses.

Este conjunto de factores se transformaba en impulsos diversos, algunos a favor de la modificación de las relaciones de producción. Entre estos, la presión por la circulación de bienes y por el intercambio comercial más intensos, por la monetización de las transacciones y por la expansión de ocupaciones urbanas, todo lo cual favorecía a la hacienda, la pequeña propiedad, los ranchos, la minería, las manufacturas y la vida urbana. Atacaba a las corporaciones, a las comunidades y a la sujeción colonial.

En el curso del siglo XVIII los intentos de renovación política de España, sus esfuerzos por recobrar su posición mundial y sobre todo la recuperación económica de Europa que se encaminaba hacia la implantación del capitalismo, impulsaron poderosamente la actividad en la Nueva España. Particularmente vinculadas a estos impulsos fueron las actividades de la minería con base en el descubrimiento de nuevos yacimientos, la agricultura de exportación y la gandería. A su vez éstos eran los sectores donde las formas de producción se alejaban más de las normas señoriales de un feudalismo tardío y se acercaban a las capitalistas. Con motivo de estos nuevos estímulos se expandieron las actividades en estos sectores y avanzaron en su proceso de transformación. En cambio, otros sectores sufrieron retrocesos al iniciarse de nuevo el intercambio comercial con España a fines del siglo XVIII y sobre todo al abrirse éste a otros países con motivo de la liberalización mercantil. Las manufacturas fueron particularmente afectadas, lo que condujo a un cierto retroceso en la producción. Además, se reforzaron pautas corporativas de protección a las actividades internas, pese a que los gremios se habían debilitado para entonces.

A fines de la Colonia surgieron evidencias de que la relación hacienda-ranchos estaba modificándose. La primera se iba adentrando cada vez más en una notoria incapacidad productiva por su orientación señorial en su manejo interno que determinaba una creciente indiferencia por la elevación de la producción y por emprender la acumulación ampliada, y una marcada inclinación hacia hipotecar las tierras. El clero, principal prestamista, iba acaparando tierras y propiedades, creándose la característica complementación y antagonismo entre deudor y acreedor.

En contraste, para entonces los ranchos y propiedades medianas tenían mayor flexibilidad para aprovechar las ventajas económicas coyunturales, en buena parte por el uso de trabajo libre. Empero, la movilidad de capitales y la tendencia hacia su acumulación productiva eran débiles, lo que estimulaba el derroche de excedentes y limitaba los estímulos al crecimiento económico. En el caso de la minería era característica esta situación, mostrándose el marcado acento mercantil y señorial de la gestión económica a pesar de todos los indicios y componentes formales capitalistas que para entonces tenía.

La comunidad indígena persistía en gran parte como resultado del interés del Estado por su existencia ya que su propio vigor económico iba en decaimiento. Las comunidades con recursos favorables habían sido despojadas o se habían transformado por sí mismas en productores en pequeño destruyendo su propia comunidad. Otras se desplazaban hacia áreas no explotadas y mantenían su organización original. La mayor parte estaba integrada a las haciendas y operaban los comuneros como campesinos corrientes, independientemente de sus formas de organización familiar, lengua, etc. Su condición indígena era una facilidad para explotarlos y una variante de la forma de explotación. Conservaban la unidad comunal en torno a la propiedad otorgada en el siglo XVII, igual que en la actualidad, pero con frecuencia operaban con pautas no comunales. En síntesis, su importancia como integrantes de un modo de producción diferenciado era decreciente y menor a finales de la Colonia. A pesar de todos estos cambios, no se puede afirmar que el modo de producción capitalista ya estuviese presente durante la Colonia. Había una multitud de elementos característicos de ese modo de producción (trabajo asalariado, propiedad privada de la tierra, intercambio de mercancías, etc.), y en algunas regiones se había llegado a la implantación de relaciones de este tipo en ciertas actividades. Sin embargo, desde el punto de vista de la sociedad novohispana como conjunto, esas relaciones eran todavía minoritarias, papel que compartían con los remanentes de relaciones comunales. En cambio, las que determinaban la reproducción del sistema y su persistencia no eran relaciones capitalistas.

En efecto, estaba la relación externa que corría a cargo de la minería, ganadería y parte de la agricultura para sustentar el intercambio comercial y el vínculo tributario colonial. Pero este era sólo un fragmento de la vida interna que se sustentaba principalmente en las actividades agrícolas, las que a su vez se enmarcaban, en su inmensa mayoría, en la forma productiva de la hacienda. A su vez, la minería contenía también fuertes rasgos gremiales que se combinaban con los despuntes capitalistas. Así, las relaciones productivas vitales, o sean las que aseguraban la reproducción del sistema, eran una mezcla compleja de elementos mercantiles con señoriales de origen feudal tardío y con ingredientes corporativos (gremios, clero y comunidades), todo lo cual a su vez se enmarcaba en la condición global colonial. Este era el modo de producción dominante que contenía elementos y rasgos del modo de producción despótico-tributario y brotes de capitalismo.

Un aspecto que indica la escasa evolución hacia el capitalismo que se había alcanzado hasta finales de la Colonia es que la lucha de clases se expresaba económica y políticamente dentro de formas y procedimientos correspondientes a la condición colonial mercantilista, además de que el enfrentamiento predominante no era entre proletariado y burguesía sino entre trabajo agrícola y hacendados.

La lucha de clases entre explotados y explotadores no rebasaba las expresiones locales, aún en el caso de la minería donde era más evolucionado el conflicto social. Con frecuencia derivaba la lucha hacia el bandolerismo y a las rebeliones indígenas. Los enfrentamientos eran aislados tanto por la heterogeneidad en el grado de desarrollo de las diversas actividades y regiones, como por el enorme peso que tenía el trabajo rural. Este se encontraba económica e ideológicamente imposibilitado para generalizar por sí mismo los conflictos.

Las luchas políticas, a su vez, crecieron a finales de la Colonia pero eran principalmente expresión de competencia económica y por el poder político entre fracciones de la clase explotadora. Las diferencias entre éstas se acentuaban por la discriminación por sangre y nacimiento que relegaba a los no hispanos a un nivel secundario en el esquema social. En consecuencia, la autonomía política fue convirtiéndose en el centro de la lucha de criollos y mestizos contra los hispanos para alcanzar los objetivos económicos y políticos a los que se creían merecedores, aunque los intentos de autonomía se iniciaron desde temprano (con la rebelión de Martín Cortés en el siglo XVI), y continuaron a lo largo de la Colonia.

Un aspecto más que debe resaltarse es que el germen de la clase burguesa, que debía ser la portadora de las transformaciones económicas y políticas para implantar el capitalismo, era escasa. Además, no planteaba los conflictos que habrían de requerirse para abrir paso al capitalismo, los que deberían tener expresión inmediata en el nivel político. Así, no se encuentran claras exigencias burguesas generalizadoras en la colonia, tal vez con la excepción de la demanda de liberalización del comercio que compartía esta clase en gestación con casi toda la población novohispana.

En cambio, el surgimiento de la propiedad privada fue una demanda social aparentemente exigida en forma principal por rancheros, hacendados y tal vez el clero, y concedida por la Corona por las enormes ventajas económicas que le produjo. A su vez, la disponibilidad de mano de obra libre era una necesidad que se satisfacía sin conflictos importantes. En cambio, la destrucción de gremios corrió a veces a cargo del Estado, como en el caso de la formación del estanco de tabaco que provocó violenta reacción en los agremiados en 1764, que eran alrededor de 8 000, y que culminó en 1776 con el establecimiento del monopolio estatal. Este concentró y modernizó la producción, reduciendo a los agremiados a la condición de asalariados. Otra expresión de que el Estado asumía transformaciones que deberían ser banderas de una burguesía, es el que desde 1763 la Corona prohibió al clero seguir acumulando propiedades al ver amenazado su poder. La violenta oposición de los jesuitas condujo a su expulsión del Imperio y a la confiscación de sus bienes a favor de la Corona en 1767, que eran 128 propiedades.[6]

También deben apreciarse con precaución expresiones de lucha de clases aparentemente capitalistas como fueron las huelgas de mineros de fines del siglo XVIII (por ejemplo, en 1766 en Real del Monte, Pachuca, y el año siguiente en San Luis Potosí). En realidad, éstas fueron más bien luchas de los mineros que defendían el sistema de "partido", que era la variante medieval de convenio de trabajo con participación en la producción lograda, que se veía amenazado por la recesión económica de esos años y por el intento de los propietarios de iniciar la proletarización del trabajo ante la oferta creciente de mano de obra.

6. Favian de Fonseca y Carlos de Urrutia, *Historia general de la Real Hacienda*, México, 1845-53.

IV

LA MINERÍA Y EL TRABAJO ASALARIADO

La actividad productiva de mayor interés colonial para España y una de las más relevantes en cuanto a los avances capitalistas fue la minería, que se convirtió a partir de mediados del siglo XVI en la fuente principal de financiamiento del excedente colonial que se enviaba a España y vehículo de su transferencia, ya fuese en forma de tributos, ya de traslado directo de la riqueza minera privada, ya como medio de financiamiento de las importaciones. Existen varias estimaciones sobre la magnitud del envío de plata americana a Europa a lo largo de la época colonial.[1] Sin embargo, más que la dimensión absoluta de este enorme volumen de metales preciosos, su distribución es la que da idea de las consecuencias que tuvo para el desarrollo europeo. Nos dice Humboldt que la mitad fue absorbida por el comercio de Europa con la India y Levante; una cuarta parte se fundió en vajillas, joyería y se desperdició, y la última cuarta parte se encontraba circulando en forma de moneda. Asimismo, Gerboux estima que la masa de moneda en Europa pasó de 114 millones de pesos en 1492 a 2 190 millones a fines del siglo XVIII.[2] Claro es que no toda esta dilatada masa de metales se extrajo de la Nueva España, aunque si una parte considerable. Humboldt estima, con base en nueve autores diferentes, que entre 1492 y 1803 se extrajeron de América treinta mil millones de pesos en metales preciosos, incluyendo las colonias portuguesas, de los que casi once mil millones provenían de las minas de la Nueva España, o sea el 36%.[3] Otro indicio de la magnitud del excedente extraído de la Nueva España a favor de Europa es que de la veta de Guanajuato se obtenía, en su época de mayor auge, o sea a fines del siglo XVIII, la sexta parte de toda la plata que producía América en ese período.[4]

Los primeros grandes mineros fueron empresarios aventureros que financiaban sus propias exploraciones y obtenían concesiones de yacimientos casi en propiedad privada. Había también un gran número de pequeños productores individuales y de hacendados que se dedicaban a la minería. A pesar de los obstáculos que se ponían a la participación de no españoles en

1. Las estimaciones existentes son poco comparables, tanto por la cobertura como por las fuentes. Véase Humboldt A., *Ensayo político sobre el reino de la Nueva España*, Editorial Robredo, México, 1941, t. III, p. 378.
2. Citado en Humboldt, *op. cit.*, t. III, pp. 391-392.
3. Humboldt, *op. cit.*, t. III, p. 381.
4. Humboldt, *op. cit.*, t. III, p. 198.

las actividades de mayor riqueza, en la minería fue inevitable que los criollos se incorporasen a ellas. La explotación de los yacimientos mayores generaba una intensa actividad alrededor de las minas, tanto por la gran cantidad de animales de tiro y de insumos que requerían (sal, cueros, madera, poleas, etc.) como por la formación de poblados que cobraban creciente importancia por el comercio y transporte que se establecía. Por ejemplo, las demandas de grano para las acémilas y el surgimiento de poblados al paso de las lentas caravanas que iban a las zonas mineras del norte fueron los primeros estímulos del desarrollo agropecuario y urbano de El Bajío.

La actividad minera se inició inmediatamente después de la conquista, primero con base en la explotación de algunos yacimientos superficiales y placeres de fácil acceso y desde mediados del siglo XVI también por el beneficio de los minerales de más baja ley de yacimientos profundos, gracias a la aplicación del método de amalgama. Esto determinó el primer período de auge por los descubrimientos de yacimientos y por el desarrollo de algunas minas que cobraron renombre mundial, algunas de las cuales aún se encuentran en explotación. Entre las zonas descubiertas destacan la de Taxco (hacia 1532), la de Zacatecas (1547), la de Pachuca (1550) y la de Guanajuato (1554).

En un principio la producción minera se efectuó predominantemente con el trabajo de encomendados y de esclavos, debido a la resistencia de los nativos a realizar voluntariamente estas difíciles tareas. Sin embargo, a medida que fueron descubriéndose yacimientos mineros norteños alejados de las áreas más pobladas, el sistema de esclavitud se tornaba ineficaz, insuficiente y de elevado costo, por lo que empezaron a optar los mineros por usar mano de obra asalariada y especializada. Esta necesitaba atraerse, para lo que se instituyó el sistema de "partido", consistente en la participación en el mineral extraído acompañado con una variante de subcontratación de servicios. Así, en el siglo XVI coincidieron en diversas zonas mineras las formas esclavas de la explotación del trabajo y las asalariadas, en las que se fueron convirtiendo los convenios de "partido". Por ejemplo, la explotación de yacimientos menores era con frecuencia emprendida por el complejo productivo de las encomiendas y haciendas que tenían como interés principal la explotación agropecuaria. Así, en estas minas prevalecían las normas de las haciendas que podían consistir en el trabajo esclavo, servil, en repartimiento, así como en otras formas de contribución de trabajo comunal forzado.

A medida que avanzó la explotación minera y se inició el desastre demográfico del siglo XVI, se fueron generalizando las disposiciones encaminadas a impedir que los indios fuesen obligados a trabajar en minas. La evolución de las formas de protección llegó al grado de estipular prohibiciones para que trabajasen indígenas en estas actividades, aún bajo condiciones de asalariados, en vista de la frecuente violación de las disposiciones en contra de su esclavitud. Más adelante se relajaron estas normas ante la proliferación del trabajo asalariado. A ello se debe que Humboldt haya observado a fines del siglo XVIII, que "el trabajo del minero es absolutamente libre en todo el reino de Nueva España".[5]

Claro es que las condiciones regionales de comunicación con el centro y la importancia de la minería con respecto a otras actividades determinaron el grado de observación de disposiciones de esta naturaleza. Esto también dependía de las condiciones del mercado de trabajo. Por lo tanto, el acierto de Humboldt corresponde a los principales centros mineros, mas no necesariamente a toda la actividad.

Existe escasa información acerca de la producción minera que es, además, representativa de una fracción de la producción total, ya que el contrabando era intenso. Empero constituye un indicador de la tendencia general de la actividad.

A lo largo del siglo XVI la producción minera de metales preciosos, medida a precios constantes, mantuvo un elevado crecimiento (4.3% anual), aunque se dieron fuertes fluctuaciones. En la etapa de explotación de placeres superficiales (hasta mediados del siglo XVI), el oro representó el valor principal por ser el único metal que tenía un precio suficientemente elevado para cubrir el alto costo de extracción. En cambio, a partir de la introducción del sistema de patio y otras innovaciones técnicas, se abatió sustancialmente el costo y fue posible explotar amplias vetas argentíferas de baja ley. Así, desde mediados del siglo XVI se inició el auge de la plata, dando como resultado que su valor creciera 5.3% anualmente hasta el final de ese siglo, en comparación con sólo 1.3% anual en el caso del oro (véase el cuadro 1).[6] Es de observar que el valor de la producción de plata sólo fue menor que el del oro hasta finales de la década de los años setentas de ese siglo (medido a precios de 1700-1800). De allí en adelante, durante cuatro siglos se ha mantenido el valor de la plata, a precios constantes, a un nivel más elevado que el del oro, excepto unos pocos años en el período de la Revolución mexicana de 1910 (véase la gráfica 1).

Debe observarse que, al igual que toda economía polarizada hacia el intercambio externo con un solo comprador, su producción para la exportación tiene marcada influencia de la importación, aparte de otros factores internos y externos. En el caso del oro y la plata, buena parte salía como pago de importaciones. Así, al escasear éstas (por falta de flotas, por ejemplo), la producción decaía sobre todo si tal situación se prolongaba, como fue el caso en el siglo XVII.

5. Humboldt, Alejandro de, *Ensayo político sobre el Reino de la Nueva España*, Editorial Robredo, México, 1941, t. III, p. 261.

6. Para fines de comparación se elaboraron el cuadro y la gráfica 1 con intervalos de 20 años. Existe información más detallada correspondiente a los siglos XIX y XX que más adelante se inserta.

CUADRO 1

México: Volumen y valor de la producción de oro y plata 1521-1960. (Kilogramos y millones de pesos de 1700/1800).

	Oro		*Plata*		*Valor oro y plata*
Periodo	*Kgs.*	*Tasa %*[a]	*Kgs.*	*Tasa %*[a]	*Millones de pesos de 1700/1800*[b]
1521-1540	4 200		68 340		5.16
1541-1560	3 400	– 1.1	253 660	6.8	11.85
1561-1580	6 800	3.5	1 004 000	7.1	42.88
1581-1600	9 600	1.7	1 486 000	2.0	63.20
1601-1620	8 440	– 0.6	1 624 000	0.4	67.84
1621-1640	8 020	– 0.3	1 764 000	0.4	73.01
1641-1660	7 420	– 0.4	1 904 000	0.4	78.06
1661-1680	7 265	– 0.1	2 042 000	0.3	83.29
1681-1700	7 380	0.0	2 204 000	0.4	89.63
1701-1720	10 470	1.8	3 276 000	2.0	121.97
1721-1740	13 600	1.3	4 615 000	1.7	176.36
1741-1760	16 380	0.9	6 020 000	1.3	240.02
1761-1780	26 170	2.4	7 328 000	1.0	282.86
1781-1800	24 580	– 0.3	11 249 000	2.2	425.76
1801-1820	28 340	0.8	8 658 000	– 1.3	351.70
1821-1840	18 400	– 2.1	5 957 900	– 1.9	241.36
1841-1860	36 790	3.5	8 772 600	2.1	361.19
1861-1880	34 529	– 0.3	11 157 826	1.2	452.05
1881-1900	94 066	5.2	24 144 227	4.0	989.78
1901-1920	464 147	8.4	36 429 645	2.1	1 686.49
1921-1940	458 818	– 0.1	53 527 878	1.9	2 344.31
1941-1960	281 959	– 2.4	34 157 000	– 2.2	1 489.46

FUENTE: Anuarios estadísticos de la Secretaría de Industria y Comercio.

NOTAS:

[a] Tasa anual de crecimiento de la producción en períodos de 20 años, excepto en 1961-70 con respecto a 1941-60 donde se asumió un lapso de 10 años.

[b] A precios medios de 1700-1800, calculados a partir de información contenida en Humboldt, A. de, *Ensayo político sobre el Reino de la Nueva España,* Ed. Robredo, México, 1941, t. III. Plata a $ 38.66 por Kg. y oro a $ 594.20 por Kg.

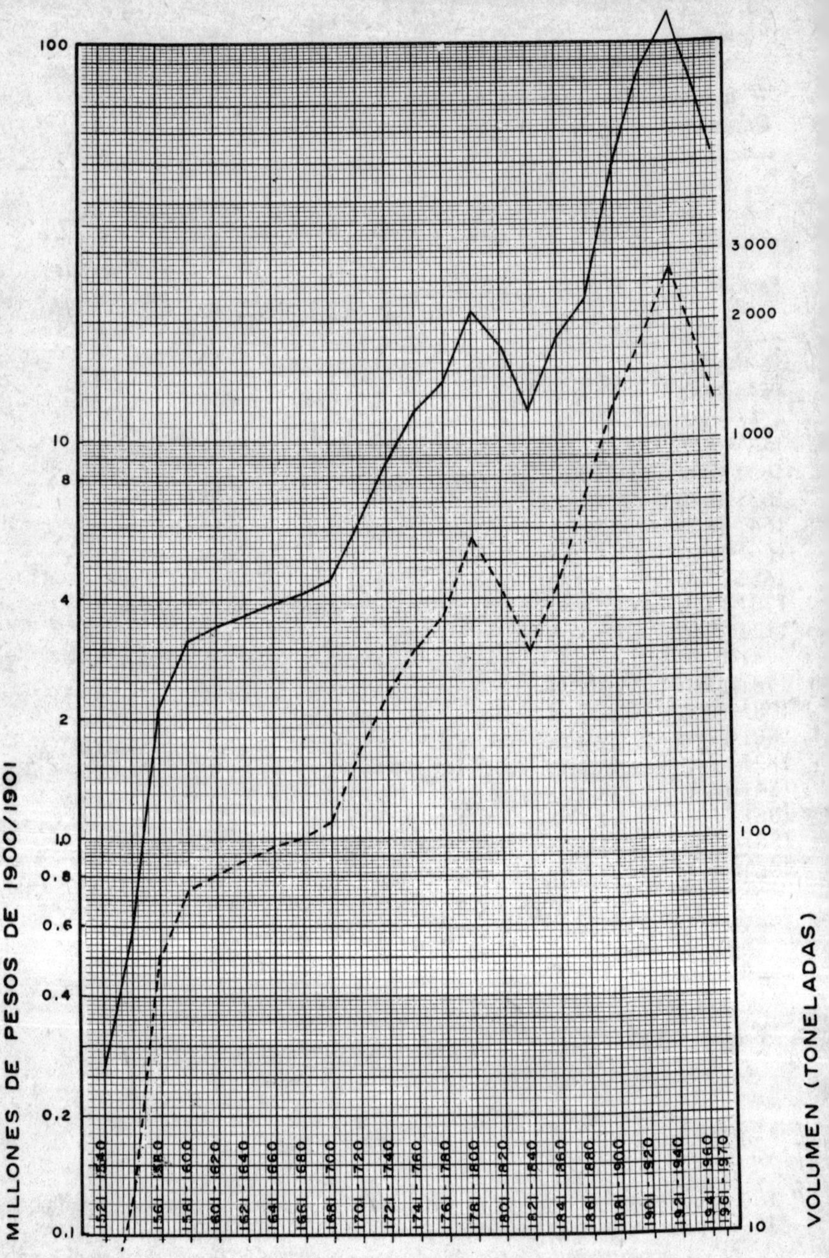

GRÁFICA 1

México: Producción de oro y plata en volumen y valor promedio anual

Durante el siglo XVII tuvo lugar un período de crecimiento escaso de la producción de metales preciosos (crece 0.3% anualmente a lo largo del siglo; véanse el cuadro 1 y la gráfica 1). A ello contribuyó la debilidad del crecimiento de la producción de plata (crece 0.4% anualmente), pero lo determinante fue el retroceso del oro (decae la producción con ritmo de 0.3% anual). No hay una explicación satisfactoria acerca de las causas que determinaron este virtual estancamiento. Existen indicios de que en ello pueden haber influido en cuanto al exterior, el receso de la economía europea de ese siglo y la proliferación de piratas. Como factores internos se debe señalar el alto precio del azogue y la inconstancia de sus existencias en vista del inseguro tráfico marítimo con España, de donde provenía este metal de acuerdo con las disposiciones del monopolio real. También se menciona la depresión económica en la Nueva España que determinó una escasez de inversiones para fines de exploración, de introducir mejoras técnicas y de expansión de la producción.[7] Esta renuencia a invertir pese al excedente generado también se relaciòna con la falta del sentido de la producción minera en vista del receso económico europeo y de la intermitencia de las flotas.

También es de suponer que el desastre demográfico de los siglos XVI y XVII afectó a la producción minera, sobre todo al combinarse con los efectos que creaba la gradual desaparición de la encomienda. Por lo que hace a la radical contracción de la población indígena por 130 años (de 1521 a 1650), existen diferencias de opinión en cuanto a su magnitud, y en cambio hay pleno acuerdo de que se trató de una verdadera catástrofe.[8] En todo caso la magnitud del desastre se ilustra por la contracción de la población indígena de una región a una cuarta parte de la original entre 1570 y 1650 (se reduce con tasa anual de 1.7%).[9]

A diversas causas se atribuye el radical despoblamiento indígena, entre ellas, la elevada incidencia de enfermedades originarias de Europa, la explotación despiadada del trabajo hasta la muerte prematura en la minería, construcción y agricultura, el exterminio de indios rebeldes que se rehusaban a ser despojados o esclavizados, e inclusive al suicidio masivo y la contracción propositiva de la natalidad de los núcleos indios. Este constituye un dramático y notable ejemplo del contradictorio proceso de transición hacia la imposición de nuevas relaciones de producción y de acumula-

7. Véase Borah W., *New Spains Century of Depression,* Berkeley, 1951.

8. Véanse por ejemplo, el *Anuario Estadístico de los Estados Unidos Mexicanos,* 1940, Secretaría de la Economía Nacional 1942, que hace referencia a estimaciones de la población en 1521 que van desde 7.3 hasta 9.1 millones de habitantes. En cambio Borah y Cook ("La despoblación del México Central en el siglo XVI", *Historia Mexicana,* México, vol. XII, núm. 1), proponen una estimación de 25 millones de habitantes en 1519 que se reducirá, en el caso de indígenas, a un millón para 1603.

9. Véase Volmer G., "La evolución cuantitativa de la población indígena en la región de Puebla, (1570-1810)", *Historia Mexicana,* núm. 89, 1973.

ción primitiva. En todo caso la disminución de la población indígena preocupó seriamente a la Corona, al clero y a los colonizadores por ser su explotación la base para obtener riquezas americanas.

Es notable la vigorosa recuperación que tuvieron las actividades mineras de metales preciosos a lo largo del siglo XVIII, cuando creció la producción en 1.7% anual. Igual que en el siglo anterior, se desconocen las razones exactas a este movimiento, pero es de suponer que hubo un fuerte aumento de la demanda. A su vez, la oferta se elevó porque tuvo lugar el segundo y último período de descubrimientos de grandes y ricos yacimientos que frecuentemente se hallaron en las mismas zonas mineras que ya estaban en explotación y que se habían descubierto en el siglo XVI. Entre las minas más productivas se encuentran algunas nuevas en Taxco, descubiertas en torno a 1750, las de la Valenciana, de Rayas y la Luz, descubiertas en Guanajuato entre 1760 y 1775 y más o menos en la misma época las de El Catorce en San Luis Potosí, Sombrerete en Zacatecas y Batopilas en Chihuahua, entre otras.

Es indudable que la nueva orientación de la política española bajo los borbones que intentaron grandes reformas en todo el Imperio en la segunda mitad del siglo XVIII, influyeron sobre la minería de la Nueva España. Esto se expresó, junto con la liberación del comercio, en una política de apoyo a la expansión de la producción. Uno de los aspectos en los que se expresó dicha política fue en la notable reducción del precio del azogue que monopolizaba el Estado (véase el cuadro 2). Esta medida de estímulo significó un interesante sacrificio de sus intereses mercantiles a través del monopolio del mercurio a cambio de mayores captaciones tributarias por el crecimiento de la producción y exportación de metales preciosos.

CUADRO 2

Nueva España: Precio del azogue 1590-1778 (pesos por quintal)

1590	187
1750	82
1767	62
1778	41

FUENTE: Humboldt A., *Ensayo político sobre el Reino de la Nueva España,* Ed. Robredo, México, 1941, t. III, pp. 298-299.

La reducción del precio del mercurio que se vendía a los mineros fue notable y a pesar de ello todavía a fines del siglo XVIII el monopolio vendía a un 50% más caro de lo que lo recibía puesto en la ciudad de México.[10] El consumo de mercurio se elevó rápidamente con la mayor producción de plata no sólo de los ricos mineros sino también de los mineros más pobres, a quienes se les vendió el azogue al menudeo.

La producción minera del siglo XVIII sufría fuertes fluctuaciones pero dentro de una tendencia sostenida de enérgico crecimiento. Las fluctuaciones se debían principalmente a la irregularidad en la disponibilidad de azogue que dependía del arribo de flotas. Debe observarse que el crecimiento se inició mucho antes de que la liberación del comercio (que sucede en las décadas finales del siglo), influyese en la economía novohispana y en la minería en particular. Caracterizaba a la actividad la renuencia de los grandes mineros a invertir más allá de lo estrictamente necesario, lo que indica un escaso espíritu de empresario capitalista. En consecuencia la tecnología permaneció casi inalterable a lo largo de la colonia después de la introducción del método de amalgama y de las bombas hidráulicas en el siglo XVI.[11]

Lo anterior supone que la explotación minera se efectuaba principalmente en forma extensiva y por lo mismo, que la ocupación y la inversión siguieron aproximadamente las tendencias de la producción. Es posible estimar que la mano de obra ocupada en la minería tal vez se multiplicó por 10 entre 1570 y 1750 (200 años) y de nuevo por 10 entre 1750 y finales del siglo XVIII (50 años; véase de nuevo la gráfica 1).

Desde los primeros años del siglo XIX se observa la abierta declinación de la producción minera de metales preciosos. De hecho, constituye el primer período sostenido de contracción que se prolongó por casi medio siglo debido a una diversidad de circunstancias desfavorables.

Durante los años finales del siglo XVIII la escasa aplicación de esfuerzos a la evolución tecnológica empezó a influir decisivamente en la capacidad productiva de la minería, lo que redundó en el estancamiento de la producción en la primera década del siglo XIX (véase el cuadro 3). En efecto, a medida que los yacimientos más accesibles se fueron agotando, se intentó la explotación mediante tiros más profundos dando lugar a frecuentes inundaciones y a serios obstáculos para la ventilación apropiada, ya que se usaban pocos medios mecánicos o hidráulicos.

A este respecto nos ilustra Humboldt acerca de la manera en que a

10. Mendizábal M., *Minería y metalurgia mexicanas (1520-1943), Obras completas*, México, 1946, t. V, pp. 55-56.

11. El método de patio fue introducido por Bartolomé de Medina a mediados del siglo XVI; era ventajoso por su bajo costo, por permitir la explotación de yacimientos de baja ley y mezclados, y por no requerir combustibles. En cambio demandaba azogue, sal y otros componentes químicos. A finales del siglo se instaló la primera bomba de agua manual en Zacualpan y se difundió su uso. Sin embargo, pese al apoyo real a la minería y a su interés por impulsar su evolución tecnológica, la inventiva escaseó y hubo poco entusiasmo en los mineros aun para incorporar las nuevas técnicas desarrolladas en Europa.

fines del siglo XVIII se transportaba el mineral a lomo de hombre en la mayoría de las minas, en tanto que el uso de animales se dedicaba a las enormes tareas de mover los malacates para desaguar, para elevar los minerales y triturarlos, todo ello, por cierto, mediante el uso anacrónico de cubos de cuero.[12] El mismo autor centra esperanzas sobre el cambio tecnológico que se puede introducir en la actividad mediante la instalación de una bomba hidráulica a vapor en alguna de las minas principales.[13] A su vez, Semo nos dice que "los repetidos esfuerzos para traer técnicos extranjeros, introducir máquinas de vapor, sustituir el método de patio por el de fundición y racionalizar los trabajos de ingeniería fracasaron en su mayor parte".[14]

Otro factor de primera importancia en la declinación minera fue la limitada capacidad financiera de los propietarios de minas que pretendían implantar innovaciones tecnológicas, ampliar la producción e intentar nuevas exploraciones. Para enfrentar las limitaciones del autofinanciamiento minero se había organizado el Tribunal de Minería en 1777 que sustituyó los bancos de plata hasta entonces existentes y que a lo largo del tiempo habían agotado su capacidad financiera con créditos irrecuperables. Además de su importancia financiera, el Tribunal era parte del flamante Cuerpo de Minería de Nueva España, con representación de los mineros americanos para resolver sus problemas y tratar asuntos de la corporación con el Virrey y la Corona.

La organización del Tribunal de Minería, la formación de técnicos en la materia (la Escuela de Minas que el Tribunal financiaba, se estableció simultáneamente) y la reducción del precio del azogue fueron algunos de los elementos que estimularon la expansión de la producción. Sin embargo, los errores financieros del Tribunal (por ejemplo, daba créditos muy elevados a unos pocos de los grandes mineros) y la incapacidad de la mayor parte de los mineros para alcanzar un nivel más elevado de eficiencia y un objetivo de acumulación productiva, limitaron el impulso expansivo. Poco después, a principios del siglo, el bloqueo militar al tráfico marítimo determinó una reducción de la producción, lo que se combinó con la disminución de los rendimientos de las minas por la falta de inversiones, y dentro de éstas, la poca atención prestada a la renovación técnica, para frustar esfuerzos e iniciar la declinación de la producción.

La influencia de España sobre la minería americana era de gran importancia. Cuando se mezcló en nuevas guerras demandó apoyos diversos de la Nueva España, entre otros la imposición de préstamos forzosos e irrecupe-

12. Humboldt, *op. cit.*, pp. 264 y 266. Nos dice que "En Real del Monte, por ejemplo, uno de estos cubos no duran sino siete u ocho días."

13. Humboldt, *op. cit.*, p. 256.

14. Semo, E. "El desarrollo del capitalismo en la minería y la agricultura de Nueva España", *Revista de México Agrario*, México, año V, núm. 2, febrero-abril 1972, p. 121.

rables al Tribunal, que pronto agotaron su capacidad crediticia. En cambio España redujo las alcabalas y los impuestos a la minería para estimularla.

Del virtual estancamiento de la producción en la primera década del siglo, que en rigor es debida a la contracción correspondiente a sus años finales, pasó la minería a un abierto e intenso retroceso a todo lo largo de la segunda década (se contrae con ritmo anual de 5.6%; véase el cuadro 3).

CUADRO 3

Nueva España: Promedio anual del valor de la producción de oro y plata 1761-1820

	Volumen (Kgs) Total del período		*Valor total oro y plata a/ (Millones de pesos 1700/1800)*		
Período	*Oro*	*Plata*	*Total período*	*Promedio anual*	*Tasa anual de creci-miento (%)*
1761-80	26 170	7 328 000	282.9	14.1	
1781-1800	24 580	11 249 000	425.8	21.3	2.1[b]
1801-10	17 630	5 538 000	224.6	22.5	0.3[c]
1811-20	10 170	3 120 000	127.0	12.7	--5.6[d]

FUENTES: Volumen 1761-1800, Cuadro 1, 1801-1820, estimaciones de A. Soetbeer citadas en Del Cueto, H., *Cuando el peso valía más que el dólar*, Ed. Juan Pablos, México, 1959, p. 343.

NOTAS:

[a] Estimación del autor con base en precios medios consignados por Humboldt A. de, *Ensayo político sobre el Reino de la Nueva España*, Robredo, México, 1941, t. III.

[b] Tasa entre promedios. Período de 20 años (1770-1790).

[c] Tasa entre promedios. Período de 15 años (1790-1805).

[d] Tasa entre promedios. Período de 10 años (1805-1815).

A este grave retroceso concurrían los factores técnicos mencionados por falta de iniciativa y de inversiones, así como financieros y de subordinación mercantil a España. Tal vez más importante aún fue que desde los primeros años del siglo XIX la inseguridad interna vino a aunarse a los demás factores recesivos de la minería, aun cuando sólo se convirtiera en causa principal de la contracción a partir de 1810. Se produjo una caída vertical de la producción hasta los primeros años de la Independencia (decrece su valor, a precios constantes, en 1% anual). A reserva de volver con más detalle a los acontecimientos a partir de la Independencia, puede adelantarse que en sus primeros años tuvo lugar una profunda modificación en toda la sociedad que afectó también a la minería, como fue la apertura de mercados y la participación de inversiones inglesas. Por estas y otras causas que más adelante se señalan, tuvo lugar una notable recuperación de la producción desde 1840 y a lo largo de cien años, para terminar en 1940 y entrar en la segunda gran recesión de la producción de oro y plata que se prolonga hasta la actualidad (véanse el cuadro 1 y la gráfica 1).

V

ARTESANÍA E INDUSTRIA. GREMIOS Y PROLETARIOS

Las estrictas restricciones al comercio y a la producción de diversos bienes en las colonias se implantaron para ventaja principal de la Corona, de comerciantes y en menor grado de las actividades productivas hispanas. Estas disposiciones, que tuvieron una importancia definitiva para la vida de las colonias, se aplicaron desde fines del siglo XVI, cuando la etapa de la conquista había terminado y se había iniciado la explotación regular del trabajo y las actividades productivas.

A pesar del alto interés de la Corona y de los mercaderes por la observación de esas regulaciones para impedir la producción en las colonias de los bienes objeto de monopolio, no eran de fácil imposición por una diversidad de causas. Entre ellas resaltan la gran distancia y las vicisitudes de la comunicación entre la metrópoli y la colonia, la enorme carga fiscal de las alcabalas y otros impuestos y el costoso sistema de transporte que creaban espacios económicos que estimulaban la producción local de diversos bienes. A su vez las mismas condiciones estimulantes eran obstáculos al crecimiento de esa producción debido a la fragmentación regional de los mercados. Esto hacía surgir actividades diversificadoras que en su mayoría estaban condenadas a mantenerse en una reducida escala y con frecuencia en el estancamiento. Pero en todo caso tenía lugar un gradual desarrollo de múltiples actividades internas de muy diversa naturaleza. La mayoría contenía numerosos ingredientes feudales en su forma de operación y de organización, pero también las había que tenían elementos de un incipiente capitalismo. Las dos formas típicas de organización en el campo de las manufacturas eran el taller artesanal, que estuvo protegido por la Corona y por la reglamentación gremial durante casi toda la época colonial, y el obraje, que fue el precedente de la gran fábrica y que debió afrontar multitud de dificultades para subsistir.

El taller artesanal era de pequeña dimensión y usaba una tecnología casi inalterable. Cundió sobre todo en los grandes centros urbanos y en menor medida en los fundos mineros del norte. En general, se encontraban dos tipos de artesanías. Una era la practicada por indígenas con base en reducidos talleres frecuentemente familiares y usualmente localizados en pueblos indios, cuya existencia se debía a normas de excepción. Otro era el taller urbano donde participaban peninsulares, criollos y mestizos, organizando dentro de la ortodoxia corporativa y cuyas principales características eran las siguientes:

a) Tenían el privilegio del ejercicio del comercio solamente los individuos examinados y aprobados como maestros artesanos.

b) Existían reglas detalladas que debían observarse en cuanto a la técnica de la producción que se podía aplicar. Dichas reglas establecían la prohibición de introducir mejoras o innovaciones que pudiesen perjudicar los intereses del resto del gremio, aun cuando su aplicación permitiese reducir costos o aumentar la productividad.

Con meticulosa precisión determinaba el reglamento el número de personas y el tipo de instrumentos que debían intervenir para ejecutar cada trabajo.

c) Se establecían salarios, precios y jornadas de trabajo que debían observarse en cada gremio así como el volumen de producción que debía mantenerse.

d) Se disponía que sólo podía ser maestro quien demostrase pureza de sangre y, desde luego, con la condición de pasar el proceso de aprendizaje y aprobar el estricto examen de competencia.

e) Se prohibía efectuar anuncios de toda clase.[1]

Las artesanías indígenas perturbaban localmente el monopolio de los gremios, ya que gozaban con frecuencia de dispensas en la observación de las múltiples regulaciones. El sistema de gremios, pese a su elevado número, fue debilitándose a lo largo de la Colonia hasta desaparecer formalmente a fines del siglo XVIII.

El obraje, cuyo establecimiento requería la aprobación del Consejo de Indias,[2] a duras penas lograba vivir entre la competencia de importaciones, la compleja legislación que establecía la protección gremial y artesanal y el enorme peso de los tributos. Eran dos los tipos de obrajes: unos eran los de tipo concentrado, aun cuando su organización retenía muchos resabios feudales a pesar de que alcanzaban dimensiones considerables. El segundo tipo era disperso, frecuentemente en forma de trabajo a domicilio organizado por comerciantes. En ambos casos se trataba de procesos productivos que, en comparación con los talleres artesanales, eran formas de producción manufacturera más adelantada. Sus características más notables eran las siguientes:

a) Ante la escasez de mano de obra por las prohibiciones reales relativas a que los indígenas laborasen en obrajes (que también producían el efecto de proteger a los gremios y al comercio ultramarino), frecuentemente recurrían los patrones de obrajes al sistema de endeudamiento de los trabajadores; en algunos de ellos se les obligaba a vivir a éstos en el propio taller dejándolos salir solamente unas pocas horas a la semana. Claro

1. Chávez Orozco L., *Historia económica y social de México*, Ed. Botas, México, 1938, pp. 54-57.

2. Solís L., *La realidad económica mexicana: retrovisión y perspectivas*, Siglo XXI, México, 1970, p. 10.

es que la prolongación exagerada de la jornada de trabajo y el trato brutal, incluyendo castigos corporales y el mantenerlos encadenados, eran frecuentes.

b) En ocasiones pagaban a los trabajadores parte del salario en especie.

c) La expansión de los obrajes era poco frecuente y cuando la había se financiaba casi exclusivamente con el ahorro propio.

d) Se utilizaba mano de obra de cualquier sexo y edad.[3]

En realidad, siendo pocos los obrajes y débil su situación frente a los gremios (de los que había alrededor de 200 a finales del siglo XVIII), su influencia era secundaria en la evolución de la sociedad novohispana. Para entonces la producción fabril o de obrajes era de 7 a 8 millones de pesos (según calculaba el Barón de Humboldt), de un total manufacturero probable de 30 millones, en comparación con 23 de la producción de oro y plata y de 29 de las actividades agrícolas.[4]

Una de las ramas de mayor importancia dentro de la industria y que en rigor rebasa la clasificación obraje-artesanía, fue la producción de azúcar. Esta actividad cobraba un carácter peculiar debido a la estrecha combinación de la esfera industrial con la agricultura. Esto dificultaba de varias maneras la necesaria especialización para lograr un desarrollo mayor, lo que sólo fue posible hasta finales del siglo XIX. Claro es que la producción de azúcar estaba particularmente influida por la explotación agropecuaria más que por la industrial debido a la fuerte influencia que sobre el proceso manufacturero ejercía la etapa de la producción de la caña (que podía ser aun mayor que la actual). Por tal razón la industria azucarera se encuadró en un principio dentro de las pautas y la evolución de la encomienda, el repartimiento y sobre todo la esclavitud. Sin embargo, por tratarse de todas formas de un proceso industrial que requiere especialización del trabajo, pronto fue menos económica la esclavitud y se inició gradualmente la incorporación de mano de obra asalariada, pero usualmente dentro de las normas de la gran hacienda, o sea, con la deformación del peonaje endeudado. En este respecto, el Estado se encontraba interesado en facilitar la movilidad del trabajo por lo que prohibió, por cierto con escaso éxito, el adelanto de más de una cantidad fija a los peones con el fin de evitar la esclavitud disfrazada por endeudamiento hereditario. La violación a estas disposiciones se debieron a que, como es usual, las exigencias económicas fueron más poderosas que las leyes, sobre todo en cuanto a la necesidad de retener la escasa mano de obra en regiones insalubres donde

3. Chávez Orozco L., *El obraje, embrión de la fábrica*, en *Documentos para la Historia Económica de México*, vol. XI, Secretaría de la Economía Nacional, México, 1936.

4. Humboldt A. de, *Ensayo político sobre el Reino de la Nueva España*, Ed. Robredo, México, 1941, t. III, pp. 167-168. Véase también en la gráfica 1 de este trabajo que el promedio anual de la producción de oro y plata en los últimos veinte años del siglo XVIII fue de 21 millones de pesos.

existían amplios recursos no explotados. Es de señalar que la inversión en ingenios azucareros (cuya producción se orientaba al mercado interno), fue una de las pocas que mantuvo un elevado atractivo dentro del campo de las manufacturas.

También de elevado desarrollo dentro de la industria y campo fecundo para la inversión fue la de textiles (que producían telas corrientes). En este campo la Corona mantuvo una liberalidad notabe, ya que permitió la expansión de la rama, cuyos productos no competían con los importados de lujo pero sí con los hispanos. A este respecto tal vez haya influido el que se trataba, en general, de producciones fabriles en España que fueron, como se dijo antes, de menor interés para la Corona en comparación con la protección otorgada a los pequeños talleres gremiales (que hacían telas y bordados finos) y a los comerciantes.

Hasta finales del siglo XVI la producción americana de textiles se desarrolló sin oposición institucional de importancia. Sólo se inició ésta por la presión de los productores hispanos que exigían protección, mas nunca fue tan rigurosa como en otros casos y sobre todo, nunca se aplicó plenamente. Así por ejemplo, en gran medida por esa presión se decretó la prohibición de que trabajasen indios, en cualquier condición laboral, en los obrajes de textiles, mas no se aplicó.

Los obrajes surgían con frecuencia a través del financiamiento de comerciantes interesados en producir bienes para los cuales ya contaban con canales de distribución. En vista de la multitud de prohibiciones en la esfera productiva y mercantil, era común que se emprendiesen estas actividades en forma clandestina. Los inversionistas, que formaron parte de la incipiente burguesía, se encontraban desde un principio en una condición ilegal, lo que constituyó un importante factor de fermento social en contra de la sujeción colonial que se fue acumulando a lo largo del tiempo. Los obrajes que surgían eran en muchos casos de considerable magnitud. Había algunos que tenían más de cien operarios y que aplicaban técnicas avanzadas, como por ejemplo la utilización de la energía hidráulica. Pero lo que predominaba era el obraje donde la tecnología permanecía casi inalterable. En algunos, sobre todo en los de menor tamaño, se practicaban diversas formas de sujeción de la mano de obra, incluyendo los secuestros de indios de por vida para mantenerlos en esclavitud y encerrados en los talleres.

Por su parte, el régimen artesanal se debatía en la maraña de fórmulas gremiales, ya entonces anacrónicas, para regular y proteger la producción. Particularmente incompatible con la realidad concreta americana era el hecho de que los indígenas estaban exentos de multitud de disposiciones y restricciones gremiales para practicar las artesanías. Por otra parte, la multiplicación de demandas de productos especializados para uso en la minería y en otras actividades era resuelto con frecuencia por la vía de la producción extragremial que suponía la violación de las disposiciones corporativas sobre todo en regiones alejadas. La debilidad de este núcleo fue creciendo a lo largo de la Colonia y a pesar de la protección formal que la Corona le otorgaba, hasta llegar a ser un sector de reducida importancia en el panorama productivo, aun cuando continuara ejerciendo influencia en contra del desarrollo capitalista. La menor calidad de los productos americanos de origen artesanal en comparación con las manufacturas europeas fue un importante factor de retroceso en la importancia relativa del sector.

El decaimiento de la calidad de las manufacturas y su alto precio era sólo en parte efecto del deterioro de normas gremiales. En realidad la elevada protección, la escasa tecnificación de los procesos productivos y las relaciones de explotación se combinaban con un grado escaso de desarrollo de la mano de obra para determinar esos efectos.

En los períodos de retroceso de la influencia hispana, determinados en general por el gradual desmoronamiento interno de España y, en particular, por el bloqueo del comercio ultramarino que efectuaban las flotas enemigas durante las frecuentes guerras, florecía con mayor ímpetu la industria en América. Tal correlación era resultado de la combinación de la elevación de precios de los productos importados y de su escasez (condiciones no siempre relacionadas debido a los controles de precios), lo que inducía procesos productivos locales y regionales. Un ejemplo representativo lo describe Humboldt cuando dice que poco antes de su llegada a la Nueva España se había elevado el precio del quintal de hierro de 4 pesos a 48 y el del acero de 16 a 260 pesos.[5] En muchos casos la producción emprendida bajo este poderoso estímulo nacía con múltiples desventajas para prosperar, entre éstas, el elevado peso tributario y las numerosas regulaciones, así como la orientación poco empresarial o capitalista de los productores. Por lo mismo, al renovarse el comercio exterior, al bajar el precio o aumentar la oferta, era frecuente que se abandonasen de nuevo estas actividades. Desde luego, lo más frecuente era que se tratase de unidades productivas no sólo ineficientes y efímeras, sino también productoras de bienes de escasa calidad y capacidad de competir por el modesto desarrollo alcanzado por la mano de obra y por la orientación de la producción.

También eran de importancia industrial las ramas de productos de cuero, cerámica, vidrio y muebles, la elaboración de velas, de carruajes y el trabajo en maderas. En todas ellas influía poderosamente el grado y la forma de la protección que gozaban, lo que determinaba usualmente que se tratase de empresas de importancia local.

5. Humboldt A., *op. cit.*, t. III, p. 176.

VI

EL COMERCIO INTERNO Y EXTERNO

El dispositivo mercantilista, implantado para ventaja de la Corona y de comerciantes peninsulares, estuvo formado por una diversidad de elementos. Entre ellos resaltan las estrictas disposiciones en contra de la producción en las colonias de las manufacturas controladas por monopolios privados y reales, en su inmensa mayoría de producción no hispana. También fueron de influencia poderosa las prohibiciones de comerciar las colonias entre sí o a través de puertos diferentes a los titulares de la concesión (Sevilla y después Cádiz) lo que estimuló el contrabando y la piratería en su variante comercial consistente en atacar los puertos en el caso de que se les denegase el permiso de comerciar. La severa restricción a la concurrencia de mercaderes extranjeros en el intercambio con América (que se violaba mediante representaciones en las casas comerciales),[1] fue un factor de gran importancia en el desarrollo del comercio americano. También lo fueron la multitud de impuestos al comercio, al transporte y a la producción de bienes. Gran parte de estas medidas obedecían a objetivos mercantilistas, incluso al interés preponderante por la obtención de metales preciosos aunque no por su acumulación.[2] Así, por ejemplo, se estableció una rígida protección a la actividad naviera hispana de la competencia al concederle un monopolio en el transporte marítimo que perduró durante casi toda la Colonia. Las consecuencias de estas formas de organización eran la indiferencia por la inversión productiva en las colonias y la estricta distribución de factores que impedían su movilidad, lo que a su vez incidía sobre el comercio.

Las formas de la administración pública, en esencia copiadas de las peninsulares, admitían modificaciones para asumir las peculiares condiciones de organización de la Nueva España, como era la presencia de grandes núcleos de población indígena, la preservación de algunas estructuras administrativas de las comunidades y, desde luego, la lejanía del asiento del poder real. Se denotaba en la estructura y funcionamiento de la administración pública la contradicción entre las tendencias capitalistas más avanzadas, que de alguna manera continuaban evolucionando en el seno del

1. Vicens Vives, J., *Aproximación a la historia de España*, Editorial Vicens Vives, Barcelona, 1968, pp. 16-17.

2. Véase Vilar, P., "Los primitivos españoles del pensamiento económico. 'Cuantitativismo' y 'bullonismo' ", en *Crecimiento y desarrollo. Economía e historia. Reflexiones sobre el caso español*, Ariel, Barcelona, 1964.

mercantilismo español. Un ángulo en el que resalta esta compleja interdependencia es en el aparato de tributación y sus múltiples formas y maneras de captar ingresos, incluyendo peajes, alcabalas, papel timbrado, derechos de avería, etc.[3]

Uno de los aspectos en los que se observa la adaptación colonial de elementos presentes en España es la seclusión de no peninsulares de un número considerable de actividades económicas –en el comercio exterior, por ejemplo– y de puestos en la administración pública.

En contraste, se daba un trato preferencial y paternalista a los indígenas en una diversidad de aspectos, como eran las exigencias de normas para incorporarse a las actividades religiosas, o las disposiciones en contra de su explotación en obrajes.

Se puede decir que la seclusión que se ejercía en contra de los americanos (incluyendo a los criollos, mestizos y negros) era una aplicación de los principios que dieron lugar, en su momento, a la expulsión de árabes y judíos de la Península, para ventaja del núcleo étnico nacional dominante. Sin embargo, en América se aplicaban estos principios de seclusión a cristianos a diferencia del pretexto religioso en el caso de la discriminación y expulsión de moros y judíos, lo que creaba infinidad de matices y de conflictos que tendrían plena expresión en la revolución de independencia.

En la esfera comercial resalta la enorme diferencia que existía entre los dos niveles de la actividad distributiva. Por una parte, se encontraban los grandes comerciantes, representantes con frecuencia de los concesionarios hispanos de Sevilla y frente evidente del monopolio, que mediante la organización del exclusivo consulado de la ciudad de México mantuvieron altísimos precios en el tráfico ultramarino hasta finales del siglo XVIII, cuando el simultáneo ataque interno de otros comerciantes y externo de la Corona, empezaron la ruptura del monopolio del comercio exterior. Este era con mucho el más rico, no sólo porque los mercaderes controlaban las importaciones sino también por el manejo que hacían de las exportaciones así como por las estrechas relaciones que mantenían, para su ventaja, tanto con armadores hispanos como con los otros estratos de la cadena de distribución. Este tipo de comercio permaneció en manos de españoles, cuyo asiento principal fue la ciudad de México (que era uno de los mayores mercados americanos por población y demanda). Con la liberalización del comercio de fines del siglo XVIII se crearon los consulados de Guadalajara y del puerto de Veracruz, que establecieron fuerte competencia con el de México.

En el caso de comerciantes medianos dedicados a las transacciones internas lograron un elevado poder económico, que se extendió a otras actividades mediante inversiones del excedente captado (que se aplicó a

3. Lerdo de Tejada, M., *Comercio exterior de México,* Banco Nacional de Comercio Exterior, México, 1967, pp. 21-22.

ingenios, minería, etc.), por lo que llegaron a ejercer un importante dominio en los mercados y en la producción. En diverso grado, ejercieron una importante influencia no sólo a través de la distribución y mercadeo sino también en tanto apoyo financiero a la producción.

En contraste, los grandes comerciantes reunidos en el poderoso Consulado de México, que mantuvo el monopolio por más de 200 años, a más de manejar una importante fuente de tributos para proteger el comercio (los de "avería"), se inclinaban a la especulación. El excedente restante de la especulación y del financiamiento que requería el sistema de flotas y ferias, se enviaba usualmente a España. En efecto, la venta de mercancías adquiridas en la Feria de Jalapa (que duraba seis meses), sólo podía iniciarse al partir de regreso la flota y ello sucedía en cuanto se remataban los remanentes y cerraba la Feria. Así, el ciclo de compra-venta podía requerir de 6 a 18 meses.[4]

La magnitud del excedente que captaban los grandes comerciantes a través del mantenimiento de relaciones de precios desfavorables a las exportaciones coloniales y favorables a las manufacturas europeas era de enormes proporciones. Este excedente, que era extraído de América mediante el sistema de monopolios comerciales de bienes (que en su inmensa mayoría no eran hispanos), a su vez era transferido en su mayor parte al resto de Europa, tanto por la misma vía comercial como a través de vínculos financieros y de gasto privado.

De la dimensión de la pérdida de excedente de Nueva España a través del comercio nos da idea la estimación de Lerdo de Tejada de que hacia principios del siglo XVIII "era muy mezquina la cantidad de mercancías que se despachaban anualmente de España a México, puesto que las cuatro flotas que vinieron durante los primeros veinte años de él, no medían en todas ellas más de 8 493 toneladas . . . aunque en los siguientes años fue aumentando progresivamente ese comercio el valor de la importación, en los últimos trece años de este período no excedía, por término medio, de cinco o seis millones de pesos, mientras que la exportación que en metales y otros frutos se hizo en los mismos años, ascendía a diez o doce millones".[5] No puede ser más clara la relación externa que determina, sin considerar el efecto adicional de los precios desfavorables, una sistemática y elevada pérdida de excedente en la forma de superávit en cuenta corriente externa. Otra fuente aporta información en cuanto a la salida de excedente en forma de transferencias privadas de toda América hispana en el período 1561-1650, que fue de 132 507 millones de maravedíes.[6] O sea

4. Véase Groman Rosenknopf, D., *Tendencias del comercio de la Nueva España. El Consulado de Comercio de la Ciudad de México (1778-1823)*, Tesis, Escuela Nacional de Economía, UNAM, México, 1973.

5. Lerdo de Tejada, M., *op. cit.*, p. 18.

6. Jara, A., *Tres ensayos sobre economía minera hispanoamericana*, Universidad de Chile, Santiago, 1966, citado en Semo, E., *op. cit.*, p. 236.

que sólo por el concepto de envíos de productores privados tuvo lugar una transferencia de excedente que a precios corrientes fue tres veces mayor que la importación. Otra fuente indica que las flotas transportaban mercancías europeas con valor de 8 a 12 millones de pesos a América y retornaban con bienes americanos por valor de 30 a 40 millones.

Existen datos de formidables márgenes de comercio, de elevados costos de transporte y de fuertes tributos. En cuanto a los márgenes de comercio podían ser de cualquier dimensión, aunque lo usual era del 100%.

Entre los márgenes más elevados se cita el caso de odres de vino, de los que en 1653 se elevaba el precio en 1 000% entre Sevilla y Veracruz, mismo que aumentaba todavía entre este puerto y México en un 70% adicional.[7] El estudio de un cargamento muestra que los márgenes podían variar desde 200% en el caso de paños, tejidos de seda y de hilos de oro y plata, hasta 700 y 900% en el caso de cuchillos y canela.[8]

Desde luego, en el margen comercial se incorporaban los costos de transporte y los múltiples impuestos que debían pagar las manufacturas entre España y México. Como la mayoría de ellas no eran hispanas estaban sujetas a los siguientes tributos a finales del siglo XVIII:

CUADRO 4

España: Impuestos a las mercancías no hispanas
(% ad-valorem)

Introducción a España	15
Internación	5
Consolidación de vales	5
Almirantazgo	0.5
Almojarifazgo de salida	7
Consulado	1
Subvención de guerra	1.5
Reemplazos	1
Para la conservación del canal de Guadalquivir	0.5
	36.5%

FUENTE: Lerdo de Tejada, M., *op. cit.*, p. 23.

Claro es que los anteriores impuestos se refieren sólo al tránsito por España de los bienes importados. El mismo autor estima que los tributos

7. Semo, E., *op. cit.*, pp. 159-160.
8. Ardiñano de Gervasio, *Historia del comercio con las Indias*, Barcelona, 1937, p. 227.

totales podían elevarse al 75% antes de llegar a manos del consumidor americano.

La elevada carga tributaria, los costos de transporte y los márgenes de comercio se traducían en precios tan altos que estimulaban intentos por encontrar otras fuentes de oferta. Por una parte, estaba el intenso contrabando que se practicaba tanto por españoles como por ingleses y franceses, pese a las fuertes penas que se aplicaban a los violadores del poderoso monopolio. Por otra parte, auspiciaba la producción americana de algunos bienes a pesar de las disposiciones restrictivas y de los limitados mercados. Al estímulo que en este sentido representaba la elevación de precios por márgenes de la distribución se fue añadiendo la escasez de la oferta debido a la frecuente interrupción del tráfico de flotas.

Otro era el papel del pequeño comercio y del sistema de transporte interno que eran estimulados por los altos precios, la abundancia de plata y la expansión de la actividad económica en toda la colonia. En estas actividades la participación mestiza e india era predominante y muy abundante. En efecto, sobre todo en el caso del transporte, que en su gran mayoría se practicaba por comerciantes ambulantes, absorbía una enorme cantidad de trabajo. Este era asalariado en su mayoría, y compartía con el dueño de la recua las vicisitudes de los caminos. El número de animales de carga y de tiro, que nos indica la multitud de arrieros, mozos de cuadra, posaderos, etc., que había, podían ser de varias decenas de miles en cada ruta importante. Es de suponer que este gran núcleo mestizo de trabajadores libres y de comerciantes fueron no sólo una fuente de trabajo y de acumulación para emprender nuevas actividades, sino también un factor de primera importancia en la lucha por la independencia.

Los pequeños comerciantes mantenían una lucha permanente con las alcabalas y las restricciones que plagaban la vida colonial, incluyendo regulaciones de precios. Pese a la limitada influencia económica de cada individuo por separado, es indudable que como conjunto significaron los pequeños comerciantes ambulantes y fijos un incentivo importante para la expansión de la demanda de bienes locales y, en esa medida, para su producción. A su cargo estaba la mayor parte del comercio que se efectuaba en las numerosas ferias regionales así como el mantenimiento y el estímulo de los mercados fijos. Claro es que los elevados precios influían también en la limitación de la demanda. En ello, era de primera importancia el costo de transporte, tanto por su lentitud (tomaba varios meses el tránsito entre la capital y las regiones mineras de Chihuahua) como por el uso preferente de recuas, más que de carreteras, pese a que éstas permitían transportar entre tres y cuatro veces más por equino que en el caso de hacerlo a lomo.

La técnica del transporte y la intensidad de la actividad estaba en estrecha relación con las vicisitudes del comercio exterior. En ello influía no sólo el transporte de importaciones y de exportaciones sino también el efecto de estas corrientes sobre la producción interna. Ello determinó que por largo tiempo tendiese a limitarse a una modesta expansión inducida sólo por las actividades internas en vista de la escasez de las flotas. Sólo en la segunda mitad del siglo XVIII se estimuló con intensidad el intercambio comercial interno y externo.

En efecto, al mismo tiempo que avanzaba incontenible la decadencia de España desde el siglo XVI se fortalecían correlativamente las potencias europeas que retaban al Imperio, ya directamente con enfrentamientos militares, ya por las vías diplomáticas y por los complejos sistemas de vinculación familiar de las casas reales, ya por medio del contrabando comercial. Por todos lados el ataque aceleraba la caída de España que se denotaba, entre otras formas, por su impotencia para impedir la evolución interna de las colonias y para sostener la exclusividad de su relación comercial con éstas. Había en ese sentido un gradual relajamiento de la esencia de su tradicional política colonial mercantilista.

En efecto, a pesar de la notable diferencia de las tasas de impuestos aplicados a la importación de mercaderías no hispanas con respecto a las españolas (45 y 9.5% *ad valorem,* respectivamente),[9] para finales del siglo XVIII apenas el 8% de los bienes provenían de España aún cuando la mitad de la carga era transportada por baroos en este país gracias a la protección que se daba a los armadores españoles.[10]

Existía una creciente presión internacional y de la burguesía colonial sobre España para reducir sus prohibiciones en el intercambio de las colonias. Esta presión se combinó con la política de reformas de los borbones para liberar parcialmente el comercio con la Nueva España desde 1780 a pesar de la resistencia e intentos de corrupción de los comerciantes del Consulado de México. Su monopolio quedó destruido con la formación de los consulados de Guadalajara y de Veracruz en 1794, lo que en gran medida fue posible por la ruptura del monopolio de Sevilla en España. Se eliminaron las flotas; se abrió el intercambio con otros puertos españoles; se aceptó el comercio entre las colonias; se permitió *de facto* la participación de mercaderes extranjeros en el mismo, etc. En conjunto, estos cambios supusieron modificaciones de gran importancia en la vida colonial, incluyendo la renovación de la actividad económica y la disminución de la hegemonía de peninsulares en la misma, para ventaja de los estratos de criollos y mestizos.[11]

9. Baur, J. E., "The Evolution of a Mexican Trade Policy, 1821-1828", *The Americans,* vol. XIX, núm. 3, enero, 1963, p. 225, citado en Leal, J. F., *op. cit.*

10. Sidney Smith, R., "Shipping in the Port of Veracruz 1790-1821", *Hispanic America Historical Review;* vol. XXIII, núm. 1, febrero, 1943, p. 12.

11. El proceso de liberación del comercio fue largo. Se inició para Nueva España en 1767 cuando se otorgó el permiso de comerciar con Nueva Granada y Perú, siguió en 1774 al abrir el comercio con Quito, en 1776 con la eliminación de derechos a la exportación de harinas a las islas españolas del Caribe, en 1778 la apertura

La liberalización del comercio tuvo efectos acumulativos hacia finales del siglo XVIII, tal como se observa en la siguiente información sobre las ventas de Nueva España al exterior:

CUADRO 5

Nueva España: Promedio anual del valor de la exportación de bienes 1766-1791 (millones de pesos).

Período	*Total en el período*	*Promedio Anual*
1766-1778	155.2	12.9
1779-1791	224.1	18.7

FUENTE: Lerdo de Tejada M., *Comercio exterior de México,* Banco Nacional de Comercio Exterior, México, 1967, pp. 24-25.

El auge exportador se debió principalmente a la fuerte elevación de la venta de metales preciosos, pero también participaron otros productos (grana, vainilla, cueros, etc.). Es interesante señalar que el auge provocó también el alza de precios internos, sobre todo de bienes de consumo, debido al incremento inducido en la demanda ante una oferta rígida, principalmente en el caso de granos.

La exportación promedio anual de los doce años posteriores a la liberalización del comercio con respecto al promedio correspondiente a los doce años anteriores muestra un incremento de 45% (véase el cuadro 5). Este aumento es aún más notable si se considera que ese fue un período azaroso en el mundo para el intercambio exterior, por lo que es un indicador de la vigorización que en el conjunto de la economía introdujo la nueva orientación de la relación colonial. Es indudable que el efecto sobre la importación fue igualmente poderoso, y que los intentos posteriores de España de restaurar las normas antiguas de monopolio del comercio no podían tener éxito. La apertura era incontenible y sin duda. los años finales del siglo XVIII, fueron los de mayor desarrollo colonial. Su comercio contenía una elevada proporción de importaciones no hispanas ni procedentes de otras colonias del Imperio (99 millones de pesos en relación a un total de 259 en el período de 1796 a 1820); la mayor parte de las importaciones eran de procedencia inglesa, francesa y norteamericana.[12]

de otros puertos hispanos al comercio, además de Cádiz y Sevilla y 1780 cuando finalmente se completó la liberalización.

12. Lerdo de Tejada, M., *Comercio exterior de México,* Banco Nacional de Comercio Exterior, México, 1967, pp. 23-24.

VII

FACTORES INTERNOS Y EXTERNOS DE LA FORMACIÓN SOCIAL A FINES DE LA COLONIA

El momento en que se liberó el comercio corresponde a la culminación de diversas tendencias de poderosa importancia en la vida de la Nueva España. Por una parte, se relajó la imposición colonial en cuanto a limitar las relaciones comerciales con el exterior, que eran centrales en la vida de la sociedad sojuzgada. Las consecuencias en este sentido fueron poderosas, tanto por la expansión y diversificación del comercio exterior, como por la afluencia de ideas y gentes.[1]

Por otra parte, en ese momento las actividades comerciales, el mestizaje y la liberación de la mano de obra se habían extendido considerablemente. Ello sucedió a costa de la población enclavada en comunidades que en esta lucha defendía su vida y su organización tradicional. En consecuencia, disminuía este sector en dimensión e importancia, señalando el gradual cambio en las relaciones de producción. Estas avanzaban lentamente a través del intermitente impulso de las actividades de exportación y de la proliferación de actividades orientadas hacia el mercado interno. En estas últimas iban surgiendo cada vez más unidades manufactureras que violaban el sistema gremial. Tal sistema se debilitó ante la presión mercantil, hasta que finalmente se derogaron las disposiciones gremiales en 1790. Empero, el grado de desarrollo de las fuerzas productivas era insuficiente para abandonar el modo de producción previo y construir el capitalista, que era el impuesto por las poderosas influencias mundiales. Esta debilidad de las fuerzas productivas se expresaba en una multitud de formas como la falta de población, las relaciones productivas desfavorables a la acumulación creciente, la limitación de los mercados que imponía el rústico transporte existente y el enorme peso de las numerosas alcabalas, todo lo cual contribuía a impedir una transformación más acelerada de la sociedad. Por otra parte, tenían una gran influencia, por su extensión, elementos tales como el sentido autárquico de las haciendas para satisfacer sus requerimientos internos, la sujeción servil de la mano de obra agrícola en grandes áreas

1. Las ideas no sólo se referían a los pensamientos liberales del exterior sino también a proposiciones concretas de invasión de los dominios españoles por súbditos de otras potencias. Estas proposiciones eran particularmente abundantes en Inglaterra y Estados Unidos.

(sólo en 1785 se suprimieron las encomiendas en Yucatán y Tabasco), la servidumbre en el trabajo doméstico, y la ausencia de relaciones mercantiles en numerosos núcleos y áreas.

El sistema económico se encontraba sujeto a dos dinámicas interdependientes pero diferenciadas, que eran, una, la interna y, otra, la correspondiente a la relación colonial externa. Esto se expresaba con nitidez en la doble forma de integración de las relaciones económicas.

Una esfera de integración era la vinculada con la exportación y con los mecanismos y medios de operación de la relación colonial. La minería, la agricultura de exportación así como parte de la ganadería, el sector del comercio ultramarino y los niveles más elevados de la administración pública, constituían los elementos de vinculación directa con el exterior. Estos sectores estaban polarizados en torno a la relación colonial, pero tenían ramificaciones en el resto de la sociedad, ya sea a través de los mecanismos de tributación, ya del sistema legal de regulación de la vida y actividades, ya por la acción de la Iglesia en sus diversas formas (educación, agio, etc.).

Las actividades internas estaban relacionadas por una diversidad de vías a las externas, pero la orientación de su dinámica era inevitablemente diferente. Y no podía ser de otra manera por cuanto la imposición colonial económica, social, política y administrativa no podía determinar ni regular más que una fracción de la vida de la sociedad sojuzgada. Esto se acentuaba en el caso de la Nueva España por la debilidad creciente del contacto con la metrópoli, lo que conducía al surgimiento de impulsos sociales autónomos del esquema español.

Sin embargo, las tendencias favorables al crecimiento de actividades ajenas al vínculo colonial, surgían a veces a pesar de la oposición del Estado, y usualmente venciendo múltiples obstáculos. En consecuencia cobraban un carácter espontáneo con fuertes tendencias a limitar sus horizontes económicos a intereses locales y regionales. Por lo mismo sólo tenían débiles impulsos hacia integrar procesos productivos y distributivos de mayor aliento ya que en general surgían por demandas locales y debido a que había condiciones favorables de protección determinandas por las alcabalas, el alto costo del transporte y la irregularidad de la oferta de bienes importados. Así, estas condiciones favorecían en muchos casos la tendencia hacia la integración de funciones económicas dentro de regiones y aun de localidades.

En realidad las tendencias hacia el crecimiento cerrado en unidades integradas se iniciaban desde los procesos productivos más elementales. Era una tendencia colonial que se observaba por igual, pero con diverso contenido, en las comunidades indígenas y también en las haciendas (en cuanto a la satisfacción de sus propias demandas), en los talleres artesanales y aun en los obrajes. Cada actividad de este tipo se orientaba a aprovechar la posibilidad de sustituir la oferta que provenía de fuera de su espacio económico, ya fuese éste la región, el interior de la hacienda o la familia del campesino.

A consecuencia de estos factores se formó una integración del sistema económico con diversa intensidad y diferente sentido. Por una parte estaba la polarización de las actividades vinculadas a la exportación y a la relación colonial en forma directa. Por otra se hallaba una enorme base de actividades orientadas a satisfacer la demanda interna, que sólo estaban relacionadas débilmente entre sí. En cambio se encontraban vinculadas con el núcleo encargado de la operación y funcionamiento colonial en tanto tributarios y como receptores de imposiciones reales, de ideología, de disposiciones administrativas, etc.

Uno de los resultados de esta forma diferenciada de integración económica era la poderosa tendencia hacia la formación de economías especializadas regionalmente en cuanto al vínculo colonial, y sustentadas sobre la base de un amplio conjunto de unidades productivas que formaban una pirámide de oferta cuyo límite económico productivo era usualmente la propia región. De esta manera fueron surgiendo economías regionales con un grado de vinculación interna de las funciones económicas más elevado que el del reino como conjunto, y también con una o varias actividades vinculadas con el sistema colonial. Así se formaron las importantes economías regionales del Valle de México, como centro administrativo y comercial; Guadalajara y Puebla como centros fabriles y agropecuarios; los centros mineros de Guanajuato, San Luis Potosí y Zacatecas, y las zonas agropecuarias de Tierra Caliente y Veracruz, etc.

Con la crisis mundial que prevaleció durante el siglo XVII, que según Hobsbawm retrasó el advenimiento del capitalismo industrial, afectó las actividades de exportación de las colonias.[2] Se observa que la alteración económica en América en ese período se combinó con el desastre demográfico originado en la brutal explotación de la población y con la debilidad de España, todo lo cual determinó una reducción del tráfico marítimo. La caída de las exportaciones afectó las actividades mineras y agrícolas que ajustaron su producción. En las primeras esto se limitó a la contracción de la producción, mientras que en la agricultura consistió en un fortalecimiento del sistema de explotación de haciendas con marcado acento autárquico en cuanto a su propio consumo. El efecto sobre las relaciones de producción fue que se debilitaron algunos avances capitalistas, sobre todo en el caso de las explotaciones mineras de tamaño medio y pequeño y en general en el de las actividades agropecuarias, al retroceder el trabajo asalariado como forma de explotación del trabajo. En cambio, la tendencia al aislamiento de la economía como conjunto producía nuevas oportunidades para emprender actividades de interés interno. Otra cuestión distinta era su aprovechamiento, ya que a las múltiples restricciones coloniales y gremiales se aunaba la debilidad del aparato financiero.

2. Véase Hobsbawm E., *En torno a los orígenes de la Revolución industrial*, Siglo XXI, Buenos Aires, 1971.

En efecto, una importante característica de la época colonial es el hecho de que las escasas fuentes de financiamiento, que eran el agio privado —en gran parte practicado por comerciantes— y el del clero se orientaban principalmente al crédito hipotecario. En contraste, las actividades generadoras de excedente, principalmente mineras, se encontraban con frecuencia imposibilitadas para aplicar su capacidad de inversión a fines productivos por falta de oportunidades, lo que inducía el uso del excedente disponible para fines de consumo. Por ejemplo, la minería norteña no encontraba campos afines donde invertir excepto en la propia minería y en la agricultura y ganadería, en vista de las limitaciones para el establecimiento de obrajes y para emprender otras actividades en su misma región, por lo que orientaban en gran medida su excedente al consumo de importaciones. Esto tenía varias implicaciones de primera importancia. Por una parte, producía el bloqueo de las tendencias hacia una acumulación creciente a partir de la minería, que estaba en gran parte en manos de criollos. Por otra, la dilapidación del excedente en importaciones fortalecía el estrato de comerciantes hispanos que controlaban en gran medida la economía del centro. Esta, que era con mucho la concentración de demanda más importante y que podría sustentar nuevas actividades industriales, quedaba principalmente reservada, como mercado, a las importaciones que efectuaban los comerciantes.[3]

El impulso al comercio que representó la liberalización del intercambio externo tuvo importantes elementos que multiplicaron su efecto interno. De éstos resaltan las diversas reformas que introdujo la administración borbónica en las colonias como fue la descentralización del poder virreinal mediante el apoyo a las intendencias. Ello estimuló, desde la segunda mitad del siglo XVIII, un importante aumento en el intercambio comercial interno.

A consecuencia de la expansión comercial asociada a las reformas mercantiles y al auge minero y agrícola, también tuvo lugar un incremento en el vital sector del transporte. La arriería tuvo importante auge y ejerció su influencia multiplicadora por la elevada monetización de sus funciones económicas y la difusión regional de las demandas de insumos.

La hegemonía financiera de la Iglesia se originaba en los privilegios económicos que le permitían acumular capital, ya a través de donaciones, ya por la explotación de sus bienes, ya mediante los pagos por los intereses obtenidos por el otorgamiento de préstamos. Con el tiempo se convirtió tal vez en la fuente de crédito más abundante y barata que existía en la Colonia (cargaba usualmente con un interés nominal del 5 al 6% anual, aunque era mucho más alto por las manipulaciones del clero). Empero se orientaba casi exclusivamente al financiamiento hipotecario para quedarse

3. D. A. Brading, *Miners and merchants in Bourbon Mexico, 1763-1810*, Cambridge University Press, Cambridge, 1971.

con las propiedades, lo que limitaba el movimiento del crédito para fines productivos.

Uno de los principales mecanismos financieros del clero era el de las capellanías que consistía en la entrega de fondos (que variaban entre 2 000 y 5 000 pesos), para que se pronunciasen un cierto número de misas para el beneficio de alguna alma necesitada, fondos que a su vez la Iglesia prestaba, contra bienes raíces, a plazo de 5 a 9 años. Estos plazos eran renovables como lo indica la observación de Abad y Queipo acerca de que, a finales de la Colonia, había propiedades que llevaban 250 años hipotecadas.[4] Como decíamos antes, este enorme congelamiento de recursos financieros dejaba a las actividades productivas con escasas posibilidades de expansión, sobre todo por lo que hace al financiamiento de capital de trabajo. A ello se debió la atrevida iniciativa de los mineros para formar sus propios fondos financieros en forma de los Tribunales de la Plata a fines del siglo XVIII.

La enorme riqueza acumulada por la Iglesia mediante los privilegios de que gozaba estimuló la avaricia de la Corona. Ésta ejerció una vez más su poderoso dominio sobre la Iglesia e intentó obtener parte de ella en vista de su precaria situación financiera. Esto planteó un enfrentamiento que habría de durar largo tiempo y con variable consecuencia para ambos contrincantes y para la sociedad novohispana. Un momento culminante de esta lucha fue a principios del siglo XIX cuando la penuria secular de la Corona se vio agudizada por la guerra, lo que decidió a ésta imponer un sistema de préstamos forzosos al clero de las colonias que rebasaba ampliamente los mayores empréstitos de otras fuentes. Estos eran los de Tribunales de Plata y sobre todo del Consulado de la ciudad de México, mediante los cuales éste se aseguraba sus privilegios.

La Iglesia decía que no contaba con esa riqueza líquida por lo que sus deudores tendrían que solventar su crédito en plazo perentorio a fin de que la Iglesia pudiese remitir los fondos que debía prestar a la Corona. Pero esto afectaba profundamente a la aristocracia, a los señores de la tierra y a la naciente burguesía coloniales. Es así natural que en 1804-1805 produjese mayúsculo escándalo social la iniciativa real. Se hicieron todo tipo de presiones e intentos de corrupción inútilmente. Las violentas reacciones del clero, los españoles y criollos en contra de esta disposición real fueron elementos que influyeron en la lucha por la independencia.

Pese a la renovación provocada por la liberalización del comercio, la

4. Abad y Queipo, "Representación a nombre de los labradores y comerciantes de Valladolid de Michoacán en que se demuestra con claridad los inconvenientes de que se ejecute en las Américas la Real Cédula del 26 de diciembre de 1804, sobre enajenación de bienes raíces y cobro de capitales de capellanías y obras pías para la consolidación de vales". Hernández y Dávalos, Colección II, Doc. 262, citado por Flores Caballero, R., *La contrarrevolución de independencia*, El Colegio de México, México, 1969.

sociedad novohispana evolucionaba dentro de las rígidas condiciones económicas y políticas impuestas por una metrópoli en rápido desmoronamiento. Por lo mismo las oportunidades de expansión económica estaban fuertemente distorsionadas y sólo surgían actividades aherrojadas dentro de múltiples imposiciones medievales que eran obstáculos formidables para la expansión de las fuerzas productivas.

Un aspecto que ilustra tales limitaciones es el hecho de que los grandes señores de la plata no pudieron resolver el problema técnico y financiero de la inundación de las minas. En efecto, a finales del siglo XVIII el seguimiento de vetas profundas y la crisis mundial (que determinó el descuido de la explotación) habían propiciado la inundación de numerosas minas, que no pudieron desaguarse con los primitivos sistemas a base de malacates de tracción animal.

A pesar del celo de la Corona por limitar la afluencia de máquinas no hispanas a las colonias, ésa se vio obligada a emitir la Real Cédula del 2 de noviembre de 1803 para estimular el uso de bombas de vapor con el fin de achicar las minas. Sin embargo, no hubo un minero americano que dispusiese de los $ 90 000 necesarios para importar una bomba de 88 caballos para extraer agua de profundidades de 500 varas y aprovechar las ventajas de la cédula.[5] Para apreciar el significado de esto debe considerarse que la minería seguía siendo, con mucho, la actividad productiva americana de mayor interés para la colonia y para la metrópoli (ocupaba 30 mil obreros a fines del siglo).[6]

En contraste con este marcado interés por la minería se observa que para principios del siglo XIX la economía novohispana mostraba una estructura productiva de considerable diversificación, tomando en cuenta las restricciones del régimen colonial y la dimensión demográfica de la Nueva España (entre 5 y 6 millones de habitantes).

Por lo que hace a la agricultura, se estimaba su producción en 90 millones de pesos, formada en su mayor parte por cultivos de uso interno (maíz, trigo, pulque, etc.).[7] La expansión agrícola se había iniciado en la segunda mitad del siglo XVIII y se acentuó a finales del mismo, al igual que sucedió con otras actividades de orientación hacia el mercado interno. El crecimiento del sector se generó como consecuencia de la expansión de la demanda inducida por el crecimiento general que produjo primero el vacío externo (que se objetivizaba por la marcada reducción del tráfico marítimo) y el auge minero y después la liberación del comercio (que era el resultado de la ruptura parcial de la sujeción). Tuvo lugar una etapa de atracción de inversiones a la agricultura –que reportan Humboldt y Revi-

5. Chávez Orozco L., *Historia económica y social de México*, Ediciones Botas, México, 1938, pp. 117-118.
6. Zavala, S., *Historia de América*, Buenos Aires, 1940.
7. Citado por Solís, L., *op. cit.*, p. 15.

llagigedo– y que amplió la superficie cultivada. En efecto, después del largo período de estancamiento que corresponde a casi toda la primera mitad del siglo XVIII y que se refleja en la estabilidad de los precios internos de granos, éstos se elevaron en promedio un 50% entre 1780 y 1811.[8] Aun cuando esta evolución tuviera lugar dentro de fuertes fluctuaciones, generó un extraordinario auge en las haciendas. Éstas incrementaron su producción bajo este impulso y con el financiamiento de nuevas inversiones, pero no al grado de hacer bajar de nuevo los precios. El auge de los hacendados fue correspondido por las frecuentes hambres en grandes núcleos de la población, sobre todo en las ciudades, al grado de que incluso provocaron revueltas de gran dimensión.

Aun cuando pueda aducirse que la evolución de los precios de granos fue producto de cosechas escasas, en realidad el factor más importante de este movimiento se encuentra en la expansión de la demanda generada en la mayor actividad interna que estimulaba la debilidad de la relación externa. En efecto, la irregularidad de las importaciones (incluyendo al aleatorio contrabando), y el auge de la exportación de minerales, creaba condiciones de precios favorables a la producción interna e inclusive obligó a elevar los salarios a fines del siglo XVIII.

En esta época las manufacturas habían alcanzado un nivel de actividad y de diversificación considerable aunque retenían formas de organización y tecnologías de fuerte acento medieval (el valor de producción ha sido estimado en 72 millones de pesos). Los principales ramos eran los de alimentos (azúcar, panelas, mieles y panaderías, que representaban el 25% del total manufacturero), velas y jabón (que representaban el 20%), textiles (15%) e industrias del calzado y de vestido.[9]

En la minería también prevalecían las estructuras productivas tradicionales en las que los metales preciosos predominaban (significaban el 90% del valor), la tecnología era atrasada y había una marcada tendencia hacia transferir los excedentes a otras actividades (sobre todo a construcciones).

La fragmentaria información disponible permite suponer que entre el último cuarto del siglo XVIII y los primeros años del siguiente tuvo lugar una expansión importante en las actividades de interés interno (principalmente manufacturas y agricultura para consumo de la colonia), que pudieron alcanzar un ritmo de crecimiento cercano al 3% anual a precios corrientes. Esta expansión contrasta con el estancamiento que sufrió la minería en esos años. Tales tendencias coinciden con condiciones de menor sujeción externa y con el consecuente reforzamiento de mercados

8. Florescano, E., *Los precios del maíz y las crisis agrícolas en México (1708-1810)*, El Colegio de México, México, 1969.

9. Rosenzeig Hernández, F., "La economía novohispana al comenzar el siglo XIX", *Revista de Ciencias Políticas y Sociales*, UNAM, año IX, núm. 33, México, 1963, pp. 475 y 480.

locales en los que los bienes autóctonos se encontraban con poca competencia de productos importados. Así, la debilidad hispana y la presión nativa para crecer pueden haber sido condiciones propicias para sostener un proceso de desarrollo de gran importancia a pesar de su escasa dimensión. Claro es que este crecimiento no resolvía, ni con mucho, la situación de sujeción colonial. Era, en todo caso, una etapa más del penoso proceso de preparación para el surgimiento del modo de producción capitalista en la que el gradual deterioro de la vinculación externa funcionaba como estímulo de primera importancia.

En síntesis, a lo largo del período colonial fueron cambiando lentamente las características del desarrollo de la Nueva España en la medida en que decaía el Imperio español y evolucionaba socialmente la colonia. En la metrópoli, el deterioro interno, causado por su propio proceso económico que conducía a perder las ventajas de la explotación colonial y además a deformar sus relaciones de producción internas, junto con la debilidad internacional, determinaba modificaciones en la forma de sujeción de las colonias. En éstas, la expansión de la población, los cambios en las fuerzas productivas y en las relaciones de producción definían avances importantes, incluyendo la erosión de la obediencia de las disposiciones coloniales. El crecimiento y complejidad de las actividades económicas determinaron cambios en la estructura de las clases sociales y una conjugación e interdependencia del proceso racial y económico del mestizaje. Esto conducía a una combinación de luchas de clases con fricciones entre las fracciones explotadoras y con demandas de autonomía política y liberación económica.

En todo caso la relación colonial hizo crisis por la combinación de ambas dinámicas: por una parte el derrumbe del orden en España, por su debilidad y por el violento empuje de Francia y de Inglaterra que reclamaban la hegemonía mundial; por otra, las incontenibles fuerzas sociales coloniales requerían un espacio económico más libre y un intercambio sin trabas para poder crecer.

Así, se puede decir que fueron dos de los ingredientes principales los que determinaron que la revolución de independencia tuviese lugar a principios del siglo XIX en la mayoría de las colonias españolas de América. Un externo que consistió en el gradual vacío de poder hispano y sus desesperadas maniobras para reimplantar su autoridad que producían violentas reacciones en las colonias (por ejemplo cuando intentó reducir la liberalización del comercio en 1780). Otro interno estaba constituido por las presiones sociales para la liberación de las fuerzas productivas en proceso de formación capitalista respecto de las condiciones de sujeción colonial, que se expresaban en forma de reclamos de autonomía (primero económica y más adelante política) por parte de la aristocracia y de la incipiente burguesía criollas, así como a través de explosiones de violencia popular, cada vez más numerosas, que habrían de desembocar en la revolución de independencia.

SEGUNDA PARTE

LA TRANSICIÓN AL CAPITALISMO

VIII

LOS ANTECEDENTES DE LA REVOLUCIÓN DE INDEPENDENCIA

En el curso del siglo que va desde el inicio de la lucha armada de la revolución de independencia de México al comienzo de la revolución de 1910 tiene lugar la implantación del capitalismo industrial, pero no en forma de un capitalismo clásico sino adaptado a poderosas estructuras existentes (la hacienda, por ejemplo), y a las fuerzas económicas internacionales. También en ese lapso se delínean los perfiles principales del desarrollo nacional posterior a lo largo de relaciones de producción capitalistas en proceso de consolidación. La investigación de la manera como se implanta el capitalismo en ese período permitirá definir los rasgos más importantes del mismo en el caso de México y la forma como su dinámica propia perseveró en imprimirle un carácter diferenciado, pese a encontrarse, igual que otros países, sujeto a poderosos impulsos externos similares.

Los puntos más destacados del análisis deben ser el vigoroso empuje que sobre el país ejerció la maduración del modo de producción capitalista en el mundo, y a la dinámica social interna que a cada momento se enriquecía con esos impulsos externos. Dentro de esta deberán destacarse las influencias que sobre la evolución nacional tuvieron los grandes cataclismos sociales internos que de ninguna manera son ajenos a la esfera externa y por lo mismo, al proceso de gestación del modo de producción capitalista en su dimensión mundial. Estos cataclismos se vinculan principalmente con las guerras del país con el exterior en tanto que fueron choques que conmovieron a toda la sociedad. No se quiere sugerir que los conflictos externos posteriores a la revolución de independencia, fueron la causa única del parto del capitalismo en México, sino más bien, que en parte desempeñaron, en momentos clave, el papel de transformadores que correspondían a grandes revoluciones civiles las que nunca sucedieron en forma aislada de la agresión externa. Una de las mayores, que fue la guerra de la Reforma, se inició como lucha interna pero culminó en guerra internacional. La multitud de choques armados, asonadas y levantamientos posteriores a la obtención de la autonomía política que plagaron la vida de la nación durante buena parte del siglo XIX, fueron violentas expresiones de los acercamientos y reacciones a la transformación social que en un principio jugaron el papel de completar la revolución de independencia y luego fueron preparativos del formidable tránsito hacia el capitalismo.

En esta parte emprenderemos el estudio de la etapa de transición hacia el capitalismo que llega hasta la época de la restauración de la República, es decir, hasta la década de los años setentas. En términos necesariamente esquemáticos y simplificados se tratará de seguir en sus rasgos esenciales el proceso de transición. Debe advertirse que no es un cambio lineal sino que se encuentra entrelazado con retrocesos, luchas políticas internas y externas, cambios en las alianzas, así como encuentros diversos de las fuerzas sociales.

Son numerosos los acontecimientos de carácter bélico, político, social y económico que tuvieron lugar en este crítico medio siglo de la vida de México, es decir, de 1821 a principios de la década de los setentas. Para la presente interpretación resaltan con particular relevancia los brutales choques y luchas generadas en las medidas de transformación social de los liberales y en la violenta reacción conservadora, estas luchas se sustentaban en la participación limitada de la enorme masa de explotados, excepto en cuanto a ser carne de cañón en las luchas intestinas y externas.

Los esfuerzos y éxitos para lograr la vigencia de las relaciones de producción capitalistas corrieron a cargo de la burguesía, mientras que el pueblo puso los muertos y los despojos. Buena parte de estas consecuencias fueron resultado del brutal proceso de acumulación originaria que en diversos aspectos se vinculaba estrechamente con los acontecimientos en el resto del mundo. Así, a la lucha interna por la gestación capitalista se añadieron poderosos empujes externos de diversa naturaleza: inversiones, comercio, crédito, manipulación política y guerras.

Una especulación interesante que sólo se puede asentar aquí sin poderla desarrollar, consiste en apreciar la posibilidad que tenía el país para que dichas revoluciones tuviesen lugar con base a la lucha de clases interna. En realidad esto llevaría a especular sobre el surgimiento del capitalismo como consecuencia del desarrollo interno, lo que parece dudoso que pudiese suceder, al menos a partir de las condiciones existentes en los albores de la Independencia.

La forma en que la nación se inició en la vida independiente determinó en gran parte su evolución posterior. También importante en la historia del país fue la manera en que se vio incrustado en el concierto mundial a lo largo de ese siglo por vía del comercio, de las finanzas y de la geopolítica. Como contrapartida y condicionante de la relación con el exterior era la respuesta interna a dichas influencias que iban determinando, por su dinámica, el surgimiento de nuevas estructuras, cambios en otras, así como transformaciones de variada profundidad en todos los aspectos de la vida nacional.

La revolución de independencia tiene antecedentes numerosos desde comienzos de la Colonia, ya en forma de rebeliones indígenas de escasa esperanza de éxito, ya de intentos de segregación del reino por parte de americanos negros, mestizos y criollos hastiados del duro puño hispano. Sin embargo fue necesaria una coyuntura internacional favorable y una larga gestación interna de los cambios en las relaciones sociales para que los intentos de rebelión lograsen sus objetivos libertarios. Dentro de estos cambios en las relaciones sociales destacan los elementos ideológicos que llegaron a desarrollarse hasta postular la autonomía política como necesidad para la formación de una nación. Pero esto fue más el producto de la lucha misma, ya que antes de su expresión armada las postulaciones nacionalistas eran tímidas y sólo eran sostenidas por fracciones de la clase explotadora (algunos mineros, comerciantes criollos, curas, militares, etc.) y grupos de la explotada.

El lento proceso de transformación de las relaciones de producción y sociales indígenas prehispánicas a través de la violencia, y de la formación de nuevas estructuras en los sectores hispano y mestizo, tenían por objetivo final la más intensa explotación de población y recursos, pero también eran respuesta a requerimientos de la propia evolución social.

En rigor, las condiciones económicas eran favorables al estancamiento, y la expansión, sustentada principalmente en el aumento de la población y en la intermitente exportación, estaba sujeta a bruscas fluctuaciones. Esta situación se modificó en parte con las reformas borbónicas de finales del siglo XVIII que se extendieron hasta los monopolios reales que incluían la sal, tabaco, mercurio, nieve, pólvora, naipes, peleas de gallos, indulgencias, loterías y venta de títulos y dignidades.

La situación relativa de las clases sociales a finales de la Colonia era compleja, entre otras causas, debido a la débil formación clasista frente a otras estructuras de las relaciones de explotación (castas, siervos, etc.). Las relaciones de explotación eran incipientemente capitalistas en algunas actividades y regiones, pero predominaban las no capitalistas. Ello se muestra por la diversidad de situaciones del trabajo (asalariado, acasillado, en aparcería, esclavo, aprendices de talleres, empleados de comercio, etc.) que con frecuencia coexistían en las mismas producciones. La lucha en contra de la explotación era solamente local y dirigida a una multitud de propósitos aislados, como era la lucha contra los despojos de tierras, por la eliminación de deudas, por privilegios tradicionales (por ejemplo de mineros), por el acceso a gremios. En las ciudades, sobre todo en la capital, cobraban con frecuencia la forma de tumultos callejeros en protesta por la elevación de precios de bienes básicos, por derechos políticos, por el acceso a puestos reservados a españoles, etc.

Estas luchas coincidían en algunos aspectos con las de fracciones de la clase explotadora, por ejemplo, en cuanto a la demanda de eliminación de barreras de discriminación económica y política a los no hispanos. Así, la lucha contra la explotación y la de orden político se confundía con facilidad con las luchas étnicas, lo que era aprovechado por los diversos bandos en pugna. A esta complicación se añadía la no menos importante de que una parte básica generadora de esta condición étnica, que eran los indígenas, funcionaba en algunos casos efectivamente como etnia.

Además estaban los conflictos entre las fracciones explotadoras hispanas y americanas (criollos y unos pocos mestizos), que se expresaban, entre otras formas, en la lucha entre los intereses comerciales ultramarinos, dominados por los comerciantes hispanos y los mineros del norte, los hacendados de todo el país y los manufactureros medianos. La lucha dentro del importante sector comercial se daba institucionalmente entre el Consulado de México, que agrupaba a los comerciantes hispanos interesados en la vinculación con España que les garantizaba su monopolio, y los consulados de Guadalajara y Veracruz.

En la pirámide social los criollos guardaban algunas de las posiciones de máximo poder, pero se encontraban, por la sujeción colonial, en estado de abierta discriminación en relación con los españoles (cuyo número se estima entre 70 y 108 mil dentro de una población de 6 millones en 1810),[1] sobre todo en lo que hace a la explotación de la masa de mestizos, indios y negros, y a su seclusión de los más altos puestos administrativos. A su vez, los mestizos reclamaban la posibilidad de escalar niveles mayores en el sistema de castas y participar más intensamente en las ventajas económicas y políticas. Para la masa indígena es de suponer que toda perspectiva de cambio significaba un alivio de su estado de explotación. Así, debido al crecimiento de la población criolla y mestiza y a la creciente complejidad de la sociedad en contraste con la inflexible imposición colonial, la presión política se multiplicaba y se expresaba en intentos de rebelión de variada fortuna. Los más notables fueron la conspiración de Juan Guerrero en 1794, la de "los sables" de 1799 y los de la región occidental de 1800/1801.

En Europa y los Estados Unidos se proyectaron numerosas invasiones y asonadas, de las que algunas se llevaron a efecto. Por ejemplo, desde comienzos del siglo XVIII se iniciaron intentos de organizar invasiones "libertadoras" con abierta simpatía de los gobiernos de Inglaterra, Estados Unidos y Francia. Wilkinson, con apoyo del gobierno norteamericano, organizó con aventureros de ese país la "Asociación Mexicana" en 1805 para este objeto. Ante la multitud de señales de posible invasión por Veracruz, Iturrigaray mandó construir fortificaciones en Jalapa en 1807. En 1808 Inglaterra envió al agente Williams a México para agitar en favor de la separación de España. Para 1809 se reportó la multiplicación de agentes bonapartistas trabajando en la Nueva España por la independencia, y como contrapartida se creó un tribunal especialmente dedicado a perseguir a conjurados. Ya adentrada la revolución de independencia, los Estados Unidos armó expediciones diversas hacia Texas con el fin de promover su ocupación. Ello culminó en 1819 cuando España acordó la cesión de la Florida como precio por la precaria promesa norteamericana de olvidar sus pretensiones sobre Texas.

1. Flores Caballero, R., *La contrarrevolución de Independencia*, El Colegio de México, México, 1969, p. 22; Humboldt, A., *op. cit.*, Navarro y Noriega, *Memoria sobre la población de la Nueva España*, México, 1943.

La creciente presión por la búsqueda de nuevas rutas sociales, que podía ser la independencia en unos casos y en otros la simple remoción de obstáculos diversos a la expansión de las fuerzas productivas y sociales, habría de combinarse con circunstancias internas y externas que fuesen favorables para la explosión revolucionaria. Estas circunstancias se dieron por las coyunturas de la sujeción colonial, como fueron la crisis de las exportaciones desde finales del siglo XVIII y las exigencias peninsulares de financiamiento a las guerras españolas. Como ingredientes adicionales generados en España desempeñaron un papel importante la invasión napoleónica, la abdicación de Carlos III en 1808 y la implantación de un régimen liberal en 1812 y de nuevo en 1821.

Por lo que se refiere a la crisis de las exportaciones de principios del siglo XIX, es necesario considerar que el auge de la minería, principal sector exportador, encontraba sus límites para evolucionar en la incapacidad técnica, financiera y en general en la forma de obtención y transporte de los productos. Tales incapacidades se pusieron abiertamente en evidencia en razón del derrumbe del orden colonial por efecto de la acumulación de derrotas de España. La perturbación que sufrieron las exportaciones, que no podían ser vendidas a otras naciones por la imposición del monopolio colonial, afectó a toda la economía con una recesión que habría de prolongarse hasta después de la Independencia.

A los efectos recesivos causados por la contracción de las actividades de exportación se aunó la exigencia de la Corona de dar más apoyo financiero a España para sostener la guerra. La forma principal que cobró esta nueva contribución de las colonias a las ineficaces actividades bélicas hispanas fue, en el caso de la Nueva España, el girar en préstamo forzoso fondos de la Iglesia (1804). Para ello era necesario efectuar la consolidación de los créditos otorgados por la Iglesia ("vales") en forma perentoria a fin de girar los fondos. O sea que los deudores debían cancelar de inmediato los préstamos que habían obtenido, los que eran a largo plazo y de tipo hipotecario, es decir, de difícil liquidación inmediata. Ello significaba, primero, la extracción de una parte de la escasa capacidad financiera de la Nueva España y segundo, una gran conmoción económica en la mayoría de las haciendas, de los talleres, de los obrajes y aun de las minas y comercios. A pesar de que por último lograron los americanos disminuir la aplicación de la medida, la escabrosa negociación para ello sacudió profundamente el orden económico y afectó los intereses de los irritados americanos.

Una idea de la magnitud de la perturbación causada por la exigencia del préstamo real de 1804 se sugiere por el hecho de que la propiedad del clero se estimaba en 405 millones de pesos (la mitad del capital total en Nueva España) y que los fondos en obras pías (objeto de la Real Cédula en cuestión) era de 45 a 50 millones de pesos.[2] Es decir, se trataba de extraer

2. Abad y Queipo, *op. cit.*

el 5% del capital existente (que probablemente se refiere al total de circulante y al valor de bienes raíces comerciables). El ayuntamiento de la ciudad de México estimaba que serían afectadas entre 10 mil y 30 mil familias, de aplicarse la Cédula, ya que por lo menos el 90% de las fincas rústicas se encontraban hipotecadas. Por ejemplo en Tlaxcala, en 1712, el 89% de las haciendas tenían hipotecas que representaban el 42% del valor de las fincas.[3]

Entre 1805 y 1808 se llevó a efecto la recuperación de créditos mediante multitud de remates de propiedades privadas y se enajenaron los bienes inmuebles de numerosas instituciones de beneficiencia de la Iglesia, de acuerdo con las disposiciones reales. Se obtuvo un total de 12.5 millones de pesos a pesar de protestas y súplicas. Sin duda con ello se incrementó el contingente de descontentos, y el semillero de futuros insurgentes, no sólo entre los deudores que debieron cumplir la disposición, sino también entre la masa de población que se vio directamente afectada por la recesión causada por la salida de capital. Esta población era principalmente la vinculada con la esfera de producción comercial, es decir, del centro, del norte y de la región de Veracruz.

Es interesante resaltar que la facultad del clero de ejercer el crédito por vía de las capellanías y de otros fondos era parte de un pacto establecido con la Corona que estaba sancionado por una aceptación mutua, pero donde el poder se lo reservaba el Estado. En dicho pacto no formal se incluía el derecho cedido por la Corona al clero de obtener el tributo del diezmo a cambio de que la Iglesia asumiese el peso de la educación, de la asistencia social y que prestase los servicios financieros de las capellanías. De aquí la facultad indiscutida de la Corona para imponer un préstamo forzoso por encima de los intereses privados y del clero.

La contribución americana a la defensa de España no modificó esencialmente la tendencia a la declinación del Imperio. Con la estrepitosa derrota de los ejércitos españoles a manos de las tropas francesas se estableció no sólo la ocupación militar de España (1808) sino también el intento de implantar un régimen liberal desde la cúspide del poder que se objetivó en el establecimiento de una cámara de representantes que tomó el nombre de Cortes de Cádiz, en 1812. Esto se recibió con gran júbilo por una fracción importante de criollos americanos, al grado de que la Constitución de Cádiz dio nuevo nombre a la plaza de armas de México. Con la reinstalación de Fernando VII en el poder, en 1813, se inició el ataque a los cuerpos legislativos que se orientaban hacia la formación de un sistema parlamentario de corte liberal. En 1820 por vías revolucionarias se reimplantó el liberalismo con la restitución de la Constitución de 1812, pero tres años

3. González Sánchez, I., *Haciendas y ranchos de Tlaxcala en 1712*, INAH, México, 1969.

más tarde era derrotada de nuevo esta corriente. En 1823 se implantó el absolutismo en España.

Ante la caída del rey en 1808 y por el reforzamiento de tendencias liberales, incluyendo la afluencia de las ideas republicanas de los Estados Unidos y de Francia, las fuerzas más progresistas de las colonias que incluían a una fracción de los criollos, propusieron la separación de España y llamaron a un Congreso. Otros, más conservadores, proponían la reconstitución del reino en una especie de exilio (Fernando y su corte se habrían de instalar en México) y el bloqueo de la influencia liberal francesa.

IX

LA LUCHA POR LA AUTONOMÍA POLÍTICA

En América se delineaba la combinación favorable a la independencia consistente en presiones internas crecientes con una coyuntura de debilidad del poder de sujeción español. La oleada de rebeliones a todo lo largo de América en 1810 responde precisamente a la coincidencia de similares circunstancias generales en las colonias españolas, a saber, la crisis interna y el derrumbe del orden realista en España por la invasión de tropas francesas y la deposición del rey. Se trataba principalmente de movimientos populares de origen rural sustentados en la acumulación de choques de intereses y de incremento de las fuerzas opositoras que existían en toda la estructura social, pero que se expresaban más intensa y abiertamente en la lucha entre criollos e hispanos. En México se concretaron estas luchas en el asiento del poder político y económico que era la capital, en forma del enfrentamiento entre el Ayuntamiento (de control criollo) y el Consulado (de comerciantes hispanos). Pero en todo caso eran éstos los conflictos externos de una profunda lucha social más general. Los movimientos de independencia en América tuvieron así una base popular de variable radicalismo. Fueron estimulados, encabezados y aprovechados por grupos de intelectuales y militares criollos y mestizos con miras políticas concretas que estaban convencidos del ideal liberal y de las ventajas económicas y morales de la independencia.

La situación que guardaban entre sí las diversas castas, estratos y clases en formación explica en gran medida la forma en que surgió la lucha de independencia en México y la evolución que observó. En primer lugar, la gran masa de campesinos que eran acasillados, comuneros o asalariados, se encontraban en una situación de desventaja social permanente. Por su parte, después de tres siglos de despojos las comunidades indígenas habían sido reducidas a la virtual impotencia económica. La formación de un proletariado rural se había desviado en gran parte, resultando frecuentemente en la persistencia de formas intermedias de relación laboral como eran los sistemas de peonaje, de mediería y de obligatoriedad de la prestación de servicios personales a los hacendados y a sus familias. A este respecto se debe considerar que para 1810 no más de 100 mil campesinos estaban libres de la dependencia personal de hacendados.[1]

La situación de la población campesina era cada vez más exasperante.

1. Goldschmidt, A., *Tierra y libertad,* EDIAPSA, México, 1940, p. 54.

A las infamantes imposiciones de tributación de indios, la llamada capitación, que era de pesada incidencia sobre la población, se iban acumulando despojos antiguos para ventaja de la formación feudal y los nuevos dedicados a colaborar a la formación capitalista. Estos últimos eran más pesados en la colonia en vista de que debían sustentar no sólo la formación capitalista autóctona sino también la metropolitana (en este caso la metrópoli era Europa en su conjunto).

Desde principios del siglo XIX los espíritus más agudos del sector realista señalaban al tambaleante rey la necesidad de implantar cambios de emergencia para evitar la revolución separatista. Decía el obispo de Michoacán: "Hay que abolir los tan odiados tributos personales, hay que liquidar la infamia con que algunas leyes fustigan al pueblo indio, hay que declarar a los indios capaces de desempeñar todos los puestos civiles que no exigen un título especial de nobleza, hay que repartir tierras a los indios, tierras que han de quedar indivisas." Sólo en los momentos de mayor peligro se tomaron algunas de las medidas aconsejadas: por ejemplo, en Guanajuato en 1810, teniendo a las puertas de la ciudad a la masa campesina comandada por Hidalgo, a fin de obtener el apoyo entusiasta del pueblo para combatir a los insurgentes. Empero se tomaron con tibieza y fuera de tiempo por lo que no se logró el apaciguamiento que se pretendía. Otro es el caso de las medidas aplicadas por el virrey Calleja que en 1813 eliminó la capitación y la Inquisición y además repartió tierras empujado por la presión de la insurrección. Sin embargo en 1814, ante el reflujo de la insurgencia, reimplantó la capitación, reinstaló la Inquisición y expulsó de las tierras repartidas a los campesinos.

Las masas indígenas reclamaban tierras, derechos políticos e igualdad de oportunidades que no existían a pesar de los supuestos privilegios legales de que gozaban. En el fondo, aun cuando no se planteara así en un principio, la mayoría quería la destrucción del sistema colonial y del conjunto de los núcleos dominantes para reconstruir el sistema comunitario tradicional. Por ello fueron estas masas al mismo tiempo utilizadas, repudiadas y temidas por criollos, mestizos y españoles. Su participación, una vez movilizada por ambos bandos, fue aportar la carne de cañón y sólo en el caso de los movimientos iniciales (Hidalgo y Morelos) imprimieron un sentido campesino a las demandas sociales y a la lucha.

El núcleo criollo y gran parte del mestizo iban incorporando nuevos intereses y crecientes fuerzas. Luchaban por la liberación política, por la ruptura de trabas a las fuerzas productivas y por lograr el dominio económico a favor de los americanos. Por lo mismo deseaban una revolución libertaria que preparase el camino al desarrollo capitalista y no un retroceso a la estéril condición comunitaria que ansiaban los campesinos. Su esfuerzo revolucionario, una vez superadas las primeras escaramuzas ideológicas en las que se blandió la bandera realista por razones de táctica, se dirigió abiertamente a romper la sujeción colonial y a expulsar a los hispanos.

La lucha de 1810 se inició mediante la combinación de dirigentes que surgieron de la fracción de la clase explotadora más cercana al pueblo y que compartían las ideas libertarias de Francia y los Estados Unidos, y masas de campesinos desesperados por la explotación, los despojos y la sujeción. La fórmula cumplía plenamente las condiciones de éxito político, siempre y cuando contase con la suficiente capacidad militar para derrotar al ejército español, que en 1810 tenía 40 mil soldados, de los que menos de la mitad eran hispanos. Con ello obtendría el poder la fracción dirigente, que era sin duda la más progresista del momento, montados en la movilización popular campesina.

La coyuntura política consistió en el derrumbe del orden español que trató de aprovechar el núcleo disidente de criollos y mestizos bajo el pretexto de preservar el sistema y reconstruir el reino de América. Su derrota no detuvo la agitación sino que la llevó al campo y la radicalizó. El liderazgo pasó a hombres de armas con vinculaciones populares y con ideas de la Ilustración, como fue Hidalgo. La revolución escapó entonces de las manos de criollos y mestizos para cobrar un sentido libertario, radical, popular, campesino y anti-explotación. Muchos años y maniobras costó descabezar el movimiento, darle un giro y encaminarlo hacia el esquema nacional acorde con los intereses de criollos y mestizos explotadores.

Al movimiento libertario popular que constituyó la primera etapa de la lucha armada por la independencia, se oponía no sólo el ejército español sino también una gran parte de la población pudiente americana que desconfiaba de la chusma que encabezaban Morelos e Hidalgo y pretendía sólo una liberalización parcial del sistema colonial. A ello se debe en gran parte la derrota de los insurgentes en la primera etapa de la lucha por la independencia (1810 a 1814), cuando las masas imponían, junto con proyectos radicales, banderas de reivindicación agraria que respondían principalmente a las inclinaciones de los campesinos por retornar a formas comunales de explotación de la tierra y a la ruptura de haciendas para la producción individual. Los excesos correspondientes a una desesperada lucha popular, cuando los campesinos mataban por igual españoles, criollos, mestizos e indios opositores, producían pavor entre realistas e independentistas. Los proyectos radicales como el de Hidalgo y el de Morelos, que se fueron cargando de acentos anti-hispanos a medida que la lucha se hacía más desesperada, alimentaban el temor de estos núcleos, incluyendo al clero, con las amenazas de despojo a los ricos, la proclamación de ideas agrarias opuestas a los intereses de hacendados, y el celo por destruir todo lo hispano, incluyendo alimentos, bienes, maquinaria, procesos productivos, etc. Decía Morelos, entre 1812 y 1813, en su proyecto de confiscación de bienes de los europeos y americanos fieles al gobierno español, que debían tenerse como enemigos "todos los ricos, nobles y empleados de primer orden, criollos o gachupines, cuyo plan se reduce a castigar severamente la falta de talento y de dinero". Ordenaba que al ocupar una población se les debería despojar de dinero y bienes, para repartirlos por mitad, entre los vecinos pobres para captar su voluntad, y la Caja Militar. Esto se consideraría un préstamo reintegrable al término de la lucha, con la ventaja de eliminar la tentación a las tropas reales de despojar y expedicionar en esos sitios. El reparto se haría de forma que nadie se enriqueciese y todos quedasen socorridos. No se excluían de estas medidas ni los muebles, alhajas o tesoros de las iglesias que se contabilizarían para su reintegración posterior. Debían derribarse todas las aduanas, garitas y edificios reales y quemarse los archivos (excepto los parroquiales) para crear la confusión. Se habrían de quemar los efectos ultramarinos, sin perdonar los objetos de lujo y sin temor, ya que "los ricos son pocos y los pobres muchos". Debían también ser inutilizadas las oficinas de los hacendados ricos, acueductos, las minas y los ingenios de azúcar, sin respetar más que las semillas y alimentos de primera necesidad a fin de destruir la base productiva del gobierno español. Debían inutilizarse las haciendas cuyos terrenos pasasen de dos leguas para facilitar la pequeña agricultura y la división de la propiedad, porque "el beneficio positivo de la agricultura consiste en que muchos se dediquen con separación a beneficiar un corto terreno que puedan asistir con su trabajo e industria,.y no en que un solo particular tenga extensas tierras infructíferas esclavizando a millares de gentes".

Es de interés subrayar la incorporación que hizo Morelos a su programa, en ocasiones por razones tácticas, de reclamos populares en contra de restricciones al comercio, a favor del reparto de tierras, de la expropiación y el reparto de bienes de la Iglesia, y en general por el auxilio a los pobres. Por cierto algunas de estas demandas serían parte central de los propósitos económicos de los primeros gobiernos independientes.

En 1813 se organizó el Congreso Nacional en Chilpancingo que incorporó sólo una parte del programa radical de Morelos. Las derrotas y persecuciones posteriores de los insurgentes y el poder creciente de los moderados determinó que la Constitución de 1814 aprobada en Apatzingán por los restos del Congreso, fuese menos radical a costa de la posición de la fracción morelense. Desde 1815, con la derrota de Morelos y su fusilamiento terminó el período insurgente de mayor acento popular, decayó el movimiento de independencia y las acciones rebeldes se redujeron a acciones guerrilleras dispersas. Había triunfado España y sin embargo había claros indicios de que se trataba sólo de un éxito parcial y que el derrumbe final se iba acercando. Uno de estos indicios es que la emigración de españoles continuaba. Por ejemplo, en 1814 salieron dos convoyes llevando ricas familias hispanas que portaban nada menos que 12 millones de pesos en fortunas privadas.

Sin embargo, en la propia España tuvo lugar en 1820 la aprobación de una constitución liberal, que venía a revivir el intento anterior de 1812, de tanta importancia para América, pero que había sido derrotado en 1814. En la Nueva España los círculos criollos más reaccionarios y una fracción española vieron amenazados sus intereses por esta nueva embestida liberal en la Península y decidieron que esa España no era la suya. Optaron así por luchar por la ruptura del vínculo colonial con el fin de preservar sus privilegios y la monarquía. Escogieron de entre sus filas un hombre manejable y de su confianza, privilegio que tocó a Iturbide, excelentemente dotado de estas características.

De esta manera, con Iturbide a la cabeza, los grupos conservadores y realistas se incorporaron a la lucha por la Independencia en 1821, que era un momento crítico por su decaimiento y por la debilidad de los españoles. Para entonces todos los líderes iniciales y radicales del movimiento popular campesino habían sido asesinados y las masas que habían participado en un principio se encontraban derrotadas y dispersas. Sin embargo, también derrotado se hallaba el ejército español por la falta de apoyo de la metrópoli y por el tremendo desgaste que había sufrido. Por lo tanto, fue posible renovar la lucha y ganarla así como darle el giro favorable a los intereses del grupo más conservador de los americanos presentes en la Nueva España. Doce años después de iniciada la Independencia por Hidalgo con banderas populares, era consumada en septiembre de 1821 con proclamas que planteaban el establecimiento de una monarquía constitucional bajo la regencia de Fernando VII.

El éxito fue pleno para los moderados americanos, que eran parte de la clase explotadora, y quedaban derrotados los hispanos y la fracción radical de los insurgentes Obtuvieron la libertad de la sujeción colonial y con ella el dominio económico y el poder interno. Su aspiración era suplantar a los hispanos en el papel de explotadores absolutos, de preferencia sin cambios en las formas de sujeción de la mano de obra, en las relaciones sociales, políticas, de producción o de propiedad.

Sin embargo, el violento choque libertario había desatado diversas fuerzas de difícil dominio por la intensa perturbación social creada por una década de sangrientas luchas armadas. Es posible que más de un tercio de los hombres adultos (que pudieron ser en total alrededor de uno y medio millones), participaron directamente en la lucha armada o fueron afectados por ésta.[2] La enorme movilización que esto supuso se concretó más tarde con la migración definitiva de una parte de esta gran masa. Estos movimientos provocaron una profunda alteración de la estructura social, entre otras formas, liberando a los individuos más emprendedores para cambiar de ubicación geográfica y de ocupación.

2. Estimación con base en Mora, J. L., *México y sus revoluciones*, México, 1950.

X

EL NUEVO ORDEN INDEPENDIENTE. EL PROTECCIONISMO.

A pesar de que la Independencia se consumó con la prepotencia de los núcleos monárquicos y conservadores, los procesos de transformación que la habían generado eran incontenibles y siguieron efectuándose. La monarquía de opereta de Iturbide fue pronto eliminada. En cambio las estructuras de la Iglesia, de la nobleza indiana, de los hacendados, de los criollos y mestizos ricos y de los comerciantes españoles (que siguieron organizados en consulado hasta su expulsión en 1828), necesitaron largas luchas y mucho tiempo para ser vencidos. Para ello se usaron muy diversas armas, a veces en exceso. Mas los excesos y errores de los grupos que encabezaban las corrientes progresistas no se debieron sólo al calor de la lucha interna y a la inexperiencia en materia de política y de gobierno, sino también a la brutal resistencia interna y a las incontenibles presiones y agresiones externas que perturbaban profunda y frecuentemente el panorama nacional.

La revolución de independencia que era consecuencia no sólo de la lucha por la autonomía sino por abrir camino a impulsos burgueses, vino a romper los últimos reductos de resistencia de algunas de las estructuras más tradicionales, tanto en el núcleo nativo que conservaba formas de organización comunales, como en el caso del sector administrativo que aún operaba en torno y a favor del centralismo tributario. Desde luego, éste fue un proceso que se consolidó en la sociedad como conjunto con la ruptura de los sistemas legales y sociales que protegían a dichas estructuras pero todavía tomó largo tiempo para completarse en niveles regionales y luego locales, lo que de hecho fue un proceso de reducción de un modo de producción decadente, a relaciones comunales sujetas a la absorción por el modo de producción antagónico. Con la ruptura se preparaba el camino hacia la implantación del capitalismo al remover algunos de los principales obstáculos, en este caso formados por los restos de las estructuras del Estado que le daban vida al modo de producción despótico-tributario. Sin embargo, persistían otros de más difícil eliminación, como era la posición de la fuerza de trabajo en la relación de producción.

En efecto, entre las particularidades del nacimiento de la nación, una que habría de ser un factor central en la forma del crecimiento capitalista del país fue el aparato de sujeción de la mano de obra heredado de la Colonia. En particular influyó la preservación artificial de las declinantes comunidades indígenas por la Corona y por el clero durante los dos últimos siglos de dominación ya que determinó una gran rigidez en la capacidad de transformación social del trabajo y por ende vitalizó artificialmente el poder de la hacienda. Las barreras contra la destrucción de las comunidades y contra la proletarización gradual de la fuerza de trabajo en el campo y también en la ciudad limitó el proceso de formación de una pequeña burguesía y la inversión de capital, y en cambio dio lugar al desarrollo del latifundio y de la hacienda.

A este fortalecimiento de la hacienda en la época independiente contribuyó que la estructura agraria casi no se alteró con la guerra a pesar de las demandas campesinas. Una muestra de la prepotencia de los explotadores americanos consiste en que los poderes territoriales del clero se reforzaron y ello apoyó igual evolución de las haciendas. Esto, debe resaltarse, era consecuencia de la estrecha vinculación financiera a través del crédito hipotecario del clero con la propiedad de los hacendados, que se reforzó con la liberación al eliminarse la dura mano reguladora de la Corona. Con el florecimiento del clero que manipulaba con habilidad a los débiles gobiernos independientes, la propiedad rural cobró mayor inmovilidad y rigidez. Se bloqueó el incipiente proceso de formación de pequeñas propiedades.

La sujeción servil del trabajador y la reducción de cada unidad productiva a la condición de estancos para conservar la escasa mano de obra disponible, era resultado en gran medida de la persistencia de las comunidades. A su vez, estas relaciones de producción generalizadas alimentaban la formación de una estructura señorial de desproporcionada dimensión que impedía una evolución más dinámica hacia la condición asalariada. Así, la magna movilización de población por la guerra de liberación debió repercutir principalmente en las ciudades y pueblos.

En la etapa independiente la forma de sujeción de la mano de obra fue modificada más por las frecuentes guerras intestinas que por el cambio de las relaciones de producción, empezando con la propia revolución de independencia.[1] Pero la perturbación bélica fue insuficiente por sí sola para impulsar la transformación. Ello fue así debido en parte a que la acción agraria inicial, que de todas formas fue modesta, consistente en la concesión parcial y limitada de tierras baldías, sirvió para reforzar los vestigios de comunidades mas no se dirigió a perturbar la hacienda. No menos importante es el hecho de que en esos primeros años el aparato productivo se había destruido en gran medida y su reconstrucción se efectuó dentro de las normas tradicionales. Además la capacidad de inversión era escasa por lo que el peso de la tradición prevaleció frente a las insuficientes presiones agrarias.

En efecto, se estimaba que la producción agrícola en los albores de la

1. Martínez Escamilla, R., *La fuerza de trabajo en el capitalismo mexicano*, Instituto de Investigaciones Económicas, UNAM, 1973. Versión mecanográfica, página 48.

vida independiente era bastante menor que la lograda en la primera década del siglo XVIII. Existe una apreciación que supone que el valor de la producción de este sector era poco más de 100 millones de pesos en 1817 (que algunos autores consideran subestimada), mientras que era de 228 millones en los años de paz.[2] La producción minera estaba destruida por las depredaciones de los insurgentes y realistas. Por ejemplo, Morelos quemaba la maquinaria y el equipo minero. La producción manufacturera, de por sí escasa, se hallaba severamente disminuida no sólo por la perturbación de los mercados existentes y de los sistemas de transporte, sino también por la ruptura de los mecanismos financieros tradicionales, o sea el de comerciantes. La reacción fue considerable, como dice Poinsett, embajador de los Estados Unidos en México, que estimaba que su valor era de 4 millones de pesos en 1822, o sea la mitad del nivel de principios del siglo.[3]

Otro factor importante en la determinación de la pérdida de la capacidad de transformación social del trabajo puede haber sido la exterminación de población por las guerras. No existen datos exactos al respecto, pero por lo que se refiere a la Independencia algunos contemporáneos hacen variar la cifra entre 400 y 600 mil muertos en la guerra.[4]

Dentro del caos que resultó de la guerra y de la escasez prevaleciente, no faltaban los espíritus optimistas. Por ejemplo Tadeo Ortiz tenía en 1822 una visión formidable del futuro de México:

"México, además de la superioridad de su terreno, excelencia de su población y mediocridad de la mano de obra, reúne la importante ventaja (a lo menos para las primeras empresas) de acumular una masa enorme de caudales en las pocas manos de los hacendados, comerciantes y mineros, circunstancias anunciadoras de que el imperio mexicano bien administrado y dirigido por un gobierno hábil y activo, ofrece todos los elementos para grandes especulaciones: arruinar el comercio de las Antillas y poner en decadencia el de la república angloamericana, en cuyos países se necesitan triples expensas para proyectos agrícolas."[5]

Es indudable que parte del entusiasmo imperial de Ortiz estaba condicionado por el carácter del gobierno para el que escribía. De todas formas es de admirar la tesis de inobjetable ortodoxia burguesa acerca de las ventajas de la concentración del ingreso para la formación capitalista. Por otra parte, no era el único que proyectaba un imperialismo mexicano, ya que Santa Anna proponía en 1824 la invasión y ocupación de Cuba.

2. Quiroz José Ma., *Memoria de Estatuto. 1a. Junta de Gobierno del Real Consulado de Veracruz*, 24 de enero de 1817.

3. Poinsett J. R., *Notes on Mexico made in the autumn of 1822*, Philadelphia, 1824.

4. Mora J. L., *México y sus revoluciones*, México, 1950.

5. Tadeo Ortiz, S., *Resumen de la estadística del Imperio Mexicano 1822*, UNAM, México, 1968, p. 37.

Pese al optimismo de Ortiz la nación se inició en la vida independiente en condiciones precarias, entre otras causas, porque el sistema productivo había sido severamente destruido por la guerra. A ello se añadió la alteración de los principales canales comerciales con el exterior al desaparecer el aparato monopólico español. También fueron afectadas numerosas actividades al modificarse las pautas coloniales de funcionamiento interno. De principal importancia en este sentido fue la inhibición del financiamiento de comerciantes a la producción con fines de inversión y sobre todo para capital de trabajo. En efecto, los comerciantes emprendían empresas propias al acumular ahorros. Sobre todo era de uso común el adelanto a otros productores para controlar la oferta, constituyendo así el principal soporte financiero a la producción. Pero por ser hispana la gran mayoría de los comerciantes grandes y medianos, el éxodo de personas y capitales iniciado desde principios de la guerra y que culminaría en 1828 con su expulsión, creó un peligroso vacío financiero. Además, este vacío no podía llenarse por otros canales, como era el del clero, por la contracción de su capacidad financiera que creó el préstamo forzoso a la Corona, aunado a la enorme salida de capitales del clero y sobre todo porque dedicaba su capacidad financiera casi exclusivamente al crédito hipotecario. En efecto, la Iglesia envió a España parte de su riqueza líquida ante la inminencia de la Independencia. Permite hacerse una idea de la magnitud de este éxodo la estimación de que sólo entre 1821 y 1823 salieron capitales por valor de 20 millones de libras esterlinas.[6]

El inicio de la vida nacional se vio influido por la gestación de las relaciones de producción capitalistas que ahora tenían posibilidades mayores de maduración. Pero también estaba presente la herencia de estructuras coloniales correspondientes tanto a las pautas señoriales como a las de las comunidades indias, que seguían constituyendo obstáculos a las incipientes tendencias capitalistas. El enfrentamiento era continuo y en la medida en que la solución del mismo era desfavorable a las fuerzas del capitalismo, se añadía ese aspecto a los motivos de conflictos más profundos y enconados. Este proceso de lucha y de gestación de un nuevo modo de producción se daba en condiciones diferentes en cada región y actividad. Así, eran regiones de avanzada en este proceso las norteñas, vinculadas con la exportación, y las del centro en sus concentraciones urbanas y en menor grado en las actividades rurales. La diferenciación se acentuó en esos años por la debilidad del poder central y la vigorización de la regionalización de la actividad.

La lucha interna entre los partidarios del capitalismo contra los defensores del sistema tradicional era a su vez deformada y aprovechada por los intereses externos, especialmente con la intervención directa, bélica y ex-

6. Potash, R., *Banco de Avío de México*, Fondo de Cultura Económica, México, 1959, p. 37.

poliadora, como fue el desmembramiento nacional por la rapiña norteamericana, y la no menos brutal pretensión francesa de incorporar a México al imperio bonapartista.

En el largo período que requirió la consolidación de la autonomía nacional de hecho tuvo lugar el lento proceso de adaptación de las funciones económicas y de las relaciones sociales a la condición independiente. Esta condición exigía no sólo una conversión de la estructura colonial heredada, sino también la creación de los elementos nuevos en el orden productivo y distributivo necesarios para el funcionamiento autónomo. Este penoso proceso encontró su expresión más evidente en el caos político y financiero que prevaleció y formó parte del carácter nacional por medio siglo, y en las relaciones entre las estructuras del poder.

El proceso de cambio era lento, lleno de impedimentos y de violentos conflictos. Así, mientras que en apariencia se estableció la paz al término de la guerra de independencia y se reimplantaron las pautas tradicionales de sujeción de la mano de obra, ahora para beneficio de los sectores criollos, en realidad sucedía una lenta transformación de la estructura social que correspondía a los cambios en la estructura económica.

Las fuerzas productivas empezaron a retomar aliento bajo las nuevas condiciones, pero ello sólo ocasionalmente se reflejaba en niveles productivos más avanzados y sólo en algunos sectores. El cambio de estructuras se iba gestando a través de choques de intereses y ello provocaba que el crecimiento de la producción fuese lento, ya que la expansión en algunas actividades, estimuladas por el cambio (por ejemplo en textiles, minería, producción de hierro), era compensada por el estancamiento en otras.

Los cambios de estructuras sucedían de manera intermitente y dentro de los rigurosos límites impuestos por poderosos intereses nacionales y locales que bloqueaban a las fuerzas productivas, por ejemplo al impedir la explotación más intensa de tierras y capitales o la ocupación más plena de la mano de obra. Además estaban las relaciones sociales que impedían una mayor movilidad de factores a lo que contribuía la condición servil de la mano de obra en diversas regiones y actividades. De esta manera, a través de la transformación iniciada por la revolución de independencia se delineaban los aspectos que impedían el avance mayor del capitalismo y que habrían de ser, naturalmente, los objetivos de luchas posteriores y de transformaciones de mayor aliento.

Es inevitable preguntarse lo que sucedió después de la Independencia con los recursos y el trabajo aplicado a generar el abundante excedente que se transfería a España y cuáles fueron las transformaciones en las estructuras productivas y distributivas que absorbieron o hicieron desaparecer dicho excedente. Es posible que la destrucción de la base productiva, la dispersión y muerte de trabajadores y el desajuste del conjunto de la economía respondan en gran parte por esa pérdida de capacidad para crear excedente en forma de menor capacidad productiva. Otra parte mucho menor simplemente se transformó en consumo y en desperdicio de valor a través de las guerras. Una última fracción, tal vez la más reducida, puede haberse concentrado en manos del clero, de hacendados y de representantes de la incipiente burguesía, en forma de ganancias adicionales. Una parte de estas ganancias adicionales provenientes de la apropiación de parte del excedente antes cedido a España junto con ganancias usuales por la explotación del trabajo, se dedicaron a adquirir bienes raíces. Estos y las fortunas de comerciantes aprovecharon la caída del precio de la propiedad rural que era preferida como inversión por su seguridad. En todo caso la inmensa mayoría de ese valor excedente que antes se remitía a España simplemente dejó de producirse y sólo una fracción continuó generándose y apropiándose internacionalmente en forma de excedente por vías comerciales. Esta apropiación se basó en la relación mercantil de la exportación de oro, plata, cochinilla, cueros y azúcar, entre otros, y en la importación de manufacturas. Este movimiento comercial era completado por las transferencias financieras.

Es difícil imaginar el sentido de la transferencia neta de excedente en esos primeros años de vida independiente, ya que, por lo menos en comparación con la situación colonial, es de suponer que hubo una notable reducción del precio de las importaciones. A su vez, las inversiones externas y las deudas corrieron muy diversa suerte: unas fueron liquidadas con generosidad, otras produjeron altos réditos y otras más se congelaron por décadas.

En rigor esta pregunta debe referirse al problema más amplio que es el de la acumulación originaria de capital. En efecto, con la ruptura política colonial se planteaba como paso siguiente proceder al avance del capitalismo a través de la aceleración de la acumulación originaria, es decir, de la formación de capital para estimular la implantación de relaciones de producción capitalistas. Este paso que incluye la reorientación del excedente generado, la forma de producirlo y su manera de apropiación y usos, se dio a lo largo de varias décadas y su implantación quedó oscurecida por el acontecer político. Sin embargo, se distinguen como momentos cruciales de este proceso la expulsión de los españoles, el robo de tierras nacionales y la colonización de tierras baldías, así como la enorme especulación por el auge de los usureros y comerciantes.

Una cuestión indicativa de la pauta de transformación de la nación durante azarosas épocas es el abandono de los medios de cuantificación de algunas de las variables centrales cuyo conocimiento era esencial para el buen manejo de los asuntos públicos y para el diseño y aplicación de políticas de mayor aliento. Los sistemas coloniales de contabilidad se habían implantado para vigilar los intereses reales. Sin embargo, en la época independiente esta necesidad desapareció y al mismo tiempo, el quehacer militar y político absorbió las energías por lo que sólo se prestó atención a cuestiones de finanzas públicas. Así, en vez de adaptar el sistema colonial de información a nuevas funciones, simplemente se eliminó quedando el Estado en la oscuridad para normar su operación, a excepción del presupuesto. Sólo en 1842, con la formación de la Dirección de Industrias, se renovó la generación de información básica y ello de manera intermitente. Habría de ser hasta el porfirismo cuando se consideró necesario un esfuerzo sistemático del Estado en este respecto.

La confiscación, compra y despojo de propiedades comunales y sobre todo, el rescate de bienes del clero fueron formas de la acumulación originaria hasta la Reforma. No se conoce la dimensión de los despojos y robos de haciendas entre particulares al calor de las luchas civiles y cambios políticos, pero es de suponer que también fue de enormes proporciones. Como colaboración al proceso de acumulación originaria en el país y en el mundo, con toda su influencia directa e indirecta, no puede dejar de mencionarse la guerra civil interna y parte de la externa en la medida que sustrajo del pueblo excedentes extraordinarios que parcialmente sirvieron para formar capital y obligar al trabajo a asalariarse.

Desde luego una cuestión es que un acontecer, estructura o funcionamiento contribuya a la acumulación originaria y otra es el grado en que efectivamente sirvió para este propósito. Por ejemplo, la deuda interna se aplicó principalmente al financiamiento del presupuesto de guerra, irrelevante por sí mismo para la formación del capitalismo. En cambio su influencia indirecta fue fundamental ya que la acción bélica ayudó intensamente a la transformación violenta de la sociedad.

Respecto de esto resalta la desviación de enormes proporciones de energía social que debería ser aplicada a la implantación del capitalismo y que se dedicó a la guerra. En rigor este desperdicio social de tan grande peso vino a constituir un factor adicional en el carácter de la nación ya que la aplicación de esfuerzo social a fines que no eran la transformación del modo de producción reforzó estructuras señoriales de origen feudal y creó deformaciones en las génesis del capitalismo en México.

La lucha por el avance de la burguesía en formación se habría de dar en múltiples frentes que eran en ocasiones contradictorios. Uno era la liberación de la economía; otro la lucha por la protección arancelaria a las nacientes actividades industriales; otros más se daban en el financiamiento de la producción, en la disponibilidad de mano de obra libre, en la formación de capital originario que habría de llevar a enfrentamientos con varios sectores y, en fin, en la transformación de la superestructura de la sociedad, incluyendo legislación, ideología y forma de funcionamiento del Estado. Estas luchas ocurrieron en ocasiones en forma frontal, como fue la cuestión del proteccionismo, y en otras indirectamente como en el caso de los choques políticos entre las diversas fracciones.

Uno de los sectores vitales para el avance de la naciente burguesía era el industrial. Su evolución estaba directamente relacionada con la política arancelaria, crediticia, de manejo del gasto público, de formación de mercados, de creación de una base productiva, etc. La forma de evolución y crecimiento de la deuda pública afectaba directamente al proceso de industrialización. Las condiciones de sujeción de la mano de obra limitaban las perspectivas de expansión manufacturera. El nivel de actividad de otros sectores, especialmente el minero y el agropecuario y en particular las ramas de exportación, influían directamente a través de su actividad en la dimensión de los mercados de las manufacturas en cuanto al nivel de la demanda, y a su vez eran limitados por el sistema de transporte y de comercialización. Entre otros apoyos, la industria necesitaba de protección arancelaria, no ya para extenderse sino para mantener su nivel colonial. Por otra parte, el cambio de los sistemas de protección colonial, a todas luces inevitable, exigía modificaciones graduales para aliviar la dislocación de las vulnerables manufacturas nativas.

A pesar de ser el estrato más conservador el que llegó al poder al consumarse la Independencia, compartía la herencia del rencor a las normas restrictivas coloniales, por lo que se inclinó desde un principio hacia la eliminación de aquéllas que parecían representar la esencia de las pautas de sujeción anterior. Entre ellas resaltaban las limitaciones productivas y mercantiles impuestas por el monopolio con España que encontraban su forma de implantarse por las pesadas barreras y prohibiciones internas de producción y tránsito de diversos bienes. Otra cuestión central era la relativa a las relaciones financieras con todo el mundo que hasta entonces habían estado absolutamente prohibidas. En cambio, la superestructura religiosa se conservó y aún se fortaleció en su sentido de estructura de poder político, económico y también como monopolio religioso que se sustentaba en impedir la presencia de no católicos en América. Es claro que estas restricciones se convirtieron en objetivos de la liberación social, económica y política.

Uno de los aspectos de mayor irritación colonial había sido la restricción al comercio exterior. Es posible que, más por este malestar acumulado y por el apoyo de Iturbide a los comerciantes españoles de Veracruz, que por convicción librecambista, el emperador de pacotilla implantó en diciembre de 1821 el sistema de comercio exterior más liberal que haya existido en México hasta la fecha. Se eliminaron las prohibiciones, se derogó la mayoría de los impuestos y se permitió el intercambio con todos los países, en contraste con la rígida limitación colonial y sus altas barreras arancelarias.

En el mejor de los casos, el objetivo principal de la implantación del primer arancel independiente consistía en romper con las restricciones coloniales aplicando un criterio de liberalismo económico ajustado al pensamiento de Say, aún cuando prevaleciera la preocupación del Estado por disponer de suficientes ingresos fiscales, que en su inmensa mayoría provenían de los tributos al comercio interior y exterior. El arancel estipulaba los artículos de libre importación, los gravados y los de importación prohibida, siendo estos últimos sólo unos cuantos productos en contraste con las disposiciones coloniales. Las medidas resultaban abiertamente favorables al gran comercio de importación (sobre todo de productos ingleses) y desfavorables a varios sectores productivos –principalmente a los de textiles–, ya que se disponía la reducción de alcabalas al 6%, se sustituían los diversos impuestos a la importación por uno solo de 25% *ad valorem,* y se otorgaba exención a la introducción de lino, mercurio, instrumentos médicos, aperos de labranza y maquinaria para la minería. Sólo se mantenía la prohibición a la importación de unos pocos bienes, entre ellos algodón, tabaco y cera.

En cuanto a las exportaciones se eliminaron los impuestos a los productos menores. Se conservaron los impuestos a las ventas externas de oro, plata, cochinilla y vainilla.

La reacción que provocó el arancel fue mayúscula. Por una parte se pronunciaban favorables al mismo los grandes comerciantes y los exportadores, que con las disposiciones de libre importación de algunos de los principales insumos y de bienes de consumo y con la derogación de tributos a la exportación, lograban una mejora sustancial en sus ingresos. Por otra parte los talleres artesanales y los obrajes se vieron sujetos a una competencia de los bienes importados imposible de enfrentar. En violento debate en las cámaras se resolvió, en 1824, después del profundo daño causado a las incipientes industrias, la modificación del arancel aplicándole un acento abiertamente proteccionista, no sólo en lo que se refiere a los bienes de consumo manufacturados (sobre todo textiles), sino también a las materias primas e insumos manufacturados, bienes de capital e inclusive productos agrícolas.[7] Con el nuevo arancel se inicia el primer período marcadamente proteccionista de la vida independiente de México, que se habría de prolongar por casi tres décadas.

En rigor la protección manufacturera era múltiple. Había la barrera arancelaria, la prohibición de importaciones, las alcabalas, los enormes costos de transporte e inclusive, la especialización frecuente de la industria nativa en productos burdos sin competencia (por ejemplo telas corrientes). Una idea de la magnitud de la protección se aprecia considerando que en 1822, antes de reducir el arancel, la tela burda nacional (manta "de la tierra"), de 56 centímetros de ancho se vendía a 25 centavos la vara y la importada, de 91 centímetros entre 22 y 25 centavos a pesar de pagar impuestos elevados (sólo de importación eran 11 centavos por vara). Una vez restituida parte de la protección arancelaria en 1824, la manta nacional rebasó los precios coloniales y preliberales, pasando de 2 reales la vara en 1810 (y 1822) a 2 3/4 en 1827.[8]

7. Véase *El comercio exterior y el artesano mexicano (1825-1830)*, Banco Nacional de Comercio Exterior, México, 1965.
8. Potash, R., *op. cit.*, p. 32.

El efecto de la contracción del arancel fue de todas formas desastroso sobre todo para la multitud de artesanos que trabajaban textiles burdos. Además los efectos del cambio del arancel se multiplicaron al preferir los consumidores los productos importados, en parte, por su mayor calidad. La afectación de este sector, que aún muchos años después seguía siendo un cimiento principal para sustentar la expansión del capitalismo industrial del país, fue extraordinario. Así, por ejemplo, en Oaxaca existían más de 500 telares que producían textiles de algodón antes de la liberación del arancel, y para 1827 se habían reducido a 50.[9]

9. *Ibid.*, p. 51.

XI

PROYECTO DE INDUSTRIALIZACIÓN 1830-1845 Y EL DESARROLLO DE LA BURGUESÍA

Se definieron dos corrientes antagónicas en torno a la política arancelaria que correspondieron al grupo de poderosos comerciantes y hacendados que pretendían gozar de las ventajas del libre comercio sin alterar las relaciones internas y el incipiente grupo de burgueses que procuraban la expansión interna a costa de protección. Por una parte, estaban los interesados en mantener la mayor corriente posible de importación, tanto para obtener mayores ganancias comerciales como para disponer de bienes más baratos y mejores; por otra, los interesados en impulsar la industria nacional, así como el Estado en cuanto que los ricos tributos a la importación eran parte fundamental de su ingreso. También se argumentaba en contra de los aranceles elevados en razón de que eran un estímulo al contrabando, el que podía llegar a ser mayor que la importación regular. El contrabando afectaba al comercio establecido, a la industria y aun al Estado ya que suponía una pérdida neta de ingresos fiscales.

El grupo proteccionista empezó a proponer proyectos para estimular la industria desde los primeros años posteriores a la Independencia. El estímulo principal que proponían era el establecimiento de fondos para su financiamiento. Las palabras de un crítico de esta política ilustran sobre la extensión y contenido de la protección que se implantó:

"(Se adoptó). . . desde los primeros años de la Independencia el sistema de prohibir no solamente todos los frutos y manufacturas que se producían en el país, sino también algunos que podrían producirse en él; y este sistema, condenado ya por las más sanas doctrinas de la ciencia económica y por la experiencia, lejos de retroceder ha hecho cada día mayores progresos."[1]

Sobre todo en el grupo conservador había proposiciones de gran claridad sobre las relaciones de interdependencia económica y las formas que debían adoptarse como estímulo a la industrialización. Por ejemplo, Alamán encontraba una estrecha determinación del quehacer económico por las variaciones de la minería, lo que atribuía no sólo a que éste era el sector exportador por excelencia sino también a la pobreza de los minerales que demandaban abundancia de mano de obra para su explotación e insumos

1. Lerdo de Tejada, M., *Comercio exterior de México,* Banco Nacional de Comercio Exterior, México, 1967, p. 31.

diversos. Esto, decía, creaba demandas que estimulaban a la industria y sobre todo a la agricultura por lo que los cambios en el nivel de actividad de la minería afectaban a estos otros sectores.[2] Mianau, alto funcionario hacendario, encontraba en 1830 que la protección arancelaria era insuficiente por sí sola para estimular la industria, a más de producir una pérdida de ingresos fiscales. En cambio la penuria crediticia era un punto vital de fomento; por ello propuso aplicar impuestos adicionales a la importación para formar con su producto fondos que se aplicarían al financiamiento de la industria.[3] Es éste en esencia el esquema que Alamán usó para proponer y organizar el Banco de Avío dos años más tarde.

En verdad era indispensable un sistema de ayuda a las débiles manufacturas para facilitar la transición de la situación colonial a la independiente, ya que la base industrial se encontraba constituida por un amplio grupo de artesanos, que se sostenía sobre magros mercados locales, y por una industria formada por obrajes diversos de baja eficiencia, en los que destacaban por tamaño y adelanto técnico los textiles. Esta base no era despreciable ya que para 1830 (o sea, poco después de la catástrofe librecambista, que obligó a cerrar numerosos talleres), se estimaba que los obrajes de textiles ocupaban 11 mil obreros, en tanto que los talleres de este mismo ramo eran alrededor de 5 mil y ocupaban 30 mil personas.[4]

Debe considerarse que al término de la guerra de independencia los aparatos financieros estaban destruidos y las manufacturas tenían grandes obstáculos para competir, tanto por su organización interna cuanto por las dificultades y mercados y transportes. En consecuencia el sector manufacturero se vio incapacitado para resistir la oleada de importaciones que causó la implantación del arancel de 1821. Con excepción de unas pocas fábricas, como la primera de papel que se instaló en San Ángel en 1823, no se organizaron nuevas industrias y en cambio cerraron gran número de ellas. Las manufacturas fueron severamente afectadas y sólo a finales de la década, con el restablecimiento de la protección, se empezaron a intentar nuevos proyectos. Entre ellos resalta por su dimensión y novedad el de Godoy para instalar industrias textiles, que sufrió ataques violentos y relegamiento hasta que los opositores lograron que se frustrase sin pasar de la etapa de su discusión.

Ante la penuria industrial y la urgencia de expansión social que tenía la emergente clase burguesa surgió la revolucionaria idea de establecer un sistema público de financiamiento de proyectos industriales de alto valor estratégico. De esta manera se fundó el Banco de Avío con base en un fondo inicial de un millón de pesos formado por una participación en los impuestos a la importación de textiles. Se estimaba que bajo la protección

2. Memoria . . ., Relaciones Exteriores e Interiores, 1824.
3. Potash, R., *op. cit.*, pp. 70-71.
4. Solís, L., *La realidad económica mexicana: retrovisión y perspectivas*, Siglo XXI, México, 1970, pp. 35-36.

arancelaria, con el apoyo financiero y el estímulo del Estado, sería posible el desarrollo de industrias básicas, principalmente textiles.

En esos años, era sin duda propicio el clima mundial para emprender una idea de esta naturaleza, ya que la presión externa que sufría la nación para adquirir importaciones era menos intensa. Inglaterra se había retirado parcialmente del panorama mexicano, Francia estaba debilitada y Norteamérica estaba ocupada en su laborioso proceso de expansión interna y de procurar más territorios. Pese a todo, los Estados Unidos intentaban incrementar su poderosa influencia sobre México, superando las fricciones de la década anterior, cuando su abierta intervención llevó hasta la expulsión de su embajador Poinsett. En cambio, el panorama nacional era desfavorable para emprender una industrialización sostenida, debido a la constante perturbación política, a la persistencia de obstáculos para la expansión de mercados de bienes y de factores, y a la falta de una infraestructura mínima para estimular la producción y el intercambio.

A pesar de todos los impedimentos que existían el Banco tuvo éxito inicial. Apoyó el establecimiento de 29 industrias durante los diez años de su gestión, de las que la mitad seguía prosperando en 1845 a pesar de la inestabilidad interna y del decaimiento del apoyo estatal. La mayoría de los créditos los dio a textiles (9), industrias agrícolas (8) y fundiciones (4). Durante corto tiempo el Estado sostuvo la aportación al fondo y el Banco prosperó. Empero la inestabilidad política, incluyendo la discontinuidad de formas de fomento, se combinó con otros factores internos (inseguridad del transporte, por ejemplo), y con una política crediticia demasiado generosa y tal vez deshonesta en el caso de algunos proyectos grandes, para limitar gradualmente su capacidad de acción. Aún así seguía operando, pero lo que no pudo resistir el Banco de Avío fue la suspensión de aportaciones de fondos del Estado. El Banco, que fue un experimento novedoso y fructífero mientras se mantuvieron las condiciones financieras de su diseño inicial, tuvo que ser liquidado en 1842.

Pese al torbellino político de la época y a los numerosos cambios existía la preocupación pública por transformar y modernizar la infraestructura con el fin de impulsar la producción. Así, en 1837 se otorgó la primera concesión para la construcción del ferrocarril que habría de conectar la capital con el puerto de Veracruz (y que se rescindió tres años después sin haberse iniciado la construcción).

Dentro de este suceder Alamán creó la Dirección General de Industrias en 1842 que funcionó hasta 1853 cuando fue incorporada al Ministerio de Fomento. La dirección no podía sustituir las funciones del Banco de Avío. Estaba dedicada a estimular la organización empresarial, a difundir adelantos técnicos, promover la educación de los obreros, crear cajas de ahorro y de socorro mutuo entre los mismos, y proponer al Estado medios de combate al contrabando. También debía recopilar información estadística y elaborar un estudio industrial anual.

Para esa época el país había adelantado en algún grado en el proceso de industrialización gracias a las circunstancias de protección y de promoción ya mencionadas. Así, por ejemplo, en la industria de hilados y tejidos de algodón, formada por 59 fábricas en 1843, 34 eran de motor hidráulico y sólo dos de vapor. Sin embargo, todavía existían nueve movidas exclusivamente a mano.[5] Se cuenta con información sobre los productos de algodón presentados para recaudación de impuestos de 1838 a 1845 que indica un crecimiento considerable aun cuando no necesariamente idéntico a la producción que pudo crecer con menor dinamismo (véase el cuadro 6).

CUADRO 6

México: Manufacturas de algodón presentadas para su sello por la oficina recaudadora 1838-1845.

Año	*Hilazas (miles libras)*[a]	*Manta (miles de piezas)*[b]
1828	63.1	109.3
1841	1 014.0	195.8
1845	2 783.8	641.2

FUENTE: Potash, R., *El Banco de Avío en México,* Fondo de Cultura Económica, México, 1959, p. 238.
NOTAS: [a] Libras españolas (0.46 Kg/libra).
[b] Piezas de 32 varas (vara = 0.338 m).

En el cuadro anterior se observa la enérgica expansión del volumen presentado para sellarse entre 1838 y 1845, sobre todo en el caso de hilazas (crece con ritmo de 72% anual), y también es considerable la de manta (29% anual). Es indudable que las cifras anteriores reflejan también incrementos en la producción, los que en parte son atribuibles al apoyo financiero del Banco de Avío, sobre todo considerando que siete de las nueve industrias textiles con crédito seguían operando en 1845 y sólo dos habían fracasado.

La elevación de la oferta interna y externa incidió sobre los precios internos a pesar de la rigidez de los mercados y de los sistemas de distribución. Potash ha recopilado precios de la manta y ha encontrado que entre 1836 y 1845 éstos pasan de 2 3/4 reales por vara a 2.[6] En esencia el crecimiento de la oferta interna y el abatimiento de costos fue consecuencia de un intenso esfuerzo de mecanización que tuvo efectos sobre los

5. Chávez Orozco, L., *Historia económica y social de México,* Ed. Botas, México, 1938, p. 159.
6. Potash, R., *op. cit.,* pp. 240-241.

precios mencionados, pero también determinó la eliminación de numerosos talleres de la competencia.

Como se ve, en medio de las intensas crisis políticas internas de la época y de los conflictos y las invasiones externas (el conflicto de Texas 1835-36 y la guerra de los Pasteles con Francia en 1838, entre otros) seguía evolucionando la industria y, con ella, parte de la clase burguesa. Ya en los años cuarentas y cincuentas, pese a todas las dificultades, los violentos cambios políticos y las guerras tuvieron estimulantes consecuencias sobre la planta industrial. Es de suponer que uno de tales estímulos fue la ruptura social que provocó la guerra, sobre todo la invasión norteamericana de 1847, al separar grandes masas de mano de obra de sus labores tradicionales y hacerlas migrar, liberarse de los lazos serviles y cambiar de ocupación, ampliando así el mercado de trabajo, la monetización de la economía y la demanda interna a pesar del abundante contrabando. Además la demanda de manufacturas para las actividades bélicas, incluyendo las compras del invasor, debe haber estimulado la producción industrial en diverso grado.

La comparación con alguna información fragmentaria que existe de 1854 permite apreciar la evolución de la industria nacional en esos azarosos años. Para entonces las industrias importantes formaban los siguientes giros:

CUADRO 7

México: Industrias existentes en 1854

Textiles de algodón	70
Textiles de lana	6
Fábricas de papel	8
Fábricas de vidrio	4

FUENTE: Berensky, A., *La intervención extranjera de 1861-67 en México*, Fondo de Cultura Popular, México, 1966, p. 20.

La comparación de los datos anteriores con los consignados más arriba permite concluir que a pesar de la inestabilidad política y de la guerra con los Estados Unidos (que duró varios años), en la década de los cuarentas tuvo lugar una considerable expansión industrial. Entre 1843 y 1854, por lo menos en lo que se refiere al número de fábricas de hilados y tejidos de algodón pasaron de 59 a 70 (véase el cuadro 7).

Ello no supone necesariamente que a esta expansión correspondió una elevación correlativa de la técnica aplicada en la industria. Pero es indudable que la influencia técnica de la Dirección de Industrias y sobre todo de la guerra del 47 estimularon la renovación en cierto grado, tal como lo sugiere el incremento del número de fábricas que tuvo lugar bajo condiciones bélicas y de relajamiento en las barreras a la importación en esa época, al quebrarse el orden con la invasión y al efectuar los comerciantes norteamericanos intensas ventas de productos de su país.

Los ataques al proteccionismo no habían disminuido con el tiempo. Decía Riva Palacio en 1848 que "el sistema prohibitivo, adoptado para proteger las fábricas nacionales, es hoy enteramente impracticable y pretender sostenerlo, no es más que causar la ruina de las mismas fábricas que se tratan de fomentar".[7] Su argumento central consistía en que los aranceles hacían atractivo el contrabando y en cambio no había medios adecuados para evitarlo.

Los profundos ajustes que sufría la nación se reflejaban en la manera en que eran embestidos y barridos numerosos talleres y obrajes artesanales que venían vegetando a la sombra de la protección de diversa índole que hasta entonces existía. Entre otros, los principales mecanismos de protección habían sido las distancias, los aranceles y el limitado número de unidades fabriles de importancia nacional o regional que podían ejercer alguna competencia con las artesanías y obrajes orientadas a los mercados locales. Esta eliminación de talleres era consecuencia de la formación de una burguesía cada vez más numerosa en el sector industrial gracias a la expansión de las grandes unidades fabriles. A ello correspondió la creación de la organización empresarial de tipo mutualidad, en 1840, llamada Junta Directiva de Fomento de la Industria bajo los auspicios del Banco de Avío. Correlativamente es de suponer que tenía lugar la formación de un creciente proletariado, aun cuando era, a mediados de siglo, todavía de marcada debilidad.

En cambio una década más tarde, se fundó la sociedad particular de Socorros Mutuos (en 1853), que fue una de las primeras organizaciones laborales que creó el movimiento proletario que fue particularmente enérgico en sus orígenes. Pero es necesario examinar otros aspectos de la etapa independiente para apreciar mejor la formación nacional.

7. *Memoria de Hacienda* 1848/49.

XII

LA INFLUENCIA EXTERNA Y LA MINERÍA

Al término de la guerra de independencia la gradual reconstrucción de las funciones productivas se orientó en primer lugar a la satisfacción de las demandas locales y regionales y sólo en segundo lugar a la producción de bienes de demanda nacional y para la exportación. Sin embargo, en poco tiempo el sector externo recobró su posición central en la economía en cuanto a ser el más dinámico. La importancia relativa de las actividades productoras de exportaciones y el peso de los sectores dedicados a la comercialización y mercadeo de las importaciones se combinaba con el hecho de que los ingresos fiscales dependían en una gran proporción de los tributos al comercio exterior para que las exportaciones tuviesen un papel fundamental en la vida nacional. En tal virtud, uno de los aspectos cruciales de la vida independiente era la evolución de las exportaciones al estar vinculados directamente a éstas los sectores más monetizados de la economía.

Existía una relación directa entre el sector externo y los sectores más monetizados por lo que influía en su nivel de actividad. Indirectamente también influía el exterior en sectores alejados de las condiciones de producción comerciales y monetizadas a través del mercado de bienes, de las relaciones de explotación de la fuerza de trabajo en las unidades productoras de exportaciones, y de la intermediación comercial. Así, había numerosas haciendas y comunidades que producían bienes para la exportación sin trabajo asalariado. Tal era el caso de algunos productores de vainilla y de grana.

Debe recordarse que desde la época colonial, una vez pasado el efecto estimulante de la liberalización del comercio sobre las exportaciones, éstas empezaron a estancarse desde la última década del siglo XVIII dentro de fuertes variaciones. A principios del siglo XIX se convirtió en declinación el estancamiento debido tanto a las limitaciones de la producción de que adolecía la Nueva España, incluyendo los efectos de las luchas de independencia, como a las perturbaciones políticas internas y externas que sufría la metrópoli. Tan pronto como se hizo la paz al triunfo de la Independencia, la exportación se recuperó con gran vigor hasta 1827. Es probable que a partir de entonces haya entrado en un período de fuertes fluctuaciones pero con tendencia al alza por influencia de la renovación minera, cuya producción de oro y plata seguía constituyendo la proporción mayoritaria de las exportaciones.

El resurgimiento minero a partir de 1825 fue particularmente notable en contraste con el largo período de declinación que había tenido a finales de la Colonia, sobre todo entre 1810 y 1821 cuando decayó la producción con tasa negativa de 5% anual (véase el cuadro 12 y la gráfica 2). Esto se debió a la destrucción de las minas al calor de las luchas armadas que afectaron seriamente la capacidad productiva, lo que se añadió a la virtual suspensión del tráfico marítimo que hacía imposible la salida de oro y plata e inútil su producción legal. En cambio es de suponer que la producción clandestina y la salida de contrabando continuó tan floreciente como siempre.

La Soberana Junta Provisional encontraba en 1822 "deprobable y decadente" el esto de la minería y estaba conciente de la importancia del sector. En consecuencia procedió a estimular la recuperación de la actividad mediante una enérgica reducción de los pesados tributos que la recargaban. Se eliminaron todas las contribuciones extraordinarias que se habían dispuesto durante la guerra de independencia y se redujeron los tributos coloniales del diezmo, del llamado "uno por ciento" y el "real de señoraje" a un impuesto único del tres por ciento. Además, se derogaron los impuestos sobre la producción e importación del mercurio que hicieron bajar sustancialmente su precio.[1]

El efecto de las medidas de la Junta fue limitado en un principio por la escasez de capitales, ya que buena parte de ellos había emigrado. Sin embargo, se estimuló poco después la inversión inglesa que adquirió minas baratas pero grandemente deterioradas por la destrucción de diez años de guerra y el abandono de su explotación. La combinación de estímulos fiscales y nueva inversión produjo un impulso enérgico a la producción y a la exportación de oro y plata que sostuvo su crecimiento desde 1825 hasta 1853 (con tasa de 2.1 por ciento anual). Debe resaltarse que a excepción de los períodos de 1853-58 y 1872-74, se mantuvo un crecimiento vigoroso hasta principios del siglo XX (véase la gráfica 2 y el cuadro 11).

La importación, ahora formada por bienes de toda Europa y también norteamericanos, se elevó con gran energía al iniciarse la vida independiente bajo el doble estímulo de la mayor variedad de la oferta y de la reducción de aranceles. Pronto rebasó la exportación, creando un déficit creciente durante cinco años. Este déficit fue auspiciado y sustentado financieramente por la posibilidad del endeudamiento externo y la afluencia de inversiones del exterior desde los primeros años de la vida autónoma de la nación (véase el cuadro 8).

La evolución de las exportaciones e importaciones que muestra el mismo cuadro señala el decaimiento que provocó la violenta guerra por la autonomía. Después se combinó una lenta recuperación de las exportaciones en comparación con la repentina elevación de la importación. Para

1. Potash, R., *op. cit.*, pp. 29-30.

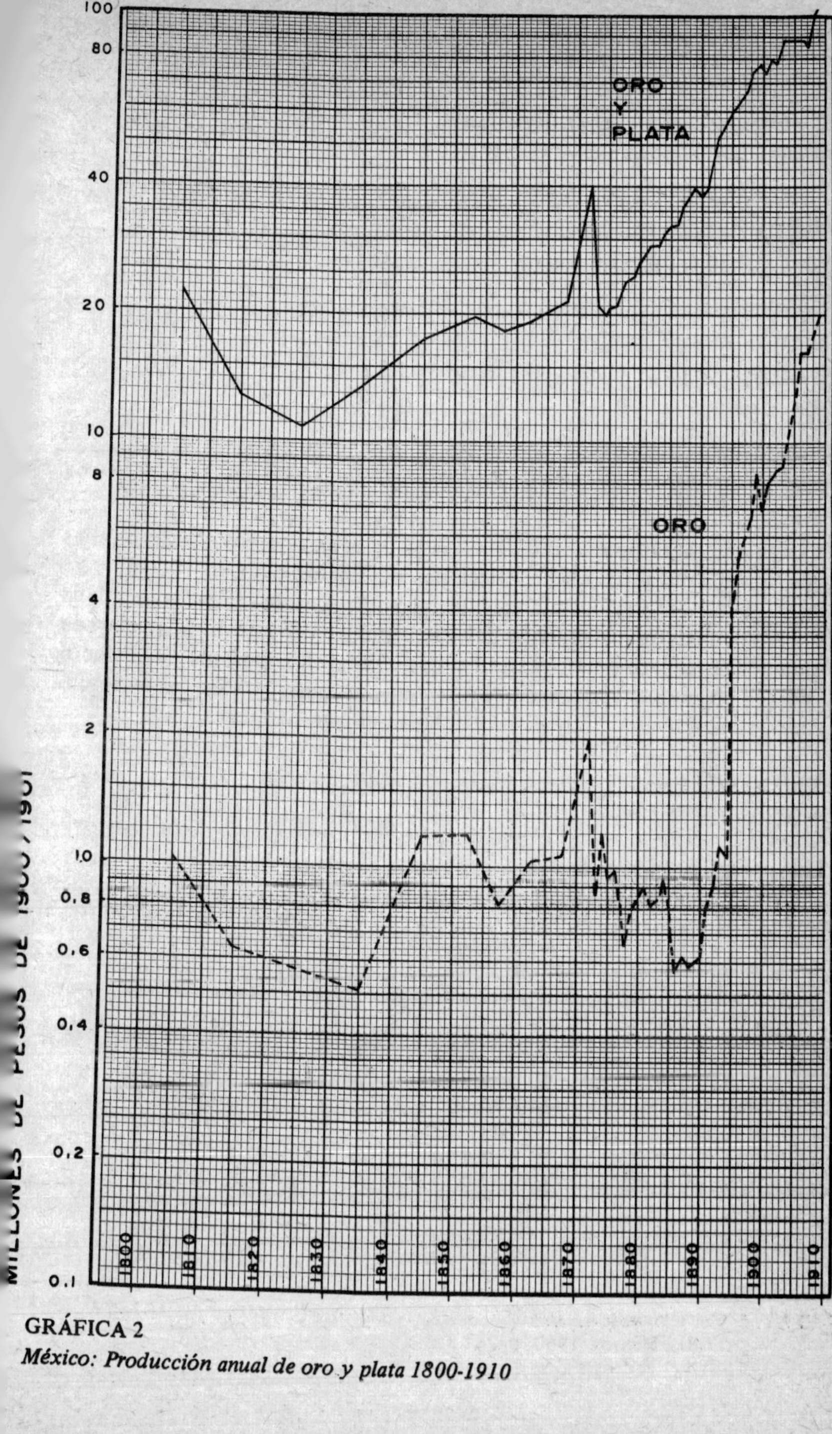

GRÁFICA 2

México: Producción anual de oro y plata 1800-1910

CUADRO 8

México: Comercio exterior 1796-1828
(millones de pesos por año)

	Importación	*Exportación*
1796 a 1820 (promedio anual)	9.6	11.0
1823	3.9	2.3
1824	12.1	4.1
1825	19.1	5.5
1826	15.5	9.0
1827	15.9	18.7
1828	10.5	14.5

FUENTE: *Anuario Estadístico de los Estados Unidos Mexicanos,* 1939, Secretaría de la Economía Nacional.

1828 el desequilibrio externo acumulado y las presiones políticas internas condujeron a restablecer las restricciones a la importación.

El sector externo influía en múltiples formas sobre la economía. Una de ellas era el financiamiento del gasto público en razón de la elevada dependencia del comercio exterior que tenían los ingresos del Estado. Como se observa en el cuadro 9, los tributos al comercio exterior representaron frecuentemente entre el 40 y el 50% del ingreso fiscal.

CUADRO 9

México: Total de ingresos federales e ingresos por concepto de impuestos de importación y exportación: 1825-1835 (en pesos)

Año	*Total de ingresos federales*	*Ingresos por concepto de impuestos de importación y exportación*
1825	7 903 163	4 593 547
1826-1827	17 017 016	8 056 337
1827-1828	13 644 974	5 918 846
1828-1829	14 593 307	6 685 808
1829-1830	14 103 773	4 987 568
1830-1831	18 392 134	8 515 881
1831-1832	17 582 929	7 583 101
1832-1833	20 563 360	7 798 559
1833-1834	21 124 216	8 786 396
1834-1835	18 353 283	9 268 083

FUENTE: Cue Cánovas, A., *Historia social y económica de México (1521-1854),* Ed. Trillas, México, 1960, p. 281.

Por otra parte, una proporción elevada de los gastos corrientes del gobierno estaban dedicados a financiar las actividades bélicas que desde un principio caracterizaron la vida independiente. Era frecuente que el gasto de guerra superase el 80% del presupuesto (por ejemplo en 1828). Además éste fue sistemáticamente deficitario en la época independiente, con excepción de dos años de la gestión de Bustamante, esto es, en 1831 y 1832. De esta manera, desde el inicio de la vida independiente operaba el Estado con un déficit presupuestal que sólo era posible cubrir mediante préstamos. Los primeros fueron internos (en 1822) y también se autorizó a Iturbide a contratar de 25 a 30 millones del exterior con garantía de las fuentes de ingresos, con lo que se implantó un sistema de financiamiento público en permanente desajuste.

Al caos financiero contribuía la expropiación de fondos de aduanas y cambios radicales en los aranceles cuando éstos caían en manos de partidas revolucionarias de la oposición.

La deuda pública de la época independiente se inició desde 1822 con dos préstamos forzosos internos, uno por 600 mil pesos y otro por 2.8 millones para cubrir gastos diarios.[2] Para 1823 la deuda ya era de 44.7 millones, que incluía el reconocimiento de algunas deudas coloniales. Al siguiente año se empezó la contratación de empréstitos externos, generalmente en condiciones de agio, cuya liquidación y negociación había de ser parte central de los conflictos nacionales y de sus relaciones externas hasta principios de la época porfirista. Al menos como pretexto de intervención por parte de potencias extranjeras se vincula la deuda externa con la "guerra de los pasteles" con Francia, con incontables conflictos con Inglaterra y España y sobre todo con la Guerra de Intervención de 1862 contra Francia.

La situación de la deuda y de los créditos en el primer año de autonomía política era caótica y perturbadora en el acontecer nacional. En parte por esta relación de endeudamiento irreflexivo y en parte por la desquiciante situación económica interna y de inestabilidad política, en 1822 el papel moneda se tomaba con un 20 a 30% de su valor nominal. Cuando designaron a Arrillaga ministro de Hacienda en 1823, se elevó el "precio" del dinero hasta un 80 a 90% de su valor nominal, según Zavala.[3] Empero el saneamiento monetario fue por corto tiempo ya que en 1829 el valor de los créditos recibidos era no más de 10 a 20% de su valor de libranza.[4] En esta atmósfera de especulación e inestabilidad proliferaron los agiotistas que llegaron a tener gran poder.

Se dice que "México no tenía más garantía para el pago de la deuda

2. *El Noticioso Mejicano*, 22 de noviembre de 1822.

3. Zavala, Lorenzo de, *Albores de la República*, Empresas Editoriales, México, 1949, pp. 74-75.

4. *Ibid.*, pp. 193-195.

exterior que los ingresos de las aduanas marítimas. Por ello . . . aceptaba descuentos sobre dichos ingresos que constituian una pesada carga sobre los principales recursos del Estado, llegando a representar en ocasiones hasta el 95% de los ingresos aduanales".[5]

En el curso de los años treintas y cuarentas la deuda no creció al mismo ritmo. Ello se debió más a la escasez de las fuentes internas y externas, temerosas de la posible bancarrota del gobierno mexicano, que a la austeridad o discreción pública en comprometer al país. Así, para 1850 la deuda exterior era de 56 millones de pesos y la doméstica de 61, pero atrás de estas cifras estaba una larga secuencia de conflictos internos y externos que eran en gran medida expresión de la lucha entre la fracción burguesa y la "señorial" de la clase explotadora.

Es de interés resaltar que la preocupación por el manejo de la deuda interna y externa y del diseño de la política presupuestal, llevó a la proposición de establecer adelantados sistemas fiscales que desafortunadamente no se implantaron. En 1838 el ministro de Hacienda, Gorostiza, vio la ventaja de lograr la autonomía de los ingresos públicos de variaciones externas incontrolables, como eran los impuestos al comercio exterior. En consecuencia, propuso una reforma fiscal encaminada a transformar en fuentes principales del ingreso fiscal a las internas. Sin embargo, estas fuentes eran magras debido a la rígida estructura económica y social existente, por lo que resultaba indispensable efectuar profundos y radicales cambios, principalmente la intervención y fraccionamiento de bienes de comunidades de todo tipo.[6] Este, como muchos otros, era un aspecto en que se expresaba la lucha que en diversos teatros se daba por abrir paso a nuevas relaciones de producción. En particular la rígida estructura agraria llegó a ser pronto una limitación definitiva a la expansión burguesa, tanto por la congelación de la tierra como por el poder que prestaba a hacendados y señores.

Regresando a las relaciones con el exterior, debe considerarse que su influencia se transformó desde principios de la Independencia tanto por los cambios que se efectuaron en la sociedad mexicana cuanto por la alteración radical de sus vínculos con el resto del mundo.

En un principio, con la autonomía política del país se creó súbitamente un vacío en la relación externa. Pero el vacío hispano empezó a ser llenado, en parte, por la influencia británica y norteamericana que desde hacía tiempo estaban presentes, y en mucho menor medida, por la francesa. Sin embargo, ninguno de esos países se encontraba todavía en la capacidad económica y militar para dominar plenamente al país. En el mejor de los casos multiplicaban el intercambio comercial y financiero con

5. Leal, J. L., *La burguesía y el estado mexicano*, Ed. El Caballito, México, 1972, p. 59.

6. Lerdo de Tejada, M. *op. cit.*, p. X.

México, antes limitado por los españoles, y aún eso en una escala relativamente reducida.

Sólo Inglaterra podía ampliar mucho más su comercio, pero en esas primeras décadas del siglo XIX sus crecientes fuerzas fueron absorbidas en gran medida por su expansión hacia el oriente. Los Estados Unidos se encontraban inmersos en un proceso de crecimiento "hacia adentro" y Francia no acababa de reponerse de sus derrotas y de sus éxitos militares. Es de notar que desde la época colonial estaba presente y explícita la rapiña territorial norteamericana y que se acentuó en la independiente. En efecto, en 1821 la comisión organizada para el estudio de problemas internacionales señala a la flamante junta de gobierno la intención de los Estados Unidos de anexarse Texas, Coahuila y otros territorios del norte.[7] Poco tiempo después daría Estados Unidos los primeros pasos en el proceso de anexión mediante la obtención de permisos de colonización de los territorios fronterizos. Al propio tiempo la importancia de la relación comercial con los Estados Unidos (que reconoció al gobierno de México en 1823), y el mutuo interés entre ambas naciones para evitar la reimplantación del poder colonial hispano llevaron a establecer un convenio comercial en 1826, que fue ratificado en 1832.

La vinculación con Inglaterra, estimulada en parte por México para mantener un equilibrio con la poderosa influencia francesa y norteamericana y protegerse del retorno de España, se inició con el establecimiento de relaciones consulares en 1824 (obsérvese que en enero del mismo año, Jackson, el influyente general sureño de los Estados Unidos y futuro presidente de ese país, se pronunciaba abiertamente por la anexión de Texas), y culminó con la firma de un tratado de amistad, comercio y navegación en 1826, una vez definidas las concesiones religiosas por parte de México para la práctica de ritos no católicos. Un indicador de la importancia de esta relación reside en la evolución del valor de las importaciones que México efectuó de productos ingleses en los primeros años de vida independiente, que pasaron de 10 mil libras esterlinas en 1820 a 87 mil en 1822 y a 263 mil en 1823.

Simultáneamente se iniciaron dos corrientes financieras que cobraron importancia a pesar de su magra dimensión. Por una parte, las finanzas nacionales, afectadas por las guerras intestinas y por la dificultad para sostener la producción y la exportación, obligaron a los primeros gobiernos a recurrir a empréstitos del exterior para cubrir el gasto corriente, frecuentemente en condiciones leoninas. Así por ejemplo, en 1824 se contrataron dos empréstitos por 32 millones de pesos con banqueros ingleses (Goldschmidt y Barclay), de los que México recibió solamente 14 millones.[8] Las

7. J. C. Elhannon, *Relations between Imperial Mexico and the United States 1821-1823*, en *Essays on Mexican History*, Austin, Texas, 1958.

8. Bazant, J., *Historia de la deuda exterior de México*, El Colegio de México, México, 1968, pp. 24-32.

condiciones usurarias de los créditos, junto con la crisis económica inglesa de finales de los años veintes, influyeron para reducir en años posteriores la importancia relativa de la deuda pública mexicana con Inglaterra. Sólo cincuenta años más tarde, y una vez evolucionados México e Inglaterra, se renovaría el financiamiento público británico.

La otra corriente financiera de gran importancia para el país fue la que constituyeron las primeras inversiones extranjeras, principalmente británicas, que se dirigieron preferentemente hacia la explotación de yacimientos de metales preciosos y al comercio. Ello fue favorecido en gran parte por la quiebra de numerosos mineros, debido a las luchas de independencia. Así, se encuentra que las inversiones inglesas por la compra de concesiones mineras llegaron a los pocos años de vida independiente a cerca de 30 millones de pesos.[9]

Tal afluencia de capitales extranjeros se estancó poco después al fracasar numerosas empresas mineras por acciones. En realidad las inversiones apenas representaban la contrapartida de una fracción de los grandes volúmenes de capital que salían de México ya por el financiamiento de las guerras, ya por el éxodo de los españoles, quienes, según Bustamante, sacaron entre 1821 y 1829, 34 millones de pesos. Por otra parte, a la clausura de la corriente de inversiones extranjeras contribuyó no sólo la situación caótica de los asuntos nacionales sino también el que las primeras inversiones, dedicadas en su mayor parte a la rehabilitación de minas inundadas de supuesta riqueza inconmensurable, sirvieron para quebrar a numerosos pequeños inversionistas ingleses que por entonces rehusaron continuar en estos negocios. A pesar de que en esos años declinó la inversión extranjera, ya había ejercido una importante influencia, aparte de la rehabilitación minera. Esta influencia se refiere al cambio tecnológico y sobre todo al reforzamiento y difusión de relaciones capitalistas y con ello, el apoyo a la surgiente burguesía mexicana, incluyendo la rehabilitación de explotaciones, el establecer canales de comercialización de los minerales y de mejora administrativa. En gran medida, a esta aportación financiera y técnica se debe la enérgica expansión de la producción de metales preciosos, que entre 1830 y 1850 se eleva a una tasa media anual de más de 2% (véase el cuadro 11 y la gráfica 2).

9. Alamán, L., *Historia de México,* tomo V, Editorial Jus, México, 1969, p. 514.

XIII

IMPEDIMENTOS DE LAS RELACIONES DE PROPIEDAD AL DESARROLLO DEL CAPITALISMO

La venta de derechos y concesiones de explotación de minas por numerosos mineros mexicanos que se encontraban en quiebra al término de la Colonia, repercutió en otros sectores en diverso sentido. Por ejemplo, se afirma que buena parte de los capitales liberados de la minería por medio de estas ventas fueron aplicados a la adquisición de tierras agrícolas, impulsando así la recuperación de la producción de este sector.[1] Sin embargo, la capacidad de recuperación de las actividades agropecuarias era limitada debido al poder y resistencia de las relaciones de producción prevalecientes. En realidad estas actividades tenían marcada tendencia al estancamiento. Por una parte, influía la fuerte tendencia hacia el autoconsumo de gran parte de los productores, lo que los eliminaba como receptores de estímulos de precios, de cambios en la demanda y de inversiones. Por otra, la tecnología aplicada en las explotaciones comerciales, que en sí había permanecido casi inalterable por varios siglos, se había deteriorado por efecto de la lucha armada de la independencia. En efecto, los sistemas de riego se hallaban descuidados, se habían destruido equipos y se habían perdido o muerto gran número de animales, la capacidad de almacenamiento de productos se había destruido en parte y los canales financieros, tradicionalmente escasos, se habían clausurado en gran medida. Todo ello agudizaba la tradicional limitación de los sistemas de distribución de los productos agropecuarios. Los altos costos de producción y distribución y la fragmentación de los mercados se acentuaban con la relajación del poder central, con el deterioro de los transportes y con la inseguridad de los caminos. Así, por ejemplo, se afirma que ". . . el algodón se vendía a 15 centavos la libra en los mercados de los Estados Unidos y el productor veracruzano gastaba 13 centavos por libra simplemente para llevar su fibra del campo al comprador".[2]

En este panorama de rigidez en las relaciones de producción los conflictos armados aparecen como elementos de movilización de la población rural. Ellos eran medios de ruptura de los inflexibles sistemas de control de la mano de obra agrícola para procurar mejores condiciones de trabajo en

1. Flores Caballero, R., *La contrarrevolución de Independencia,* El Colegio de México, México, 1969, *passim.*

2. Hansen, R., *La política del desarrollo mexicano,* Siglo XXI, México, 1971, página 20.

otras regiones. Sin embargo, esos choques armados fueron insuficientes por la vitalidad de la hacienda que era enorme y que además se fortaleció en todo el siglo XIX por la forma de evolución del país.

En las actividades agropecuarias las iniciativas de reparto de tierras para fines de colonización (preferentemente a veteranos de las luchas de la independencia), no habían cambiado en esencia la situación agraria ni las relaciones de producción. En rigor las formas de trabajo asociadas a la hacienda tradicional continuaron siendo la esencia de la producción agropecuaria y, en gran parte, el apoyo a transformaciones más profundas del sistema económico. En efecto, la hacienda era todavía, con mucho, la forma de organización de trabajo más importante a principios del siglo XIX. No es que fuese inexistente la mediana y pequeña propiedad en diversas regiones, sino que se encontraban impedidas en su expansión, en parte por la extensa propiedad de haciendas del clero y por la resistencia de las comunidades indígenas a ser eliminadas. Una estructura agraria rígida como la existente en el período independiente no podía ser modificada en el propio campo por presiones puramente campesinas y pequeño burguesas. Los campesinos se encontraban, en su inmensa mayoría, incorporados a las haciendas. Por lo tanto, para el desarrollo agrícola era indispensable que la ruptura de la estructura territorial se diese primero en los centros urbanos a nivel político, destruyendo la base económica de los sectores que bloqueaban la formación del capitalismo en el campo, o sea la Iglesia y los hacendados, acompañados en un segundo plano de importancia por las comunidades indígenas remanentes.

La lucha agraria no podía efectuarse sólo en contra de la Iglesia sin crear una intensa reacción de oposición en la población. Por lo tanto, el ataque al monopolio agrario del clero debía enmarcarse en la lucha contra la existencia de corporaciones civiles por ser estructuras opuestas a la vida liberal de la República. Por lo tanto, debían ser incluidas las comunidades indígenas en las corporaciones sujetas a violenta afectación.

Sólo en un segundo nivel de prioridades políticas se planteaba, en el período independiente, la destrucción del latifundio como necesidad para la expansión burguesa, ya que las haciendas eran, en gran parte, refugio y semillero de esa clase y, por lo mismo, un enemigo secundario en comparación al clero. En tal razón, las formas hacendarias de sujeción de la mano de obra no fueron una preocupación central de los ideólogos liberales, excepto en cuanto a eliminar las expresiones más conspicuas de esclavitud. El objetivo era sólo estimular la operación plena del liberalismo y crear igualdad de oportunidades para todos los capitalistas. Se esperaba que la competencia abriría el camino a productores en pequeño que fuesen creando la base de una burguesía rural. Más tarde se habría de plantear la necesidad de destruir haciendas y unidades productivas establecidas cuando bloquearan la expansión capitalista, pero ello sucedería después de la lucha por la Reforma.

A las condiciones descritas de hegemonía de la hacienda y de presencia creciente del poder clerical, corresponde un proceso incontenible de concentración de la tierra. Por vía de la compra de haciendas de españoles expulsados, de extorsionar a las comunidades indígenas y por la ocupación ilegal de tierras nacionales baldías, se expandían las haciendas, incluyendo las del clero, se desalojaba a los campesinos de sus tierras y se les incorporaba al sistema de peonaje. El clero iba ampliando sus propiedades por donaciones, compras de tierras con su abundante excedente disponible y rescate por hipotecas. De esta manera aumentó considerablemente el número total de haciendas entre 1810 y 1854 (y es de suponer que también la producción), cuando pasaron de 3 749 a 6 953.[3] Se estimaba que una quinta parte de éstas eran propiedad de la Iglesia.[4]

En consecuencia, un problema de primera importancia para la vida independiente de la nación fue la posición de poder del clero. En efecto, se puede afirmar que al igual que los demás sectores dominantes de la colonia (con excepción de los españoles, como es lógico suponer), se vio favorecido por la autonomía de la flamante nación. El clero conservó sus propiedades, riquezas y privilegios (exenciones de impuestos, entre otros), y además se liberó de las estrictas restricciones que le imponía la Corona en la época colonial. Ahora se encontraba en una posición privilegiada para ejercer una manipulación mayor sobre gobernantes y gobernados, siendo como era una estructura administrativa de gran extensión y al mismo tiempo la poseedora de grandes propiedades, talleres y capital. Deben considerarse como indicios de ello el que en la época colonial la Iglesia hizo construir alrededor de 12 000 templos y 264 monasterios en la Nueva España. A finales de la Colonia había en funcionamiento 1 073 parroquias y 157 misiones y los miembros del clero secular y regular sumaban alrededor de 8 000 personas.[5]

Además de la dimensión absoluta, temible por sí misma, la Iglesia mantuvo sistemáticamente una oposición institucional a la Independencia y más tarde, a todo intento de transformación. Esto era no sólo consecuencia de que sus intereses inevitablemente serían objeto de afectación por cualquier proyecto de transformación social, dada su extensión, sino también por su identidad con los estratos pudientes y por la gran cantidad de españoles que eran clérigos (sólo con la expulsión de los españoles, en 1829, se redujo su número).

Es claro que el enfrentamiento con el clero no podía darse sólo en torno a la liberalización de los factores de la producción que la Iglesia mantenía congelados. Tampoco habría de embestirse sólo en su contra,

3. Goldschmidt, A., *Tierra y libertad*, EDIAPSA, México, 1940, p. 73.
4. González L., "La era de Juárez" en *La economía mexicana de la época de Juárez*, SIC, México, 1972, p. 19.
5. Humboldt, A., *op. cit.*, t. II, p. 389.

sino también combatir otras corporaciones que competían con el poder del Estado y que igualmente bloqueaban la expansión capitalista al impedir la movilidad de capitales y trabajadores, como eran las comunidades indígenas.

Por la dinámica del conflicto y para ser consecuentes con una convicción liberal, el ideario nacional de esta corriente tuvo que incluir cuestiones como la reducción de aranceles y el fraccionamiento de propiedades comunales en parcelas individuales de propiedad privada junto con la expropiación de los bienes eclesiásticos, la secularización de conventos y de la educación, la eliminación de privilegios de nacimiento y la preponderancia de la legislación civil. Es interesante notar que en este ideario no se incluía referencia alguna acerca de los fondos líquidos que mantenía la Iglesia en forma de créditos, a diferencia de la iniciativa real de 1803 sobre consolidación de vales.

En consecuencia, a los pocos años de vida independiente se planteó la recuperación de tierras del clero y la reducción de su poder económico a límites manejables por el Estado como paso vital para la construcción del capitalismo. En el fondo se trataba de romper el poder del clero, hacerse de sus riquezas y liberar a los trabajadores de su tutela, para avanzar en el desarrollo burgués de la nación en este frente. Había muchos otros obstáculos para lograr el desarrollo capitalista, pero sin duda éste era el principal en ese momento.

Las primeras leyes de Reforma fueron propuestas y se intentó su aprobación en 1833. Estas leyes se basaban en las proposiciones liberales de José M. Luis Mora contenidas en su "Discurso sobre la naturaleza y aplicación de las rentas de los bienes eclesiásticos" publicado en 1831 y premiado por la Academia Mexicana de Economía Política (fundada en 1824). Gómez Farías, vicepresidente liberal, siendo presidente Santa Anna que en ese entonces de decía liberal, diseñó la primera reforma con el ideario básico siguiente:

– Libertad de opinión.
– Abolición de privilegios del clero y de la milicia.
– Supresión de órdenes monásticas y de leyes que otorgan al clero derechos en asuntos civiles.
– Valoración de tierras, aumento de colonos y protección de pobres sin afectar derechos privados.
– No obligatoriedad del pago del diezmo.
– Ruptura del monopolio clerical de la educación.

La referencia a los privilegios de la milicia trae a cuento la importante posición que habían cobrado los militares en los asuntos nacionales, al grado de compartir con el clero la responsabilidad de ser las dos fuerzas políticas más poderosas. Se comprende la gran dificultad de la lucha liberal que pretendía enfrentarse simultáneamente a estas dos fuerzas. A propósito del poder del ejército nos dice Villoro:

"Políticamente dividido en cada pronunciamiento, el ejército se atomizaba en multitud de grupos. No obstante, al final de la contienda se volvían a unir sus diferentes partidos, reconociéndose mutuamente sus respectivos grados y distribuyéndose los diversos cargos públicos. Los privilegios de los militares estaban garantizados en forma de fueros."[6] Por tal razón era urgente imponer alguna restricción a la prepotencia de la milicia que tenía una marcada y natural inclinación hacia las revueltas. El gobierno civil, esencial para el desarrollo pleno de la burguesía, requería la reducción del ejército a sus funciones de seguridad, o sea convertirse en el brazo armado del poder civil.

Por otra parte, se estimaba que las propiedades y bienes muebles de la Iglesia en esa época tenían un valor de 179 millones de pesos según Mora y de 300 según Alamán. La tentación de este botín sólo era frenada por el extenso poder político del clero. Sin embargo, este poder se debilitó con los años debido a la forma de su operación económica ya que la sujeción hipotecaria sobre los hacendados les estimuló a éstos el entusiasmo a favor de la Reforma. Esto se agudizó después de la guerra con Estados Unidos.

De esta forma, se fue delineando un episodio central del proceso de acumulación originaria a favor del capitalismo. El despojo de riquezas era esencial para fundar la operación de la ley del valor. Las propiedades del clero y comunidades primero, y las nacionales después, eran las más a la mano.

La reacción que provocó la proposición y el intento de aplicación de las reformas en 1833 fue de extraordinaria intensidad. Se produjo un levantamiento que fue primero combatido por Santa Anna. Pocos meses después el mismo presidente se volteó a favor de los conservadores, echó fuera de su gabinete a los liberales, empezando con Gómez Farías, y derogó las leyes aprobadas poco antes.

La hegemonía de Santa Anna había de durar dos décadas, con múltiples intermedios de gobiernos diferentes. La ineptitud militar y administrativa de Santa Anna sólo era superada por lo ridículo de su medio. Ejemplo de ello fue la entrega de tres bandas de general a la mujer del comandante en jefe del ejército en 1841 para que ella las otorgase a quienes considerase merecedores del cargo; o el entierro en 1844, con toda pompa, de su pierna perdida en la ignominiosa invasión francesa de 1838. Mientras tanto, sucedieron la separación de Texas (1835/36), los encuentros con Francia en la llamada Guerra de los Pasteles (1838), la segregación de Yucatán (1839), la guerra con los Estados Unidos (1845/48) y la guerra de castas en Yucatán (1847). Debe considerarse que cada episodio era, en diverso grado, parte del proceso de acumulación originaria en tanto que las convulsiones favorecieron la implantación del capitalismo en diversas formas: movilizando la población, rompiendo estructuras antagónicas, ayudando a la concentración de riquezas por negocios y despojos, etc.

6. Villoro, L., *El proceso ideológico de la revolución de independencia*, UNAM, México, 1968, pp. 219-220.

En 1846 el Congreso nombró presidente a Santa Anna, conservador, y vicepresidente a Gómez Farías, liberal, para defender a la nación de los invasores norteamericanos. El vicepresidente en ausencia de Santa Anna, dispuso la contribución forzosa del clero a la guerra, por 15 millones de pesos, mediante la venta de algunos de sus bienes. Con tal motivo tuvo lugar la rebelión de los "polkos", cuerpo militar de conservadores apoyado por el clero bajo condiciones de guerra contra los Estados Unidos, es decir, en característica traición a la patria. Santa Anna regresó a la capital, destituyó a Gómez Farías, derogó el decreto de contribución, obtuvo en cambio dos millones de pesos de la Iglesia y perdió la guerra así como medio territorio nacional. A continuación regresó el insigne héroe conservador en 1853, para ser proclamado presidente perpetuo y asignarle el trato de "alteza serenísima".

Finalmente fue depuesto Santa Anna por la revolución liberal de mediados de la década de los cincuentas. Con ella se implantó por fin el ideario de la Reforma pero ello dio lugar a violenta reacción. Se inició la guerra intestina a fines de esa década que culminó con la intervención e invasión de Francia a principios de la siguiente.

Una descripción cruel y exacta de la azarosa vida política de la época, la aporta la incisiva mente de Bulnes, quien nos dice que los presidentes de México "... no podían desagradar al clero, porque les compraba al ejército o movía las conciencias de los generales religiosos para que contra él moviesen sus sables; no podían corregir a los comerciantes contrabandistas, porque inmediatamente se sublevaban las guarniciones de Veracruz, Guadalajara, Mazatlán y la región de Tepic; no podían suspender los pagos a agiotistas ... sin que se pronunciase la "Ciudadela"... no podían poner contribuciones a los propietarios de casas y haciendas sin que el ejército defeccionara en defensa de la inviolabilidad de la propiedad privada".[7]

El trasfondo de toda esta situación caótica había sido el gradual cambio social que era necesario preparativo para la implantación del modo de producción capitalista. Se puede considerar que el país observó avances considerables, pero dentro de condiciones de influencia de poderosos elementos que desviaban la formación de este sistema productivo. En todo caso, la consolidación de las relaciones de producción correspondientes a este modo de producción habría de alcanzarse más tarde, una vez concluida la etapa de acumulación originaria y efectuados los complejos cambios sociales y políticos que demandaba el capitalismo para funcionar. Todavía faltaban muchas batallas y violencia para la implantación final de la versión del capitalismo que habría de campear en México.

7. Bulnes, F., *El verdadero Díaz y la revolución*, Editora Nacional, México, 1967, p. 15.

XIV

LA ACUMULACIÓN ORIGINARIA Y EL ORDEN POLÍTICO LIBERAL

Las dos décadas que van de 1855 a 1875 son de vital importancia como antecedente para la implantación del capitalismo industrial en México. En este período tuvo lugar un torbellino social de luchas en medio de las que se consolidaron transformaciones políticas que venían efectuándose desde décadas antes. Se iniciaron grandes cambios agrarios correspondientes al proceso de expoliación característica de la acumulación originaria que habrían de consolidarse en el porfirismo, después de más de cuarenta años de violencias, despojos y repartos de tierras públicas. Las profundas transformaciones también fortalecieron estructuras coloniales de sólido raigambre como fue la hacienda. Como parte central de la notable revolución se encuentran las grandes movilizaciones de la población por causas bélicas y económicas y la extensa destrucción del aparato productivo. Se redujo radicalmente el poder económico de la Iglesia y se destruyeron extensivamente comunidades para repartirse los despojos. Se iniciaron obras de infraestructura esenciales y se introdujeron cambios tecnológicos al calor de la guerra y de la invasión.

Es importante resaltar que la base de apoyo de toda esta transformación capitalista fue la hacienda en el campo, lo que introducía una importante contradicción que tendría más tarde grandes consecuencias. Sin embargo, la hacienda también se transformó tecnificándose, sobre todo la dedicada a la exportación. Además se multiplicó y es probable que haya crecido en su tamaño medio. En el manejo público resalta el saneamiento de las finanzas y la adecuación de la administración que se lograron como antecedente de los avances porfiristas. En el frente político militar resalta la victoria sobre el invasor francés y también la posterior desmovilización del ejército y el hábil dominio político sobre los militares. El resultado fue una concentración del poder militar y político y el incremento de éste.

En el mosaico de cambios que sucedieron desde 1855 se encuentran por igual factores y elementos favorables al capitalismo y aspectos opuestos que años más tarde habrían de ser determinantes de la forma del desarrollo mexicano. Resalta por su importancia en este lapso el acontecer político puesto que la transformación social se inició, por necesidad, en ese nivel. La formulación de las leyes de Reforma y las reacciones clericales a que dieron lugar son los acontecimientos principales. En un segundo plano quedan las condiciones económicas y sociales de la época y su transformación, ya que en esa etapa lo económico quedó altamente determinado por el acontecer político.

Un antecedente central es el conjunto de consecuencias de la violenta sacudida que sufrió la nación con motivo de la invasión y derrota militar del país a manos de los Estados Unidos en 1848 y del desmembramiento del territorio del país. Este fue un episodio central del proceso de acumulación originaria que colaboró a la alteración de las relaciones de producción. De allí provino una grave crisis interna y un proceso general de reacomodo de las clases sociales y de las fuerzas políticas.

La vitalidad económica estaba desgastada a principios de la década de los años cincuentas y la nación exigía pan y la apertura de nuevas posibilidades económicas y políticas. Las fuerzas productivas debían desarrollarse en otro nivel, dirección e intensidad de participación de los factores productivos, y en contraste el sistema existente no lo facilitaba. La transformación era incontenible y la única corriente que aportaba una solución era integral y un proyecto social completo era la liberal que proclamaba el propósito de implantar el capitalismo.

El apoyo que se daba al liberalismo y al proyecto capitalista crecía con los estímulos externos excitados por la ambición comercial y colonial de España, Francia, Inglaterra y los Estados Unidos, lo que correspondía al grado de maduración del capitalismo industrial de cada uno de estos países. Internamente trabajaba a su favor la incipiente burguesía, partes del ejército y núcleos de la administración pública, así como una gran parte de la pequeña y gran burguesía incluyendo hacendados (que era uno de sus semilleros) y la mayoría de los rancheros. La clase explotada urbana compartía, en sus núcleos más inmersos en el intercambio comercial, el proyecto capitalista.

Tenía lugar una especie de alianza informal entre la incipiente burguesía minera, agrícola y comercial y una fracción de los hacendados, debido a que sus intereses económicos y a veces los políticos los inclinaban a favor de las radicales soluciones liberales. En efecto, los hacendados se encontraban limitados en su expansión, ya por la presencia de numerosas comunidades indígenas y de propiedades clericales que bloqueaban su crecimiento, ya por la congelación del mercado de tierras que había creado el sistema de financiamiento eclesiástico. Los intereses de un grupo considerable de hacendados y rancheros dedicados a la producción comercial, coincidían plenamente con el esquema librecambista, aunque ésta no era una tendencia generalizada y variaba de región a región. Para ellos, productores de bienes para la exportación o para los mercados internos, la afluencia de importaciones baratas era de mayor ventaja económica que la oferta de manufacturas nacionales, que era escasa y de menor calidad, a más de que los productos tenían un precio más elevado. Por otra parte, la promesa liberal de reducir gabelas y alcabalas al comercio interno y de estimular la formación de una infraestructura de creciente eficiencia era atractiva para los comerciantes y también para los hacendados interesados en aumentar la producción.

No menos importante para establecer esta especie de alianza de clases era el hecho de que los esquemas liberales no mencionaron ni aplicaron proyectos de fraccionamiento de haciendas ni, en general, de afectación de la propiedad privada. Por lo contrario, proponían la posibilidad de la formación de una amplia clase media rural de pequeños propietarios, mas no a base de la destrucción de otras propiedades privadas, sino de la adjudicación individual de propiedades de corporaciones, en el primer período de reformas liberales, y específicamente de las clericales en el segundo. La tercera etapa correspondió a la adjudicación de baldíos en la época porfirista. El objetivo era incorporar al mercado de factores las propiedades congeladas por la "mano muerta". En contraste, se esperaba implícitamente la formación de la pequeña propiedad a través de la libre competencia que sería estimulada por las profundas transformaciones estructurales que era necesario implantar.

De modo que había un núcleo de hacendados y rancheros que coincidían con parte de la creciente masa urbana formada por la pequeña burguesía, obreros, empleados, desocupados e intelectuales, en la búsqueda de nuevos derroteros sociales. Esto se tradujo en la participación y aceptación de la revolución liberal que derrotó a Santa Anna, y lo echó de la presidencia en 1855.

En cuanto el liberalismo tomó el poder se dedicó con energía a producir y aplicar una cascada de reformas dirigidas principalmente en contra del poder temporal, político y económico de la Iglesia, pero también en contra de las corporaciones indígenas. Su propósito era promover el desarrollo capitalista estimulando la acumulación originaria con toda su violencia, para lo cual empezó por disponer la destrucción de la propiedad no privada de bienes raíces mediante su apropiación a usufructuarios.

El ataque a las comunidades indígenas respondía en parte a necesidades políticas coyunturales y en parte a la profunda convicción liberal de que las comunidades eran un obstáculo importante para construir la nación próspera y liberal, o sea capitalista, que soñaban. Creían y postulaban que el indio era un ser inferior y débil a quien era necesario proteger, conducir y educar en las exigencias de la vida burguesa hasta capacitarlo para competir y triunfar en la lucha económica. Decían que esto sólo era posible mediante la práctica de la responsabilidad que impone la propiedad individual, cuya ausencia había sido la causa del estado infantil en que se encontraba el indio; por ello se debía destruir la comunidad y fraccionar sus propiedades.

En un plano menos notorio estaba el propósito de limitar el poder del ejército y convertirlo en el brazo armado del poder civil. El objetivo era asegurar la preeminencia de la dirección civil de los asuntos públicos y una mínima continuidad en la gestión administrativa. Así, al mes y medio de la toma del poder, con Juárez encabezando la Suprema Corte de Justicia, el gobierno liberal implantó la ley Juárez que disponía la derogación del derecho de los tribunales militares y eclesiásticos a conocer asuntos civiles y declaraba renunciable el fuero eclesiástico.

A tres meses de iniciada la gestión liberal, o sea en enero de 1856, se aprobó el nuevo arancel que dio fin al primer período proteccionista de la vida nacional que se había extendido por tres décadas. Con este arancel se amenazaba la existencia de talleres e industrias, lo que garantizó la oposición de sus propietarios y aun de operarios a la iniciativa de liberalización del comercio y al proyecto liberal como conjunto. Simultáneamente surgió un levantamiento conservador en Puebla con apoyo entusiasta del clero, bajo el lema de "Religión y Fueros", como reacción ante la violenta embestida liberal. Como respuesta, el gobierno intervino en marzo los bienes eclesiásticos en Puebla. La furia legislativa de la transformación liberal seguía avanzando.

Cuando el régimen liberal tenía sólo nueve meses de existencia se aprobó la radical Ley Lerdo (junio de 1856), cuyo antecedente era el pensamiento de Mora de los años treintas así como las dos décadas siguientes de luchas incruentas del liberalismo encabezado por Gómez Farías. Establecía la ley de la desamortización de los bienes inmuebles de corporaciones civiles y eclesiásticas y prohibía la adquisición de nuevas propiedades. Es posible que por la convicción liberal de formar un Estado nacional único sin competencias corporativas, pero también por táctica política, se haya decidido destruir a todas las corporaciones para evitar la acusación de ser un gobierno antirreligioso. Por la reacción generada es evidente que no se evitó esta acusación y, en cambio, por la rebelión de comunidades campesinas (sobre todo en el centro del país), la posición de los liberales se debilitó.[1]

El criterio liberal era sencillo: mano fuerte ante la resistencia al Estado. Un ejemplo de ello fue que tres meses después de emitida la Ley Lerdo, o sea en septiembre, y con motivo de una conjura que se organizaba en el convento de San Francisco en la capital, éste fue clausurado y la valiosa propiedad fue decomisada sin pago por el Estado, todo lo cual provocó un escándalo mayúsculo en el clero y una creciente reacción de los conservadores.

La desamortización de los bienes de corporaciones que disponía la Ley Lerdo era una forma relativamente moderada –y acorde con el orden burgués– de poner en circulación capitales y propiedades estancados durante siglos, al transformar en propietarios individuales a los usuarios de esos bienes inmuebles. No se señalaron ni se establecieron giros o actividades en los que el clero habría de aplicar los capitales que obtuviera de la

1. Leal, J. F., *La burguesía y el estado mexicano*, Ediciones El Caballito, México, 1972, pp. 62-63.

liquidación, lo que provocó fricciones adicionales al no dar soluciones a la liquidez del clero, lo que indujo la salida de capitales.

El mecanismo ideado consistía en convertir a las corporaciones (y en particular al clero) de rentistas vitalicios en acreedores hipotecarios de sus inquilinos; los arrendatarios que explotaban o utilizaban esas propiedades se habrían de transformar en propietarios al adquirir los inmuebles. Para ello se establecía la obligación de las corporaciones de vender sus propiedades y la facultad de los inquilinos de adquirir los bienes arrendados. Los adquirientes debían de efectuar el pago del impuesto de traslado de dominio del 5% del valor de la propiedad (para alivio de las deterioradas finanzas públicas), y liquidar a la correspondiente corporación el valor predial del bien raíz respectivo. Este valor se fijaba a partir del monto de la renta y se consideraría equivalente a su capitalización al 6% anual. De tal manera la renta, multiplicada por 16.7, determinaría el capital por amortizar. Este a su vez se habría de cubrir mediante aportaciones anuales de igual monto al de la renta original y así se liquidaría en cerca de 17 años el adeudo hipotecario con la corporación. Se establecían también previsiones en el caso de que el inquilino renunciase a su derecho, quedando en ese caso la propiedad en posibilidad de ser denunciada por cualquier postor, o de rematarse. En cambio, la corporación se encontraba incapacitada para recobrar el inmueble en caso de incumplimiento hipotecario por parte del ex-inquilino y ahora flamante propietario, ya que se le prohibía adquirir propiedades, por lo que el clero temió, con razón, que su riqueza se iría diluyendo en hipotecas impagas.[2]

Algunos de los propósitos de la Ley se alcanzaron en gran medida, por ejemplo, la descongelación de bienes inmuebles y capitales. Sin embargo, el objetivo de formar una base social de clase media se vio parcialmente frustrado debido a que se produjo una tendencia hacia la concentración de la propiedad en manos de los núcleos de mayor poder económico y con más liquidez monetaria, que eran los comerciantes. A ello colaboró la propia Iglesia al prohibir a sus inquilinos que optaran por la adquisición de los inmuebles, por lo que éstos quedaron con frecuencia en condiciones de ser denunciados por inversionistas mayores y, además, a precios decrecientes.[3] También influyó la penuria del Estado que le llevó a facilitar la desamortización que aprovecharon los más ricos.

Se estipulaban diversas formas de liquidación de las hipotecas, incluyendo facilidades diversas, como era la facultad de cubrir parte con bonos de la deuda pública a su valor nominal, en tanto que el precio comercial o de rescate de ésos fluctuaba entre 5 y 10% del de su denominación. En

2. Véase Bazant, J., *Desamortización y nacionalización de los bienes de la iglesia*, en *La economía mexicana en la época de Juárez*, SIC, México, 1972.

3. López Gallo, M., *Economía y política en la historia de México*, Ediciones Solidaridad, México, 1965, p. 141.

tal virtud los adquirientes podían reducir considerablemente la cantidad a liquidar.

El efecto de la Ley Lerdo fue de largas consecuencias. Tan sólo en el segundo semestre de 1856, que es el único período sobre el que existe información, se desamortizaron propiedades por valor de 23 millones de pesos.[4] Con este motivo estimaba Lerdo que se habían formado, al menos al principio, nueve mil nuevos propietarios, buena parte de ellos inquilinos urbanos que pertenecían a los estratos de ingresos medios.

Durante 1857 se continuaron con similar energía las acciones de desamortización. Es de suponer que la mayor parte de las propiedades del clero susceptibles de ser desamortizadas fueron afectadas, y que la mayoría de sus bienes raíces eran desamortizables en vista de que la Iglesia casi no explotaba directamente sus propiedades sino que las daba en alquiler.

En cambio, en el caso de las comunidades indígenas la explotación de la tierra era usualmente efectuada por los comuneros, aunque también había el caso de renta de tierras, sobre todo en las ubicadas en la vecindad de grandes centros urbanos. Además la resistencia de los campesinos a la ley fue desesperada, por lo que el efecto de la medida fue menos intenso. A ello se añadía la lejanía de muchas de las comunidades como protección al proceso de desamortización y adjudicación de sus tierras. En cambio, las tierras fértiles y bien localizadas fueron arrebatadas rápidamente por inquilinos y postores o auto-denunciadas por el campesino para poder conservarlas, ahora en propiedad privada.

Al final del agitado año de 1856, a sólo seis meses de emitidas las leyes de desamortización, hubo una multitud de levantamientos de conservadores y clericales en Puebla, Querétaro y Veracruz. Debe notarse que la reacción más intensa tuvo lugar en el centro del país, donde se encontraban las estructuras de poder más tradicionales. En diciembre de ese año, Pío X coléricamente declaró nulos todos los decretos y leyes del gobierno mexicano que afectasen los intereses del clero.

4. "Memoria de Hacienda de 1856", citado en Bazant, J., *op. cit.*, p. 195.

XV

LAS VÍAS DE LA ACUMULACIÓN ORIGINARIA. EXPROPIACIONES Y GUERRAS EN LA DÉCADA 1855-1865

Durante 1857 siguió creciendo la resistencia conservadora y popular y también la avalancha de leyes, entre ellas la que determinaba la vigencia legal del Registro Civil, así como la que dictaba que serían de exclusivo dominio civil la administración de cementerios y que prohibía de allí en adelante dar sepultura a cadáveres en los atrios de las iglesias. En febrero se promulgó la Constitución que reflejaba las aspiraciones y composición de la burguesía liberal. Naturalmente contenía una fuerte influencia de las de Francia y los Estados Unidos. Como consecuencia de la implantación de la Constitución, la rebeldía clerical y de comuneros creció y se extendió a pesar de ser violentamente reprimida por el gobierno. Este a su vez encontraba apoyo en sectores campesinos, en hacendados y sobre todo en la población urbana explotada y en núcleos de pequeños comerciantes y de intelectuales.

En 1858, gracias al apoyo del indeciso presidente liberal Ignacio Comonfort que se asustó del radicalismo juarista, el partido conservador recobró el poder mediante un violento levantamiento. Juárez intentó resistir el golpe de Estado y la traición de Comonfort, pero se vio obligado a huir de la capital. Se proclamó presidente, organizó un nuevo gobierno liberal y un ejército esencialmente popular y se inició la guerra que habría de prolongarse durante tres años.

Las frecuentes derrotas militares que sufrió el liberalismo no alteraron su ánimo de transformación social. Tampoco limitaron su entusiasmo la penuria financiera ni la movilidad constante del asiento del gobierno que imponían las vicisitudes de la guerra. En el curso de 1859 se dictaron cinco leyes de Reforma de grandes consecuencias, que fueron violenta respuesta a la rebeldía del clero y del partido conservador y a su resistencia a la transformación social. Estas son, la primera, la que se refiere a la nacionalización de los bienes de la Iglesia sin pago alguno, que incluye la supresión de los conventos de hombres y la prohibición de formar otros nuevos. La segunda establece la validez legal única del matrimonio civil y la tercera la responsabilidad del Estado de formar el Registro Civil y la obligatoriedad de los ciudadanos de observar sus reglamentos. La cuarta se refiere a la secularización de los conventos de mujeres y la quinta a la no obligatoriedad de la observación de las fiestas religiosas.

Como se ve, la consecuencia de la revuelta conservadora y de la violenta resistencia del clero junto con la de las comunidades indígenas a la aplicación de las leyes de desamortización fue el endurecimiento de la política liberal. Empero se apreció el error político que suponía el ataque a comunidades por lo que se estableció como objetivo único de la Reforma la eliminación de la propiedad clerical. El paso de la liberalización de la propiedad raíz de corporaciones mediante su pago de hipoteca, a la nacionalización directa y sin retribución, incluyendo los fondos de capellanías, supone una radicalización profunda. A pesar de tratarse de corporaciones enemigas del Estado burgués, la expropiación sin pago de sus propiedades es una violación del derecho burgués de la propiedad. Para el liberalismo esta contradicción era aceptable por las necesidades de la acumulación originaria del capital. Indica el propósito abierto de destruir el poder temporal de la Iglesia, sin pruritos sobre la violación de nada, empezando por su potencialidad económica, y aprovechar sus riquezas para emprender procesos de producción capitalistas. Con este acto el liberalismo imprimió una orientación plena de rescate de la riqueza de "manos muertas" para poner en operación relaciones de producción capitalistas.

Sin embargo, esto no produjo, como se esperaba, un gran crecimiento inmediato de la clase media, es decir, de una amplia pequeña burguesía, sino más bien la concentración de la propiedad. En atención a esta posibilidad de acumulación y de quitarse de encima el gran peso del clero, hubo un grupo de hacendados que apoyaron al liberalismo y otro que, al menos, no colaboró con los conservadores. En lo que se refiere al estímulo para la formación de capital y el surgimiento de empresarios, no puede ser más clara la intención del liberalismo de favorecer la acumulación originaria de capital, lo que logró en cuanto a la redistribución de la riqueza pero no totalmente en cuanto a crear un capitalismo industrial clásico. Una parte de los procesos de despojo reforzaron en realidad a la hacienda.

En el cuerpo de las leyes de Reforma no se incorporaron previsiones explícitas en cuanto se refiere a la necesidad de disponer de mano de obra libre para asalariarse a fin de someterla a la explotación capitalista. Tal vez se esperaba que naturalmente tendría lugar la formación del proletariado al romper los reductos más notables que impedían, según el liberalismo, el desarrollo capitalista. En todo caso los liberales de la época de la Reforma no tuvieron ocasión de encargarse de esta cuestión, considerando la prioridad que tenía la lucha anticlerical. Por esta causa las leyes de Reforma están dedicadas casi exclusivamente a derrumbar los obstáculos que presentaban las corporaciones a la hegemonía burguesa. Con la destrucción del poder económico del clero y la apropiación de sus riquezas por los individuos emprendedores se esperaba el surgimiento de una extensa burguesía rural que practicase la competencia capitalista. El progreso y bienestar de la nación se lograría, según esta corriente, con la formación de la propiedad privada en el campo que apoyase la expansión de la burguesía urbana.

En cuanto el partido liberal venció a los conservadores y tomó plenamente el poder en 1861 se inició, para ventaja del Tesoro Público, una febril actividad para rematar y adjudicar a inquilinos e interesados las propiedades clericales, incluyendo todo lo que no se había desmortizado de acuerdo con la Ley Lerdo de 1856. Se dio todo tipo de facilidades con el fin de acelerar la adjudicación, incluyendo descuentos, aceptación de obligaciones de los compradores y liquidación de partes crecientes del valor de los bienes raíces en bonos de la deuda, tomados según su valor nominal lo que suponía un generoso margen de descuento. En el año de 1861, único para el que se disponen datos, fueron vendidas propiedades por 16 millones de pesos, de los que apenas el 40% se recibieron en dinero o documentos descontables. Es claro que los ricos comerciantes que disponían de liquidez eran los que aprovechaban más estas facilidades para hacerse de propiedades baratas.

Se desconoce el efecto preciso que produjo este enorme traslado de dominio, que pudo llegar a ser del orden de 60 millones de pesos entre 1861 y 1863, o sea el correspondiente al 60% de la propiedad eclesiástica y tal vez entre el 12 y el 15% de la riqueza nacional.[1] Pero tomando en cuenta que se trataba de precios establecidos en forma apresurada y que en general estaban a la baja, debido tanto a la inseguridad prevaleciente como a la alteración repentina del mercado de tierras, es de suponer que se afectó una proporción mayor de la riqueza. Para apreciar el efecto político de esta transformación también debe tomarse en cuenta la desamortización que se efectuó en años anteriores. La medida era temeraria por la extensa afectación de intereses y por la circunstancia de que el país apenas salía de una sangrienta y larga guerra civil que había durado tres años y que se encontraba en la evidente inminencia de la guerra exterior estimulada por los derrotados conservadores.

Las febriles ventas de tierras a precios bajos y las facilidades que otorgaba el Estado a los adquirientes con tal de disponer de liquidez, se acentuaron con el inicio de la invasión francesa en vista de las enormes necesidades de financiamiento para sostener la guerra. Casi en vísperas de la toma de Puebla por el invasor se estaban rematando propiedades tanto por el interés público del financiamiento que se obtendría, como por considerar que ante hechos consumados los franceses no habrían de dar marcha atrás a las nacionalizaciones de propiedades clericales. Pero es necesario regresar un poco para comprender la causa y el efecto de la invasión y la guerra con Francia.

El país contaba con una larga y accidentada historia financiera. La deuda externa era motivo de constante negociación para diferir su pago y para conseguir nuevos empréstitos. En esta historia se encuentran todo tipo de incidentes de los que resaltan las condiciones leoninas de los préstamos y la amenaza constante de guerra con los países acreedores. Esta

1. Con base en estimación de Bazant, J., *op. cit.*, p. 192.

amenaza se concretó con la guerra "de los pasteles" con Francia en 1836, con motivo de la deuda con un rico panadero francés. En el curso de la guerra de Reforma tanto liberales como conservadores se veían en crecientes apuros económicos por la paralización de la actividad económica y la fragmentación de la nación en partes dominadas por cada partido. Los gastos bélicos demandaban fondos financieros que no existían, por lo que ambos contrincantes procuraron obtener créditos externos. Los clericales contrataron préstamos con España aceptando reclamaciones exageradas, así como con la Casa Jecker de Suiza de la que recibieron un millón de pesos y asumieron obligaciones por 15. Juárez a su vez estableció negociaciones con los Estados Unidos para obtener créditos mediante el convenio llamado de McLane-Ocampo. En éste se establecían derechos de tráfico por el Istmo de Tehuantepec, más no fue ratificado por el Senado de Norteamérica.[2]

Al triunfo de los liberales sobre los rebeldes conservadores en 1861 y de establecerse el pleno dominio liberal se dictó una disposición de emergencia que implantó la suspensión del pago de la deuda para estabilizar las averiadas finanzas nacionales, con protestas amenazantes de las naciones acreedoras. Pocos meses más tarde se emitió un decreto mediante el cual se debía reanudar la liquidación de la deuda, pero ya era tarde. Las naciones acreedoras más agresivas, Inglaterra, España y Francia, decidieron intervenir militarmente con el fin de asegurar sus intereses y ver por su incremento. Los Estados Unidos ofrecieron sus oficios para hacerse cargo de la deuda externa de México. Proponían la administración de la liquidación del adeudo que asumirían con un interés modesto, obteniendo en hipoteca territorios del norte y concesiones de explotación de yacimientos minerales. La proposición fue rechazada de plano por el gobierno de Juárez.

En diciembre de 1861 desembarcaron tropas invasoras de Francia, cuyas reclamaciones eran por 190 mil pesos. Inglaterra con la que se tenía deuda por 69 millones de pesos y España a la que se le debían 9.5 millones, se retiraron y decidieron esperar tiempos más propicios para cobrar. En 1863, después de un largo año de guerra, los ejércitos franceses y clericales lograron ocupar casi todo el territorio nacional. En un grotesco intento por legitimar la presencia francesa y el establecimiento de la ansiada monarquía de Maximiliano que había solicitado la Iglesia y el partido conservador a la Casa de Austria, se hizo un plebiscito. Los resultados oficiales fueron que de la población total de 8.6 millones que tenía el país, 6.4 aprobaron la monarquía. Ello supondría, de ser cierto el resultado, que

2. La posición oficial del gobierno de los Estados Unidos hacia el liberalismo era ambivalente. Por una parte su presidente expresó el propósito de enviar tropas a proteger vidas y haciendas de norteamericanos ante la extensión de la guerra civil, lo que era una amenaza a Juárez. En cambio, en 1860 mandó que la armada de ese país rompiese el bloqueo naval que mantenían los conservadores sobre Veracruz.

la totalidad de la población mexicana mayor de ocho años estaba con Maximiliano (!).

Mientras tanto Juárez, con amplio apoyo popular, seguía la desesperada lucha militar y al mismo tiempo emitía las leyes que eran la esencia de la transformación social de la Reforma. En 1863 decidió clausurar los conventos de mujeres así como confiscar y repartir las propiedades de los traidores a la patria. También se dispuso la primera ley reformista encaminada a formar la pequeña burguesía rural, consistente en que todo ciudadano tenía derecho a adquirir y ocupar tierras nacionales hasta por 2 500 hectáreas para que se colonizaran, lo que tuvo un gran efecto político. No menos importante fue la disposición que modificaba el criterio de la Ley de desamortización en el sentido de que restablecía el derecho de las comunidades de tener tierras. Con ello se definió finalmente que el objetivo central de las leyes de Reforma era la destrucción del poder económico del clero y con esta base, la formación de una sociedad capitalista.

La Iglesia y los conservadores esperaban con ansia el establecimiento de la monarquía europea y la restitución de sus fueros, derechos y propiedades afectados por la Reforma. El primer signo de que algo no andaba bien fue la irremediable inclinación francesa hacia el liberalismo, con o sin monarquía. La confirmación del error del clero y de los conservadores tuvo lugar con la formación de un gabinete con liberales connotados. Ya fuera por convicción, ya fuera por sensibilidad política al observar el apoyo del pueblo al liberalismo, se inclinó por mantener las leyes de Reforma a pesar de las presiones del partido clerical.

En cambio contrastan las actitudes de Juárez y Maximiliano en materia financiera. De un lado la austeridad, del otro el boato y la aceptación de deudas absurdas. Mientras Juárez tenía un sueldo de 30 mil pesos anuales, Maximiliano y Carlota se asignaron emolumentos por 1.7 millones.[3] Para 1866 la deuda reconocida por Juárez era de 82 millones de pesos y por Maximiliano de 272. Una muestra del criterio financiero es el que los ingresos de las aduanas marítimas del Golfo estaban asignados por Maximiliano en un 50% al pago de la deuda con Francia (que incluía el gasto de sostenimiento de las tropas de ocupación), 49% para el pago de la deuda con Inglaterra y España y 1% ingresaba a las arcas de México.

Con la derrota final de Maximiliano, de la Iglesia y de los conservadores en 1867, se implantó el poder liberal que habría de campear de entonces en adelante, sin interrupción, durante las siguientes seis décadas. De inmediato se renovó el proceso de nacionalización de bienes de la Iglesia, que para entonces ya eran de escasa dimensión, mediante la asignación de estas propiedades al inquilino o al postor. En general, en la labor refor-

3. *Correspondencia de la legación mexicana en Washington,* vol. X, 1892, p. 835, citado por Berensky, A., *La intervención extranjera en México 1861/1867,* Ediciones de Cultura Popular, México, 1966, p. 160.

mista destaca la disposición que se tomó el mismo año del triunfo del liberalismo sobre la secularización de la enseñanza pública. Mientras tanto se manipulaba la deuda externa para evitar su pago y se efectuaba una enérgica modificación fiscal al uniformar el sistema tributario y reducir el número de impuestos.

En medio de revueltas de opositores que eran conservadores antirreformistas y liberales antirreleeccionistas, incluyendo a Porfirio Díaz, Juárez prolongó su presencia como presidente y su enérgica acción liberal. Antes de morir en 1872, recién reelecto, alcanzó todavía a implantar un nuevo arancel que era aún menos proteccionista que el de 1856. Lo sucedió en carácter de presidente interino Lerdo, quien promulgó como ordenamiento constitucional las Leyes de Reforma en 1875.

Con el pretexto de la reelección de Lerdo, Díaz se levantó de nuevo en 1876, al igual que lo había hecho cuatro años antes contra Juárez, pero ahora con éxito. Tomó el poder y con ello se inició la era porfirista de paz y de estabilidad relativas, de crecimiento económico y de implantación de las principales ideas del liberalismo juarista. También entró de lleno la nación al capitalismo industrial.

Es interesante observar cómo desde la Reforma los liberales trastocaron la práctica con la teoría en algunos aspectos. En efecto, uno de los puntos de conflicto entre conservadores y liberales era la cuestión del centralismo del poder político, proclamado por los primeros, y del federalismo, bandera de los liberales. A tal grado era importante esta cuestión que el argumento de la violación del pacto federalista fue esencial en los movimientos separatistas de Texas y Yucatán en los años treintas del siglo XIX. En contraste con su bandera federalista, los liberales instituyeron un Estado poderoso y centralizado. Proclamaron el federalismo y practicaron el centralismo, proceso que han observado todos los gobiernos del país desde entonces hasta la actualidad.

XVI

ARTICULACIÓN DE RELACIONES DE PRODUCCIÓN EN LA ETAPA DE ACUMULACIÓN ORIGINARIA. LA HACIENDA

La violenta lucha entre el clero y el Estado, parte central del conflicto liberal-conservador, es sólo una de las batallas (pero la principal en esa época) que tienen relación con el surgimiento del capitalismo industrial en México. En este sentido no es diferente al propósito de transformación y de preparación que se dio en muchas otras áreas del mundo en esa misma época, lo cual se explica porque se trataba del proceso de consolidación mundial del modo de producción capitalista, del cual México formaba parte. Pero por su condición de ser área de expansión del capitalismo más que su lugar de origen, México formaba parte de este modo más bien externamente; o sea que no se había incorporado por efecto de la transformación interna de las relaciones de producción al grado de que prevalecieran las del modo capitalista, sino que antes se establecieron vínculos externos de este orden.

A principios de los años setentas había actividades, sectores y regiones que operaban ya dentro de normas capitalistas pero éstas no eran aún dominantes, de manera que no se daban plenamente las interdependencias de la reproducción preferente del nuevo modo de producción. Se encontraban estructuras arcaicas que prestaban un carácter y orientación no capitalista a la formación económico social existente, por lo que la transformación de las relaciones de producción se efectuaba en condiciones tales que se iba adentrando el país en el capitalismo bajo la influencia poderosa de múltiples elementos no capitalistas. Estos elementos y los efectos que causaron en el proceso de implantación del capitalismo serían algunos de los ingredientes determinantes del futuro desarrollo del país.

Entre los factores peculiares mencionados destaca la relación que se establecía entre el grado de desarrollo rural y el urbano, y en términos de evolución sectorial, entre el avance industrial y el agropecuario. El grado de evolución industrial no era lo suficientemente avanzado para imponer por sí mismo las pautas capitalistas en las actividades agropecuarias, entre otras causas porque en las propias manufacturas había multitud de unidades productivas al margen de las formas capitalistas de organización de la producción. En la agricultura la organización capitalista se iba extendiendo en algunas regiones, pero en general sin una vinculación estrecha con las exigencias urbanas y mucho menos bajo su estímulo. En cierta medida era al revés en la mayoría de las regiones ya que las actividades agropecuarias de exportación y desde luego la minería, determinaban en gran parte la evolución de la economía urbana. En tal razón el empuje capitalista no se realizaba en todas las regiones en el sentido clásico urbano-rural, ni incluía todas las interdependencias dialécticas del caso.

Es de suponer que el avance capitalista mayor en sectores que usualmente van a la zaga en el tránsito al capitalismo, se debió en parte a la importancia que había cobrado la hacienda como forma característica y dominante de organización de la producción agropecuaria. El peso de la hacienda se vio grandemente acrecentado con la destrucción de la propiedad clerical, quedando esa como el poder dominante en el campo. Su presencia impedía la ruptura social necesaria para implantar el capitalismo en el campo en forma de la creación de una amplia base de pequeñas propiedades, particularmente en lo que se refiere al bloqueo de la libre explotación del trabajo (por la vigencia del peonaje) y al libre mercadeo de tierras (por la exagerada concentración del poder económico). En cambio tenía lugar un desarrollo capitalista que combinaba la expansión de la hacienda (la clásica vía "junker") con el surgimiento de ranchos y otras formas empresariales de explotación, así como pequeñas propiedades. Tal vez el poderoso movimiento de Reforma y la guerra hubiesen sido suficientes para romper la hegemonía de la hacienda, mas no era ésta la intención del liberalismo. La orientación de sus disposiciones se dirigió a atender preferentemente el problema clerical por razones de táctica y luego a salvar la autonomía política del país.

Durante las dos décadas que hemos considerado (1855-75), fue la atención y arreglo de los problemas de orden político y en general las transformaciones superestructurales, incluyendo la formación de un Estado, las tareas fundamentales previas para implantar el proyecto liberal. El desajuste que existía entre la infraestructura y superestructura y los extensos cambios que requerían ambas estructuras para convertirse en una formación capitalista imponían como tarea insoslayable e inicial la transformación política a partir del dominio del poder.

En estas condiciones el resultado último de la Reforma fue la adaptación del país en algunos aspectos estratégicos con el fin de emprender el camino de la construcción capitalista. Tales podrían considerarse los ajustes políticos, la derrota de los vestigios heredados de relaciones de producción tributario-despóticas y los avances en materia de reforzamiento y modernización de la infraestructura económica (por ejemplo en ferrocarriles, comunicaciones, etc.). De este complejo cambio también resultó la necesidad de reforzar algunas estructuras que diferían en su organización interna y a veces en su orientación productiva de las relaciones de producción capitalistas, como fue la hacienda y el peonaje. También tuvo lugar un viraje político a finales del período de la Reforma que moderó el ataque predilecto contra el clero y las comunidades indígenas. Este cambio táctico para reducir el conflicto social y preparar el camino al período de estabilidad permitió al clero retener y después recuperar algunos poderes temporales, y a las comunidades sobrevivir al liberalismo, pero ya eran ambas estructuras poco importantes para entonces.

En realidad la destrucción del clero fue extraordinaria. Aunque durante el porfirismo habría de recuperar algún poder, sobre todo ideológico, ya no significó más un poder económico o político determinante. Además, la Reforma creó los instrumentos para contener al clero, pero su aplicación se ajustó desde entonces, con marcado pragmatismo, a las condiciones coyunturales y estructurales del país.

Por su parte las comunidades fueron reducidas por la Reforma, proceso que prosiguió por los ataques liberales posteriores que se producirían sobre todo en el período porfirista hasta prácticamente eliminarlas. Se podría pensar que resurgieron con la reforma agraria a partir de 1915 a través de la forma de propiedad comunal que era el ejido y de la restitución de propiedades comunales de pueblos. Sin embargo, por su constitución y operación, el ejido planteó una competencia con las comunidades por los recursos existentes, siendo por tanto no un resurgimiento de ese sistema sino otro factor para su destrucción.

Con la Reforma, la burguesía resultó favorecida directamente por cuanto se refiere a obtener parte de los bienes del clero y sobre todo por abrirse vías para su acción empresarial. Sin embargo, este cambio fue acompañado por el fortalecimiento de la hacienda y de la oligarquía que cobraba un sentido señorial "semifeudal", como denomina a los hacendados Chávez Orozco.[1]

La implantación de las leyes de Reforma en 1856, la guerra consiguiente de tres años y la culminación del conflicto interno con la intervención de Francia, representan etapas dolorosas y efectivas del cambio de las estructuras no capitalistas. Además de ayudar a concentrar el capital y a impulsar la formación de relaciones de producción capitalistas también significaron esos cambios una mayor correspondencia entre la concepción política de la independencia y las estructuras económicas y sociales. Sin embargo, esto no podía suceder dentro de los cánones del desarrollo capitalista clásico simplemente porque se trataba de una sociedad profundamente deformada por su pasado colonial. De aquí que las ideas liberales que se implantaban resultasen en una etapa incongruentes, y más adelante violadas por la necesidad de resolver problemas inmediatos.

En efecto, un punto esencial en el proyecto liberal era la presencia de una sólida clase media rural para alcanzar la industrialización, el progreso, la ciencia, y el comercio. De aquí que fuese vital la destrucción previa de las estructuras agrarias opuestas a este proceso, liberando a las que se

1. Chávez Orozco, L., *Historia económica y social de México*, Ed. Botas, México, 1938, pp. 157-158.

consideraban saludables fuerzas del mercado que conducirían a esa formación de la clase pequeñoburguesa a través de la competencia.

Sin embargo, los beneficiarios de la desamortización y nacionalización de los bienes del clero —que en su mayoría eran propiedades urbanas— y de la fragmentación de propiedades comunales de pueblos fueron los antiguos hacendados, los nuevos revolucionarios y los comerciantes y agiotistas. Esto sucedió porque se trataba de una sociedad caracterizada por su acentuada regionalización, por la diferenciación étnica y cultural, y la consecuente discriminación étnico económica, por la diversidad de lenguas de la población rural (se hablaban en la época 108 idiomas y 26 dialectos), por el analfabetismo, por la existencia de una rígida estratificación de las castas, por la poca participación de la población rural en el intercambio mercantil y por la reducida acumulación.

Para explotar las propiedades rurales se recurría a los sistemas de sujeción de la mano de obra a las haciendas. De otra forma escapaban los peones, ya fuese para retornar a sus comunidades, ya para convertirse en campesinos libres, lo que era posible al ampliarse la disponibilidad de tierras. Para retener la mano de obra se extendió el sistema de endeudamiento de los trabajadores que les asegurase a los hacendados su trabajo de por vida. Esto significa que el avance en las fuerzas productivas en otros sectores vitalizó en el agropecuario las relaciones de producción características de la hacienda. Así, se reforzaron formas de explotación no capitalistas en el campo para sustentar el desarrollo capitalista en otros sectores. Se formó un patente caso de desarrollo desigual dentro de una relación funcional y complementaria, no antagónica, pese a que dio origen a una aparente dualidad o polarización de la sociedad, en una parte moderna, progresista, capitalista, y otra que conservaba en su interior relaciones de producción no capitalistas. En realidad ambas partes eran ya integrantes del capitalismo.

Lo anterior puede conducir a especular sobre la aparente frustración del tránsito pleno de un modo de producción a otro y sobre lo que parecería una articulación permanente de dos modos de producción, sobre todo en el área rural mexicana. Sin embargo el tránsito se efectuó plenamente pero dentro de normas diferentes a las clásicas. Esto fue el resultado de la presencia de ese cúmulo de estructuras y relaciones internas arcaicas, en parte determinadas por influencias externas, que se formaron en la etapa colonial y que se reforzaron en la etapa independiente y reformista. Estos elementos eran en unos casos de gran vitalidad y resistieron la presión capitalista, y en otro eran convenientes a la explotación y se preservaron, pero en ambos, ambos bloquearon la implantación de un capitalismo industrial más avanzado.

El resultado fue el surgimiento de una formación socioeconómica capitalista con rasgos peculiares que operaba precisamente sobre la base de relaciones de producción combinadas entre las que había algunas aparentemente aberrantes. De aquí la interdependencia y coexistencia entre formas de organización para la explotación del trabajo que son antagónicas en el capitalismo desarrollado. De esta manera no se trata entonces de la articulación permanente de modos de producción diferentes sino de la coexistencia y complementariedad de relaciones de producción capitalistas en transición con relaciones no capitalistas subordinadas a aquéllas. La articulación persiste o cambia en razón de la alteración de las necesidades y formas de la reproducción del modo de producción y del avance en los procesos de explotación del trabajo para obtener mayor plusvalía.

En todo caso puede afirmarse que con la Reforma la hacienda salió reforzada a costa de propiedades comunales y de las del clero. Pero también se extendió el número de rancheros y pequeños propietarios que debían formar los cimientos de la ansiada clase media rural. Sin embargo, lo que no logró formarse en esa época fue un proletariado rural suficientemente extenso, tal vez debido a que la relación trabajo/tierra estaba muy por debajo del umbral que entonces se requería para el tránsito en la explotación de la mano de obra a favor del sistema de trabajo asalariado. La explotación de la mano de obra se efectuaba preponderantemente dentro de relaciones semiserviles y en algunas regiones inclusive esclavas. Así, la relación entre hacienda y pequeña propiedad, o sea entre señores de la tierra (que incluía hacendados, comerciantes, mineros, etc.), y el germen de una burguesía, no fue siempre de competencia ni conflicto, a diferencia de la expansión clásica del capitalismo en el campo. Hacía falta la presión del trabajo asalariado y el espíritu empresarial para que se plantease plenamente la competencia por recursos y hombres. Por lo mismo, en vez de un enfrentamiento, la nueva burguesía rural adoptaba las normas señoriales de explotación de la mano de obra. Era frecuente que la burguesía no luchara para eliminar al núcleo señorial, sino que asumiese precisamente esas posiciones, abandonando su papel revolucionario a medida que alcanzaba logros económicos mayores. Empero esta orientación señorial se debía a la alianza natural que se establecía entre la burguesía y señores de la tierra para enfrentar a sus mutuos enemigos que eran el clero y los campesinos, no a dichos logros económicos. Esta tendencia habría de acentuarse en la etapa final del liberalismo, o sea con el porfirismo, a medida que la surgiente clase proletaria y el campesinado planteaban mayores peligros.

Al triunfo de la República sobre la intervención francesa en 1867 eran numerosos los factores que dificultaban el desarrollo capitalista. Algunos de ellos eran la inexistencia de un sistema nacional integrado de mercados y de transportes, la rígida estructura social, la reducida acumulación de capital, la desarticulada estructura del aparato productivo, la debilidad de los mercados de factores de la producción y la inexistencia de un núcleo burgués de suficiente importancia, estabilidad y energía.

XVII

INFLUENCIA DE LA EXPANSIÓN MUNDIAL DEL CAPITALISMO

La relación entre los elementos internos y externos causantes de la evolución nacional venía cambiando sustancialmente desde la consumación de la Independencia. Había una creciente influencia comercial y financiera de Inglaterra que a principios de siglo había alcanzado la posición mundial más aventajada y para mediados del mismo había efectuado una revolución industrial. Su expansión acelerada con base en los mercados mundiales creó como necesidad financiera y de funcionamiento la exportación de capitales principalmente dedicados a financiar sus propias exportaciones. Colocaba en el exterior excedentes de ahorro y de mercancías mediante un sistema de inversiones, de intermediación financiera y de comercialización. La venta de sus exportaciones no sólo significaba una operación comercial sino que ésta era frecuentemente acompañada, precedida y sustentada por el otorgamiento de créditos para la adquisición de manufacturas inglesas, o para financiar la ejecución de inversiones directas con el propósito de explotar minas y empresas de servicios públicos o de establecer industrias.[1] Se fundaban casas comerciales inglesas para el intercambio de exportaciones e importaciones y se procuraba que intermediarios financieros ingleses manejasen los créditos y efectuasen las operaciones bancarias. Precisamente para cumplir este propósito se fundó el Banco de Londres y México en 1864, que fue el primer banco comercial del país. Su función señala el inicio de la expansión moderna de Inglaterra en México. También indica que en el país se habían efectuado los preparativos esenciales para la transformación capitalista. La necesidad de formar un sistema bancario moderno se acentuó con el deterioro de la importancia financiera del clero y la incapacidad de agiotistas y comerciantes para responder plenamente a las nuevas y crecientes demandas de crédito interno e internacional.

Los intereses franceses se concentraban principalmente en la rapiña territorial para formar su imperio colonial, en el intercambio mercantil directo y en el establecimiento de firmas comerciales. Así, en 1860 existían 44 casas comerciales francesas en todo el país, 19 de las cuales se localizaban en la capital.[2] Por otra parte, el interés de Francia y su inva-

1. Para 1890 el 94% de la inversión inglesa en América Latina se concentraba en estos sectores. Véase *El financiamiento externo de América Latina*, ONU, Nueva York, 1964.

2. Micard, E., *La France au Mexique*, París, 1972.

sión a México había estado dictada por las aspiraciones imperiales de Napoleón III que quería contener la expansión norteamericana y fundar una gran colonia en América. Para esta pretensión sirvieron el pretexto de la deuda impaga, la traición del clero mexicano y la estupidez de Maximiliano.

A su vez, los intereses norteamericanos expresaban con fidelidad la condición de su desarrollo interno. Se hicieron muchas inversiones directas en México encaminadas a completar sus funciones productivas mediante la extracción y exportación de materias primas nacionales o para facilitar las operaciones para su acceso. Tal es el caso de la construcción de ferrocarriles en lo que compitieron con éxito con las compañías inglesas.

También es de primera importancia el complejo juego diplomático que emprendió el liberalismo con los Estados Unidos. Había desde luego una identificación ideológica entre los liberales mexicanos y los Estados Unidos, pero la guerra de Secesión absorbió toda la atención y energía de ese país, circunstancia que fue favorable a Francia para ocupar casi todo el territorio nacional. Sin embargo, al terminarse la guerra civil en Norteamérica en 1865, se estableció una corriente de venta de armas a los liberales, se otorgaron créditos y el gobierno de los Estados Unidos aplicó fuertes presiones sobre Francia para que retirase su ejército de ocupación. Es difícil determinar la influencia de estas presiones sobre Francia, pero es innegable que pesaron en el ánimo de Napoleón III para ordenar el retorno de las maltrechas tropas a la patria. Correlativamente creció la presencia de los Estados Unidos en la nación mexicana.

La magna tarea del desarrollo de los Estados Unidos se sustentó desde mediados del siglo principalmente en un crecimiento con base en su demanda interna. Ello se expresaba en el aspecto financiero en ser una economía demandante de capital externo para completar su capacidad de expansión (situación que se prolongó hasta mediados del presente siglo) y en la fuerte protección arancelaria a sus actividades internas, sobre todo después de la guerra de Secesión. En efecto, a partir de 1864 fueron los intereses manufactureros del norte los que dieron la orientación a la economía y determinaron la política externa. Estos intereses se orientaban principalmente al aprovechamiento preferente del mercado interno y a la expansión de éste; a la liberación de la mano de obra para su mejor explotación industrial; a la formación de capital para lo cual se recurría al financiamiento externo para acelerar el crecimiento manufacturero; a la integración de sus procesos industriales, por lo que en los casos que requería materias primas importadas procuraba su explotación con un control absoluto de la respectiva producción. En contraste, los derrotados intereses de los núcleos sureños se orientaban a la expansión territorial, a la sujeción de la mano de obra mediante la esclavitud, a la exportación de bienes primarios y de capitales, a dilapidar la riqueza en consumo suntuario y a la liberalidad de la importación. La guerra de Secesión fue la expresión bélica del choque de las fuerzas favorables al capitalismo industrial, en vigorosa expansión, con los hacendados sureños dedicados a la exportación.

El aumento de la importancia relativa de la influencia norteamericana a costa de la europea en general y de la inglesa en particular, se aprecia mediante el examen de la evolución que tuvo la composición de las importaciones de México, según origen, entre 1821 y 1910:

CUADRO 10

México: Importación según país de origen, 1821-1910 (porcentajes)

	1821 (c)	*1850 (c)*	*1872/73*	*1900*	*1910*
Total	*100*	*100*	*100*	*100*	*100*
Inglaterra	50	47	35	17	11
Estados Unidos	nd.	17	25	51	56
Francia	nd.	17	16	10	9
Alemania	nd.	7	13	12	13
España y Cuba	nd.	5	5	10	11
Otros	nd.	7	6		

FUENTES: 1821: Tischendorf, A. G., *Britain and Mexico of Porfirio Diaz,* Duke University Press, 1961.
1850: Lerdo de Tejada, M., *Comercio exterior de México,* Banco Nacional de Comercio Exterior, México, 1967, p. 57.
1872/73: Herrera Canales, I., "Comercio Exterior", en *La economía mexicana en la época de Juárez,* SIC, México, 1973, pp. 148-150.
1900 y 1910: Cuadro 1 del Anexo Estadístico.

La comparación que se establece en el cuadro 10 indica cómo la importancia del comercio con los Estados Unidos, de por sí creciente desde antes de la Independencia, se aceleró en el lapso correspondiente al de la construcción de las primeras líneas de ferrocarril o sea la segunda mitad del siglo pasado. Además, ya para 1872 se había establecido la peculiar relación favorable de México con los Estados Unidos y deficitaria con los países europeos, que habría de acentuarse hacia fines del período porfirista.

Desde finales de los años setentas se inició la nueva relación externa de México caracterizada por la recuperación de las exportaciones de materias primas, por la renovación de las corrientes de financiamiento externo y por la gradual modernización del país. En ésta tenían un lugar privilegiado para los liberales los ferrocarriles (de los que en 1857 había sólo 80 kilómetros construidos de la línea México-Veracruz), los telégrafos cuyo tendido se inició en 1853, y los servicios públicos. El gobierno liberal inició negociaciones y estableció convenios, concesiones y contratos diversos, en los que la presencia norteamericana fue creciendo, sobre todo después de la derrota de Francia. Esto era consencuencia del poderío de la economía norteamericana y también de la creciente identificación del liberalismo reformista con los Estados Unidos, tanto por ideología como por equilibrar la violenta presión europea. Se dice que "según uno de sus ideólogos, el vecino país norteño no sólo en sus instituciones, sino en sus prácticas civiles debía ser el guía de los destinos de México".[3]

La evolución de las exportaciones, en su mayoría formadas por oro y plata pero en las que se incorporaron nuevos productos como el henequén y el café, refleja la interesante vinculación de éstas con el conjunto del sistema socioeconómico capitalista mundial.

CUADRO 11

México: Valor de las exportaciones de bienes en varios períodos de 1823 a 1887[a]

Total de cada período y promedio anual (millones de pesos)

Período	*Total período*	*Promedio anual*
1823/28	54.1	9.0
1857	44.0	44.0
1861/67	1.2	0.2
1872-81	236.5	29.6
1882-1887	276.9	46.2

FUENTE: *Anuario Estadístico de los Estados Unidos Mexicanos*, Secretaría de la Economía Nacional, México, 1941, p. 556, cuadro 288.

NOTA: *a* No existe información para los períodos 1829-56, 1858-60 y 1868-71.

En el cuadro anterior se observa, en primer lugar, que existen indicios de una recuperación de la exportación después de la Independencia (pasa de 9 millones de pesos anuales en la década de los años veintes a 44 en 1857). Estos indicios coinciden con los datos sobre la recuperación de la producción de oro y plata a partir de la década de los años veintes, que con excepción de los estancamientos de 1852-58 y de 1872-74, prosigue vigorosamente hasta la revolución de 1911 (véase la gráfica 2). Esto indica la interesante autonomía que aparentemente gozó la minería y la exportación de oro y plata de los violentos acontecimientos políticos y bélicos de la nación.[4] En segundo lugar está la catastrófica contracción de la exporta-

3. González, L., "La era de Juárez", en *La economía mexicana en la época de Juárez*, SIC, México, 1972, p. 24.

4. Es de notar que existen incongruencias importantes en la información ya que la exportación corresponde a ventas registradas y la producción de oro y plata, que

ción en la época de la intervención francesa cuando se limitan las ventas al exterior a escasos 200 mil pesos por el bloqueo de Veracruz. Por último, se advierte una recuperación fluctuante y enérgica a partir de la década de los años setentas. Las variaciones se prolongan hasta 1882, cuando empiezan a elevarse las ventas al exterior en forma espectacular y sostenida (véase el cuadro 1 del Anexo Estadístico). No se cuenta con información acerca de la tendencia de los precios del intercambio exterior de México para esa época. Sin embargo, en los mercados mundiales parece que las materias primas y la plata en particular, tuvieron por los años sesentas una evolución más favorable que los precios de manufacturas, que estaban a la baja, lo que puede sugerir una relación de intercambio positiva para México en esa época.[5]

Es interesante observar que la década de los años setentas es de preparación de la infraestructura para la gran expansión del comercio exterior y que la estabilidad de las exportaciones fue un factor particularmente positivo para la reconstrucción interna después de la guerra con Francia. De hecho, la condición mundial era favorable a la expansión externa desde los años sesentas y en cambio la situación nacional no lo era todavía, incluyendo la inestabilidad interna y la deficiencia de la infraestructura, por lo que el auge exportador se retrasó en México en contraste con lo que aconteció en otros países latinoamericanos. Así, por ejemplo, en 1866 durante la Intervención, se inicia la expansión cafetalera latinoamericana gracias a la fuerte elevación de los precios mundiales causados por desastres en Brasil y por el incremento de la demanda mundial. En cambio, en el caso de México se inició el cultivo en esos años pero el auge sólo empezó a partir de 1890.

es un dato incompleto, era objeto de contrabando. La diferencia de información es particularmente marcada en 1861-67.

5. Véase Lewis, A., *Economic Survey 1919-1939*, Unwin University Books, Londres, 1965, p. 149.

XVIII

LA MULTIPLICACIÓN DE LAS RELACIONES DE PRODUCCIÓN CAPITALISTAS

Al pacificarse el país con la derrota de Maximiliano se inició la ampliación lenta del sistema ferroviario, lo que ayudó a lograr una mayor exportación de los recursos naturales, y empezó a renovarse la actividad económica. Se reconstruyeron algunas obras esenciales destruidas en la guerra, se extendieron líneas telegráficas y se aplicó una política liberal que incluyó el propósito de eliminar los últimos reductos del poder del clero y de adaptar estructuras políticas y administrativas, magnas labores que absorbieron toda la energía de los regímenes de Juárez y Lerdo. Todo ello supuso una recuperación económica importante después del desastre producido por más de diez años de guerras.

En cuanto a la producción económica destaca la tendencia general hacia la contracción en la mayoría de los sectores y en el mejor de los casos hacia el estancamiento durante la época de la Reforma. La excepción en este panorama de receso la representa la minería como más adelante se explica. En cambio la industria y sobre todo la agricultura y la ganadería, fueron profundamente afectadas por las depredaciones de los ejércitos, por las frecuentes expropiaciones de sus productos, por la imposición de gravámenes extraordinarios para sostener la guerra, por el deterioro del precario sistema de transporte y por la inseguridad del comercio.

Los resultados eran que en todo el período bélico la producción se regionalizaba cada vez más, huían propietarios y trabajadores y se abandonaban unidades productivas.

La época era, en cambio, propicia para la especulación, para el agio y para formar grandes fortunas. Floreció un grupo de prestamistas que exigía intereses tan altos, que podían ser del 100%. Nos dice Solís que "el 24% se consideraba como un interés moderado".[1] Grandes fortunas se hacían y desaparecían en poco tiempo al calor de las transacciones especulativas, de la manipulación de los bonos de la deuda y de los fraudes de prestanombres que adquirían, para el clero, propiedades desamortizadas del mismo y que más adelante, con frecuencia, se olvidaban de reintegrar a la Iglesia. Por la naturaleza especulativa de la acumulación de capitales, incluyendo la práctica comercial, sólo una fracción se aplicaba a financiar actividades

1. Solís, L., *La realidad económica mexicana: retrovisión y perspectivas*, Siglo XXI Editores, México, 1970, p. 41.

productivas. En su mayoría los capitales continuaban circulando en operaciones de agio, otra parte se atesoraba y otra más era enviada a Europa y a los Estados Unidos, donde los mercados de valores y las posibilidades de inversión eran más seguras.

El desorden financiero del Estado favoreció a los agiotistas privados que llegaron a constituir una minoría poderosa asentada en la capital y que tenía ramificaciones en el comercio y vinculaciones estrechas con el clero. Los empréstitos contra la hipoteca de las rentas del Estado que se daban en prenda para garantizar la liquidación de sus deudas, otorgaba un gran poder a este núcleo y "dio una importancia extraordinaria al apoyo que la burguesía de la ciudad de México podía prestar o denegar al Presidente de la República".[2]

La prepotencia de los usureros llegó al extremo de estimular la avidez del agiotista Manuel Escandón, quien propuso en 1853 la creación de un banco nacional con 5 millones de pesos de capital para administrar las finanzas del Estado. El banco habría de recabar los impuestos al consumo, ingresos de aduanas marítimas, y por papel sellado, tabaco, etc., y abriría una línea de crédito al Estado por 9 millones de pesos anuales para el ejercicio del presupuesto. Éste se habría de distribuir según partidas fijas que serían: para administración general (6 millones), para réditos de la deuda interna y externa (2 millones), amortización de deudas anteriores (medio millón), y otras partidas menores (medio millón).[3] Es interesante observar que casi una tercera parte del presupuesto se dedicaría al servicio de la deuda.

El comercio, aliado natural del liberalismo, fue una de las actividades que se mantuvieron boyantes a pesar de los efectos de las guerras. Su fe liberal se puso en evidencia en 1852 cuando se rebeló, sin éxito, contra las restricciones comerciales del régimen conservador. El gran comercio se encontraba en manos de extranjeros, particularmente franceses, ingleses y alemanes que operaban casi toda la intermediación exterior y también buena parte del gran comercio interno. Los comercios medianos, principalmente dedicados al intercambio interno, eran en gran proporción propiedad de españoles y sólo el pequeño comercio local y el ambulante se encontraban plenamente en manos de nacionales. Los capitales comerciales se aplicaban con frecuencia al financiamiento de la producción, siguiendo la pauta colonial, pero su nivel de operación en este aspecto era inhibido por la elevada inseguridad de las aventuras productivas. En cambio estimulaban el medio las especulaciones financieras, sobre todo con bienes raíces. Pese a todo, el capital comercial financió en la época nuevas industrias algodoneras y mineras. Por supuesto, intervino ampliamente en la compra de latifundios e inmuebles urbanos del clero. La potencialidad financiera

2. Leal, J. L., *op. cit.*, p. 147.
3. *Ibid.*, pp. 154-155.

del comercio era considerable. Se estima que el valor de las transacciones en 1862 fue de 400 millones de pesos.[4] En contraste, la industria puede haber tenido en los mejores años de esa época no más de 100 millones de pesos de valor bruto de la producción.

Las actividades agropecuarias se vieron profundamente perturbadas por las guerras y en menor grado por la afectación de las propiedades del clero y de comunidades indígenas. La destrucción de presas y cultivos y la escasez de la inversión productiva que se hacía imponían la reducción de la producción y la orientaban a limitarse a satisfacer demandas locales. Las depredaciones de los ejércitos y el violento cambio estructural que supuso el traslado de dominio de grandes extensiones de tierras de cultivo, que pudieron ser de las mejores en muchos casos, acentuó la tendencia hacia la regionalización de la producción en el mejor de los casos y hacia la autarquía y la contracción de cultivos en el peor. Las excepciones se reducen casi a la producción algodonera, al auge cafetalero que impulsó el cultivo desde 1866 y a la expansión de la caña de azúcar desde 1870.

En cambio la movilización que produjo la formación de ejércitos y el tránsito y destrucción de los mismos a su paso por las regiones más pobladas, fue sin duda uno de los efectos de brutal trastorno que fue positivo para la consolidación del capitalismo. Sin embargo, esta sacudida social bélica no representó un factor de peso suficiente para alterar la estructura rural de la explotación de hombres y tierras en lo inmediato. En realidad estimuló, como reacción, la sujeción más estricta de la mano de obra rural con el fin de retenerla en las haciendas. Así, la movilización de la población puede haber sido un impulso al cambio de las relaciones de producción en las actividades urbanas, y en cambio en el sector agropecuario ayudaron a reforzar estructuras de organización tradicionales.

Para la época de la Reforma las propiedades comunales estaban reducidas sólo a fragmentos de lo que habían sido las asignaciones coloniales. Además de los extensos despojos a comunidades influyó en este sentido la venta de tierras, frecuentemente efectuada para financiar fiestas y obras materiales comunales.[5] En el altiplano, sobre todo en las áreas más pobladas y de mejores recursos, era usual que alquilasen las tierras para la explotación privada, frecuentemente a comerciantes y hacendados de la vecindad. En tal virtud, la desamortización permitió a los arrendatarios hacerse de propiedades y así acelerar la destrucción de los remanentes de comunidades. En rigor este episodio importantísimo de la apropiación capitalista de las mejores tierras vino a trasladar brutalmente el dominio de esos recursos a favor de empresarios y latifundistas. Es decir, fue una de las

4. López Cámara, F., *La estructura económica y social de México en la época de la Reforma,* Siglo XXI, México, 1967, p. 87.

5. Covarrubias, J., *La trascendencia política de la Reforma Agraria,* Problemas Agrícolas e Industriales, vol. V, núm. 3, México, 1953, p. 161.

etapas del proceso de acumulación primitiva, etapa en la que ya operaban numerosas explotaciones con normas plenamente capitalistas.

La colonización era tema preferido del liberalismo. Los ensayos de colonización por parte de europeos y norteamericanos fueron estimulados por la falta de mano de obra, por el deseo de formar una clase media rural y por la influencia de ideas racistas sobre la superioridad del campesino europeo. En 1863, en medio de la guerra de intervención, se emitió la ley que dispuso la capacidad de particulares a adquirir hasta dos mil hectáreas de tierras baldías públicas. Esta preocupación liberal encontró nueva expresión en 1875, en el régimen de Lerdo, cuando se promulgaron leyes de colonización que ampliaban hasta 2 500 hectáreas de terrenos nacionales la concesión para fines de colonización. Para asignarlos se formaron las comisiones de deslinde de tierras baldías, antecedente de las que después fueron las ominosas compañías deslindadores de la era porfirista. En todo caso, los efectos de los ensayos de colonización no alteraron el panorama productivo de la agricultura en la época juarista. Más importante que la colonización para iniciar una recuperación de la producción en los años setentas fue la relativa disminución de los choques bélicos.

En lo que se refiere a la minería se observa que pocos años después de la consumación de la Independencia se inició un largo período de crecimiento de la producción de oro y plata que, con variaciones diversas, se mantuvo durante más de un siglo o sea hasta la segunda guerra mundial. En los primeros años de vida independiente se alteró la tendencia hacia el decaimiento gracias al estímulo del Estado, al concurso de las inversiones extranjeras y a la incorporación de nuevas tecnologías. Con las reservas del caso, la información existente sugiere que durante los treinta años iniciales de vida independiente hubo una recuperación sostenida de la producción minera a pesar de las constantes perturbaciones civiles. El crecimiento de la producción, medido a precios constantes fue en ese lapso de alrededor del 2% anual. Es interesante señalar que en medio de numerosas luchas armadas internas y externas (con Francia y con los Estados Unidos) se da la transferencia de la mayoría de las minas a extranjeros. La producción desde mediados del siglo y por veinte años presenta una tendencia hacia el estancamiento (crece menos del 1% anual; véase el cuadro 11) por la guerra civil e internacional. En estos veinte años la inversión en la minería se reduce y la producción es aleatoria. Con la relativa paz de los años setentas y el auge del comercio mundial se inició un período de intenso crecimiento que duró cuarenta años, es decir, de 1871 a 1910. En ese lapso tiene lugar una notable expansión de la producción de oro y plata, que alcanza la elevada tasa de crecimiento anual de 4.4% (véase el cuadro 12 y la gráfica 2). Particularmente intenso fue el crecimiento durante la última década del siglo, cuando alcanzó una tasa anual de 6.5%.

La evolución de la producción minera en la época de la Reforma es particularmente significativa al tomar en cuenta las circunstancias nacionales de esos años. No sólo incidían negativamente las condiciones de guerra y la alteración del transporte, sino también pesaban considerablemente el monopolio de las casas de moneda para la acuñación y exportación y las elevadas cargas fiscales que debía sobrellevar la actividad. Existía la rigurosa prohibición de exportar metales preciosos no amonedados, lo que obligaba a elegir entre ajustarse a las condiciones de las once casas de moneda autorizadas para maquilar metales, o a practicar el contrabando. A los cargos por amonedación se añadían una diversidad de derechos como eran los de ensaye, fundición y marca, y los de exportación, entre otros. En conjunto, la carga fiscal, incluyendo costos de amonedación era en promedio 21% del valor del metal acuñado. Los gobiernos liberales se aplicaron a reducir cargas a la minería, con diverso grado de éxito.

CUADRO 12

México: Valor de la producción de oro y plata 1801-1910
(Millones de pesos a precios de 1700-1800)

Período	*Total período*	*Promedio anual*	*Tasa de crecimiento anual (%)*[a]
1801-10	224.6	22.5	
1811-20	127.0	12.7	−5.5
1821-30	108.2	10.8	−1.6
1831-40	133.1	13.3	2.1
1841-50	174.3	17.4	2.7
1851-60	186.7	18.7	0.7
1861-70	202.6	20.3	0.9
1871-80	248.6	24.9	2.1
1881-90	344.7	34.5	3.3
1891-1900	644.6	64.5	6.5
1901-10	891.2	89.1	3.3

FUENTE: Estimaciones del autor basadas en el volumen de la producción contenido en Del Cueto H., *Cuando el peso valía más que el dólar*, México, 1959, pp. 343-344, y precios en Humboldt, A., *Ensayo político sobre el reino de la Nueva España*, Ed. Robredo, México, 1941, t. III, *passim*.
NOTAS: *a* Crecimiento del promedio anual entre los años medios de cada período.

Por lo que hace a las manufacturas, a mediados de la década de los años cincuentas del siglo XVIII la industria mexicana se encontraba mucho menos afectada de lo que hubiera de esperarse después de los azarosos años de la época independiente. Su vitalidad se demostraba al haber resistido violentos cambios políticos, grandes cargas fiscales, invasiones militares, bruscas modificaciones en el sistema de protección, la persistencia de sistemas de transporte y mercadeo ineficientes y onerosos que elevaban el precio de las manufacturas y de los insumos, entre otras cosas. Para entonces ya se encontraba altamente concentrada la industria en la capital, y en menor grado en las ciudades de Puebla y Querétaro.

La inestabilidad política y la fragmentación de los mercados, tanto por el deficiente sistema de transporte como por los frecuentes allanamientos, asaltos y destrucción de talleres por los incontables ejércitos en pugna, era sólo uno de los problemas de la industria. A ello se añaden las gabelas, los impuestos extraordinarios, el desquiciamiento del aparato comercial y la escasez de crédito, usualmente de comerciantes y con un elevado interés.

De particular importancia negativa para la industria fueron dos iniciativas del gobierno liberal. La primera fue la implantación de los aranceles librecambistas que acabaron con la protección que se ejercía sobre las manufacturas (1856 y 1872). Con este embate desaparecieron algunas fábricas, bajó la producción en otras y cerraron numerosos talleres artesanales que habían resistido la crisis de la invasión norteamericana. Como efecto positivo debe señalarse que estas iniciativas liberales obligaron a la ruptura de los vestigios de lazos gremiales tradicionales que todavía eran poderosos.[6]

La segunda acción liberal de grave consecuencia para la industria fue el desquiciamiento del aparato financiero clerical por efecto de las leyes de Reforma al destruir el poder económico de la Iglesia. Aunque la producción se apoyaba principalmente en los canales financieros de los comerciantes, éstos contrajeron violentamente el otorgamiento de préstamos y adelantos por el derrumbe del poder clerical, ya que hicieron grandes inversiones para adquirir bienes raíces de la Iglesia. A su vez, es de suponer que el clero no aplicó el dinero que rescató en la primera etapa de desamortización al financiamiento de la producción, sino más bien lo sacó del país. En la segunda etapa sólo salvó lo que pudo vender apresuradamente de sus bienes restantes.

Existe escasa información sobre la producción manufacturera del período independiente y juarista. Hay apenas datos globales que son resultado de estimaciones del valor bruto de la producción. A pesar de los defectos de cálculo y de las dificultades de comparación por tratarse de estimaciones a precios corrientes, esta información sirve para indicar que tuvo lugar un modesto crecimiento de la producción en la época independiente y tal vez un estancamiento en la de la Reforma. Debe subrayarse que lo notable es que haya habido crecimiento alguno, tomando en consideración las vicisitudes de los tiempos que corrían (véase el cuadro 13).

A pesar de tratarse de un período en el que el estancamiento y la contracción económica eran lo común, se lograron avances en el sector industrial. De ello también da cuenta, con las reservas del caso, la informa-

6. Chávez Orozco, L., *op. cit.*, p. 157.

CUADRO 13

México: Valor bruto de la producción industrial 1817-1868 (millones de pesos)

Año	*Valor bruto de la producción*	*Tasa de crecimiento anual (%)*
1817	60	
1855	100	1.4
1868	110	0.7

FUENTE: Flores Caballero, R., "Etapas del desarrollo industrial", en *La economía mexicana en la época de Juárez,* SIC, México, 1973, p. 119. Flores Caballero recoge datos de Sebastián Quiroz para 1917, de Lerdo de Tejada para 1855 y de R. García para 1868.

ción fragmentaria sobre la industria textil, en la que el número de husos se elevó en 28% entre 1844 y 1870, según se expresa en el cuadro 14. Obvio es que el incremento de la capacidad instalada no supone por necesidad el uso correlativo de la misma, pero también es indudable que el aumento permanente de dicha capacidad respondió a condiciones de crecimiento de la producción, tal vez paralela, a lo largo de los 25 años de referencia.

CUADRO 14

México: Capacidad instalada en la industria textil 1844-1870

Año	*Miles de husos*
1844	124
1850	136
1863	133
1870	155

FUENTES: 1844 y 1863, Chávez Orozco, *op. cit.*, p. 158. 1850 y 1870, citado en Deremitsis, D., *La industria mexicana en el siglo XIX*, SepSetentas, México, 1973, p. 57.

Debe observarse la notable expansión de la capacidad instalada en la industria textil en los años cuarentas, pese a la guerra con los Estados Unidos y la invasión del país, y en los setentas, no obstante la guerra con Francia y la ocupación militar. En parte por este crecimiento pero también por las condiciones críticas del conflicto interno y externo, fueron surgiendo acciones obreras e intentos de organización que indican los gérmenes de la lucha de clases de carácter capitalista. La primera huelga obrera en

México de la que se tiene noticias tuvo lugar en 1865.[7] Esta forma de lucha se fue extendiendo a medida que se avanzaba en la organización laboral. A su vez, ésta se sustentó en el movimiento mutualista que se inició en 1853 con la organización de la Sociedad Particular de Socorros Mutuos, dedicada a dar protección a los artesanos. En 1864 se extendió el mutualismo, bajo la influencia de lo franceses invasores, en el cual encuentra Chávez Orozco una alianza de clases entre la pequeña burguesía artesana y el naciente proletariado con el fin de enfrentarse a la explotación capitalista.[8] La idea inicial de las mutualidades era la formación de cajas de ayuda común entre obreros y empleados. Los socios contribuían al fondo (50 centavos por mes) y adquirían derecho a atención médica, a una pensión reducida por enfermedad y a gastos de entierro en el caso de defunción. Pronto cobraron un carácter diferente las mutualidades al envolverse en las luchas laborales y rebasar su función asistencial y de protección.

A la lucha obrera se debe la implantación de reglamentos que aliviaban un poco las duras condiciones laborales de la época. Resalta el reglamento para la industria textil emitido en 1868 que determinó las siguientes condiciones de trabajo:

– Seis días de trabajo por semana.
– Jornadas máximas de 12 horas con media hora de descanso para el almuerzo y una hora para comer.
– Educación obligatoria a los menores de 20 años de edad, a cargo de la empresa.
– Protección social a accidentados por parte de la empresa consistente en el pago de medio salario durante la recuperación.
– Prohibición de pago del salario en especie.
– Prohibición del trabajo a menores de 10 años de edad.

El movimiento laboral mutualista culminó en 1872 con la organización del Gran Círculo de Obreros Mexicanos, que dos años más tarde contaría ya con ocho mil afiliados y 28 sucursales en todo el país.[9] En su mayoría se trataba de obreros de la industria textil, que eran los más combativos sin duda por estar encuadrados en la industria de punta de esa época. La lucha de clases se acentuaba por el avance del capitalismo, con sus intentos permanentes de aumentar la explotación y por la dura represión del Estado a los obreros que luchaban por mejorar su suerte. La noción de clase era para entonces de gran claridad, resultado de la creciente explotación capitalista y de las luchas emprendidas. En los documentos

7. Los movimientos laborales anteriores, sobre todo de mineros, tuvieron más un carácter de lucha gremial que obrera, donde el objetivo era la preservación de derechos feudales como en el caso del "partido".

8. Chávez Orozco, *op. cit.*, p. 72.

9. Basurto, J., *Una monografía sobre el proletariado industrial*, México, UNAM, p. 36.

del Congreso de Obreros de 1875 organizado por el Círculo de Obreros se pone en manifiesto el avance político que para entonces se había logrado. De especial interés resulta el punto correspondiente a la retribución del trabajo, con respecto al cual reclama el Congreso el derecho a la fijación del salario, "... o sea la valorización del trabajo por los mismos trabajadores, con el propio derecho con que los capitalistas ponen precio a los objetos que forman su capital".[10]

El gobierno de Juárez tomó trascendentales decisiones en materia de estímulo industrial y en particular, en la reducción de la protección arancelaria. Por una parte, se redujeron los aranceles en 1857 y 1872, a pesar de violentas protestas y reclamos de los empresarios. En contraste, se fijó una relación constante entre el oro y la plata, al imponer el régimen bimetalista en 1867, en virtud del cual se cambiarían a razón de 16 por uno.

La fijación del talón plata operó como poderosa y creciente protección en la medida en que el precio del metal empezó a decaer en los mercados mundiales a partir de 1873. De hecho, esto equivalía a una devaluación automática del dinero que elevaba los precios de las importaciones y de los productos internos, generando así un mercado exclusivo y grandes utilidades a los productores nativos. Tal mecanismo, que habría de funcionar con mayor intensidad en la época porfirista, beneficiaba no sólo a la industria sino a todas las actividades orientadas a satisfacer el mercado interno. En cambio, para la producción para exportación significó una elevación de la explotación, lo que se tradujo en mayor eficiencia y productividad y en la contracción de salarios reales. En rigor operó formalmente un sistema de cambio bimetálico pero circulaba casi exclusivamente la plata, así como papel moneda que se emitió de nuevo en 1862, en plena guerra, cuarenta años después del primer ensayo de esta naturaleza en la vida independiente. Es notable la aceptación que tuvo el papel moneda de esta época a diferencia de las emisiones de los albores de la Independencia que terminaron por ser retirados al caer su valor de rescate a niveles ínfimos.

Desde principios de la década de los años setentas tuvo lugar una expansión industrial en diversos frentes, que se habría de consolidar en la época porfirista, como fue la producción de cerveza, vidrio, pulque, etc. De importancia fue el inicio de la producción azucarera moderna sustentada en la demanda interna, cuya renovación después de décadas de recesión fue posible por la doble circunstancia de la construcción de ferrocarriles y la introducción de innovaciones tecnológicas en el proceso industrial. Sin embargo, la explotación de la caña de azúcar habría de florecer sólo a finales de siglo en gran medida por efecto de estímulos externos.

La preocupación por estimular el desarrollo industrial tuvo una diver-

10. Citado en Chávez Orozco, *op. cit.*, p. 87.

sidad de expresiones, no siempre exitosas por la frecuente oposición en el Congreso, sobre todo en el campo de la política fiscal. Así, en 1873 se opuso el Congreso a implantar un sistema de exenciones temporales de impuestos diversos para las nuevas industrias. Este fue el antecedente de la ley de protección a industrias nuevas y necesarias, que sólo se habría de implantar en 1854. En cambio, en esa época es notable la ausencia de iniciativas institucionales para suplir el vital apoyo financiero a la industria, sobre todo después de la experiencia favorable del Banco de Avío y de la Dirección de Industrias, tal vez por el hecho de que fueron ensayos de los conservadores. El sustituto de este último, la Secretaría de Fomento, practicó una fe liberal exagerada que limitó la intervención del Estado en el estímulo industrial en ese período.

Es indudable que el proyecto global del liberalismo, incluyendo los preparativos para crear una moderna infraestructura (caminos, telégrafos, ferrocarriles, formación de pequeñas propiedades), y la adecuación de la superestructura (formación de ideología burguesa, adecuación educativa y administrativa, etc.), así como la política monetaria, crediticia, cambiaria y fiscal, no se podía completar en sólo diez años de estabilidad relativa después de la derrota de Francia. Eran muchas las tareas bélicas, sociales, políticas y económicas que debían cumplirse antes. Además, estas transformaciones tenían lugar en una sociedad con poderosas herencias coloniales que deformaban los resultados. Sin embargo, los preparativos que realizó el liberalismo de Juárez y Lerdo, incluyendo la búsqueda de vinculaciones con el exterior, fueron esenciales para el éxito capitalista del porfirismo.

TERCERA PARTE

LA CONSTRUCCIÓN DEL CAPITALISMO

XIX

CONDICIONES DEL ADVENIMIENTO DEL CAPITALISMO

La etapa que se analiza en esta parte comprende los años de la construcción abierta del sistema capitalista y de la hegemonía indiscutible de sus relaciones de producción. En rigor se trata de un período de coexistencia de dos modos de producción diferentes pero donde el nuevo cobra en este lapso el dominio final. Correlativamente en esos tiempos tuvo lugar una mezcla compleja de cambios donde coincidían relaciones de producción de diversa naturaleza y en diverso grado de transición.

La hegemonía final del modo de producción capitalista se evidenció no porque desaparecieron todas las otras formas de organización de la producción y sus correspondientes superestructuras sino por la dependencia del conjunto del sistema económico, para reproducirse, de las relaciones de producción capitalistas. Así, esta gradual hegemonía no desplazó a todas las demás formas de producción, ni lo ha hecho hasta ahora. Las fue relegando a finalidades y actividades secundarias, a veces en contradicción con el sector capitalista en su etapa de expansión, pero también en las más de las ocasiones bajo condiciones de complementación mutua, sobre todo a partir de su pleno dominio, cuando termina propiamente la acumulación primitiva. Desde ese período, que puede ubicarse en la última década del siglo XIX, la persistencia de núcleos que retienen formas de organización productiva no capitalista se debe a que han sido incorporados plenamente al modo de producción capitalista, como *conjuntos sociales*. Es decir, no ha sido necesaria la penetración del capitalismo al interior de estos conjuntos, ya sea por encontrarse marginados o por estar en condiciones de operar y ser explotados en esa foma sin contradicción fundamental con los núcleos capitalistas dominantes (con frecuentes ventajas políticas y económicas para éstos), por lo que pueden persistir largo tiempo en estas condiciones.

En el período de acumulación originaria se integraron cada vez mayor número de núcleos al capitalismo, pero en forma peculiar, producto de las condiciones existentes y del tipo de impulsos mercantiles a que fueron expuestos. A su vez, la evolución de esta manera peculiar de efectuarse el crecimiento del capitalismo aportó factores determinantes para la persistencia y extensión posterior de rasgos diferenciados de la sociedad en comparación con otras naciones sujetas a procesos similares en épocas iguales.

La construcción del capitalismo y los momentos finales del tránsito se confunden en un solo proceso que en México tiene lugar en la segunda mitad del siglo XIX. Esa etapa usualmente se identifica, con razón, con el carácter liberal de la política de crecimiento del país que implantó la burguesía.

Este lapso de tan grande importancia en la historia del país incluye aproximadamente las etapas correspondientes a la República Restaurada, la toma del poder por Díaz y casi todo el porfirismo. Por facilidad de exposición se hará referencia a todo el porfirismo por la unidad que tiene en muchos sentidos, aun cuando la verdadera etapa de construcción del capitalismo se debería limitar hasta los años finales del siglo XIX.

Se puede observar que después del triunfo republicano sobre Francia y los conservadores en 1867 siguió un breve período de ajustes correspondientes a la restauración de la República que sirvió para consolidar política y socialmente al liberalismo y hacer definitivas las reformas. A continuación y como culminación del proceso de transformación liberal llegó al poder la pragmática corriente porfirista. Su triunfo político fue evidencia de que los preparativos eran suficientes y ahora se debía emprender la construcción del capitalismo en otro nivel abriendo canales de transformación de las relaciones de producción. La prolongada presencia del porfirismo se debió, en gran parte, al fastuoso impulso económico que produjo la combinación de la enérgica transformación capitalista interna y el auge mundial al que México fue incorporado tanto por las irresistibles fuerzas expansivas mundiales del capitalismo como por vigorosas tendencias internas. En ello colaboró sustancialmente la política liberal de modernización a toda costa y a todo precio. Las condiciones estaban dadas y se había emprendido, por fin, el accidentado y revolucionario camino del capitalismo.

La historia de la época está plagada de formidables acciones encaminadas a la adaptación acelerada de las estructuras productivas para aprovechar impulsos internos y sobre todo el fastuoso auge de las exportaciones.[1] Se efectuaron transformaciones sociales y también la construcción de enormes obras públicas. Proliferaron los grandes negocios y los descomunales despojos. Todo era en grande: las transformaciones, los éxitos y los errores. Era, en síntesis, la crueldad y las ventajas de la implantación plena del modo de producción capitalista. Los beneficios directos e indirectos de la transformación fueron enormes para la burguesía nacional, para la oligarquía aristocratizante en que ésta se convertía con frecuencia, para las empresas extranjeras y, después de este enorme botín, todavía sobraron migajas para el pueblo. Pero eran migajas en tal grado abundantes (en contraste con el medio siglo anterior de penuria), que determinaron la posibilidad efectiva de la famosa paz porfirista durante treinta años. La

1. Véase Cosío Villegas, D., *Historia moderna de México. El porfiriato*, Editorial Hermes, México.

paz, impuesta a sangre y fuego, pero sobre todo sustentada en las ventajas del crecimiento económico, contrasta con la agitada vida independiente, cuando hubo no menos de 75 cambios de gobierno en 50 años.[2]

La presencia de Díaz en el poder no modificó sustancialmente las tendencias generales del liberalismo de Juárez y de Lerdo sino que las acentuó y también les dio un estilo que difería en diversos aspectos de la concepción reformista. En cambio, el porfirismo introdujo modificaciones en la conducción de los asuntos públicos y políticos en relación con el liberalismo de Juárez, entre ellos, la mayor concentración del poder a pesar de la proclamación de los principios federalistas, el pragmatismo en el manejo de la cosa pública y la desinhibición para que el Estado interviniese en los asuntos económicos del país. Se debe insistir, sin embargo, que en rigor éste no fue un viraje sino el acento de la tendencia anterior y un divorcio creciente de las ideas liberales "puras".[3] Esto condujo a que las fracciones más importantes de oposición al porfirismo proclamasen desde el principio de su gestión la formación de movimientos políticos liberales depuradores de diversa naturaleza para retornar a los principios reconocidos de su doctrina. Esta habría de ser la corriente de oposición que en cierta forma triunfó con la revolución de 1910 y desde luego le dio un sentido de continuidad política en sus primeras etapas. La persistencia del porfirismo en el poder y su naturaleza sólo pueden comprenderse como resultado de la interdependencia entre la vigorosa expansión del capitalismo industrial en el mundo, incluyendo la imposición de la división internacional del trabajo y la rapiña por recursos y mercados, y las luchas internas por la incorporación plena a este modo de producción. El resultado fue la preeminencia de un conjunto de factores externos e internos específicos, muchos de ellos en apariencia determinantes únicos del acontecer nacional, tales como la exportación, la inversión externa, la modernización de la sociedad, el auge económico, la capacidad represiva del Estado, y otros. Y en parte lo eran, sólo que estaban enmarcados en un acontecer mucho más general que era la implantación del modo de producción capitalista en el mundo y la creación de una versión suya en México. En tal razón se plantea como problema central el establecer una interpretación acertada de esta magna transformación y tratar de descubrir la ponderación que corresponde a los principales factores.

El marco de referencia general de esta época es, por lo tanto, la medida y forma en que se implantó el capitalismo en México. Sus antecedentes inmediatos son los esfuerzos de transformación de la Reforma y de la República Restaurada, que en rigor se prolongan hasta principios de la década de los años ochenta del siglo XIX. Como se explicó antes, estos es-

2. Ramírez Rancaño, M., *Crecimiento e inestabilidad en la sociedad mexicana.* IIE-UNAM, 1973, versión preliminar, p. 4.

3. Véase Córdova, A., *La ideología de la Revolución mexicana*, Ed. ERA, México, 1973.

fuerzos hubieron de limitarse a una adaptación penosa y lenta de una multitud de aspectos de la vida nacional. Es decir, se trató principalmente de un período de adecuación y acondicionamiento social para hacer posible la implantación del capitalismo.

Es importante tener presente que en México, al igual que en otros países subdesarrollados, el capitalismo llegó no como un producto acabado que simplemente tomó posesión de un espacio económico vacío para su ventaja y expansión, sino más bien surgió en forma de infinidad de impulsos internos y externos favorables para su implantación, incluyendo, desde luego, las brutales acciones militares del exterior y la incorporación de ideologías y estructuras propias de ese modo de producción. Pero lo importante de señalar es que no se generó aisladamente en el seno de esta sociedad sino que su desarrollo se inició y creció siempre a partir de una evolución interna que era violentada, empujada y condicionada por estímulos determinados por sus vínculos externos y además, en buena medida con un destino económico determinado por la división internacional del trabajo. Ello causó una diversidad de consecuencias, entre ellas el que se adelantase el surgimiento de relaciones capitalistas en los sectores de mayor contacto con el exterior, lo que fue imprimiendo formas de evolución en el resto de la sociedad que no eran exactamente producto de un tránsito espontáneo o autóctono hacia el capitalismo por impulsos autónomos, sino por el contacto de esas relaciones exteriores con estructuras y relaciones pertenecientes al mundo interno. El resultado fue que la forma de capitalismo que se generó, cobró una gran desigualdad y heterogeneidad según el avance por actividades y regiones y además retuvo y alimentó elementos de las relaciones previas. A su vez, las nuevas se adecuaron y en ocasiones aprovecharon estructuras no capitalistas e inclusive las reforzaron en su proceso de reproducción.

Un caso notable de articulación de relaciones de producción fue, en el nivel de relaciones de explotación, la pareja hacienda-peonaje. Ésta se manifestó en deformaciones de las relaciones de clase y en la vitalidad del sentido señorial de la alta burguesía. Así, el capitalismo no destruyó en su génesis todas las estructuras no capitalistas, en parte por ser esto innecesario y aun desventajoso ya que suponía efectuar confrontaciones peligrosas. En ocasiones se transformó el impulso de confrontación en un estímulo y fortalecimiento de dichas estructuras sin que ello reportara ventaja alguna para el desarrollo capitalista e incluso en ocasiones siendo obstáculos para el mismo. Ello indicaría que el proceso de implantación del capitalismo no fue lineal, racional o eficiente sino como todos los casos: pragmático, errático, ilógico, brutal, arbitrario, en fin, producto de ambiciones e iniciativas individuales por el afán de lucro con el apoyo de un Estado dedicado a estimular y proteger ese proceso y con la ambivalencia entre la resistencia y colaboración de la clase explotada.

Algunas de las principales características del porfirismo, que va de

1876 a 1911, corresponden a la adaptación de los lineamientos liberales juaristas y lerdistas a las condiciones internas y externas de su momento. Así, la orientación procapitalista de la multitud de reformas del porfirismo, la apertura hacia el exterior, la mano dura para controlar a los disidentes, la tendencia hacia la centralización pese a la proclamación de principios federalistas, la fe en los ferrocarriles y las comunicaciones modernas, e inclusive el proyecto de organizar compañías deslindadoras de terrenos baldíos para su fraccionamiento y la apropiación privada de tierras comunales, fueron iniciativas de Juárez y Lerdo, aunque no hubiesen tenido ocasión de implantarlas todas ellas durante su gestión.[4] En rigor las grandes diferencias entre el porfirismo y el juarismo provenían no tanto de los propósitos cuanto a su forma de lograrlos. Fue necesario un grado de evolución social mayor (que se alcanzó en los años ochenta pese a las vicisitudes nacionales) y una situación mundial diferente, para llevar a efecto el proyecto liberal en sus principales aspectos.

Al mismo tiempo, la práctica política y una brutal realidad impuso una multitud de condiciones que diferenciaron considerablemente el proyecto juarista y los resultados porfiristas.

El liberalismo, en tanto tendencia política, finalmente triunfaba gracias a que el país había evolucionado con la ayuda de las sangrientas guerras internacionales de los anteriores cincuenta años y por las numerosas luchas internas. La ruptura de estructuras económicas y de poder político a través de las guerras y de las profundas transformaciones de la Reforma, correspondían a presiones de la gestación del capitalismo, cuyos brotes se multiplicaban en medio de los sangrientos conflictos. Como elementos componentes del proceso de acumulación originaria resaltan así la violencia bélica del medio siglo previo al porfirismo y las acciones civiles y legales no menos brutales, entre ellas, la expropiación de propiedades del clero, el tráfico de tierras nacionales, los negocios y concesiones escandalosos, el fraccionamiento y despojo de tierras comunales, la esclavitud, el genocidio en contra de los indios y en todos los casos, los robos, asesinatos y fraudes de los flamantes propietarios, ya fuesen liberales o conservadores, militares o civiles, héroes o antihéroes. El porfirismo contribuyó también a la acumulación originaria por medios no menos violentos, como veremos más adelante.

Las fuerzas productivas tuvieron un relativo crecimiento en la etapa independiente y de la Reforma. Sin embargo, había diversos obstáculos para que surgiese plenamente la clase proletaria, entre ellos, la supervivencia, pese a todo, de comunidades indígenas que interferían en la liberación de la mano de obra; la debilidad del sector industrial para imponer presiones suficientemente poderosas a favor de esa liberación; la deficiente red de comunicaciones que auspiciaba la regionalización de la economía; la

4. Córdova, A., *op. cit.*, p. 41.

tendencia a la identificación de la fracción más importante de la clase burguesa con la oligarquía aristocratizante con lo que frustraba su misión revolucionaria.

La expansión capitalista avanzó en esos cincuenta años (de 1830 a 1880) en algunas regiones y actividades, pero a costa de que en otras se reforzasen las pautas no capitalistas de manera que el resultado final era que las relaciones centrales y determinantes de la reproducción y sostenimiento del sistema social aún no eran las capitalistas.

Los mayores avances de las formas de explotación capitalistas tuvieron lugar en una fracción de la agricultura (en los ranchos por ejemplo), en el sector industrial y en las explotaciones mineras. En éstas se mantuvo un notable crecimiento en medio del fárrago político y militar, incorporándose en alguna medida innovaciones técnicas y avances en las relaciones capitalistas. En cambio la industria indica un crecimiento menor y un proceso de transformación menos intenso, pero de todas formas importante, sobre todo considerando la inestabilidad de la época. La evolución de la industria textil es un caso que ilustra este proceso, el cual es más relevante en vista de que era el eje de la industrialización y la rama de las manufacturas de mayor importancia. En efecto, no sólo había crecido la producción, sino que también se había efectuado una transformación tecnológica considerable. El número de fábricas había pasado de 59 a 97 (un incremento de 64%), a lo largo de los 35 años que van de 1840 a 1880, y además casi la mitad de ellas funcionaba a base de tracción animal en 1844, mientras que para 1880 ya no había ninguna que usase esta fuente de energía.[5]

5. Chávez Orozco, L., *op. cit.*, p. 159.

XX

EL PROYECTO CAPITALISTA DEL PORFIRISMO Y EL ORDEN MUNDIAL

Se puede afirmar que al inicio de la gestión porfirista el país se encontraba con una movilización social intensa creada por la implantanción de las leyes de Reforma y por la guerra, sobre todo en los centros urbanos, y contaba con una base legal propicia para intensificar los procesos de transformación iniciados por el juarismo. Para entonces se habían propuesto y discutido una diversidad de aspectos relevantes para acelerar esa transformación. Por ejemplo, cuestiones relativas al desarrollo industrial y por consiguiente al proteccionismo, inversión externa y finanzas públicas, a los cambios administrativos que era necesario introducir y a las virtudes y necesidad urgente de los ferrocarriles, entre otras.

El esquema de desarrollo porfirista era sencillo y optimista. Se basaba en la convicción de que la vinculación de la nación con el exterior habría de producir los impulsos básicos para ponerlo en el camino del progreso. Esto no era cuestión de principios sino una conclusión lógica. En efecto, el objetivo de crear una base productiva capitalista sana se consideraba que estaba obstaculizada por la inexistencia de capitales nacionales dispuestos a aplicarse a estas tareas; por la fragmentación de los mercados; por la rigidez e ineficiencia de los canales de crédito y de comercialización; por la inestabilidad política; por la ausencia de políticas de fomento; por el enorme peso de un sistema impositivo de marcado acento colonial; por ser la administración pública poco efectiva financiera y organizativamente para las nuevas tareas. En fin, se consideraba la falta de población, particularmente la que se suponía mejor preparada para el desarrollo capitalista, o sea europea y norteamericana, como un serio impedimento para el progreso y la industria, que era el nombre que se daba al capitalismo.[1]

El problema era entonces crear las condiciones para alcanzar esos objetivos. Por lo tanto se consideraba necesario atacar simultáneamente varios frentes. Uno era el de la adaptación administrativa interna, incluyendo en ello el saneamiento de las estructuras fiscales; otro era el de construir un sistema de transporte y comunicación que de un solo golpe, se pensaba, habría de colocar a la nación en el centro de la civilización moderna, arrancándola de las oscuridades de la Colonia, o sea los ferrocarriles, correos y telégrafos. Otro más era la necesidad de explotar los abun-

1. Córdova, A., *op. cit.*, p. 46.

dantes recursos naturales de los que disponía la nación y a partir de ello, adentrarse en las complejidades de la expansión manufacturera y de la creación de una agricultura próspera. No había suficientes capitales nativos prestos a la aventura, en consecuencia, dada la penuria de las finanzas públicas, era esencial su depuración para fortalecer su capacidad económica y restablecer el crédito externo de la nación. En tal tarea guardaba principal lugar el arreglo y la amortización de la deuda externa. Una vez logrado esto se podrían contratar nuevos empréstitos para construir las obras públicas básicas, y se atraerían inversionistas privados del exterior para el desarrollo de empresas de todo tipo, empezando por las dedicadas a la explotación de los recursos. También fundamental era la formación de un sistema crediticio moderno para apoyar la magna tarea de formar de hecho, una nueva nación.

De central importancia resultaba en este esquema la situación prevaleciente en el mundo externo, ya que se consideraba que de él dependían no sólo las importaciones y una parte vital del financiamiento, sino también que de él vendrían hombres de empresa modernos y la tecnología más avanzada. En tal virtud, para comprender el proceso es necesario tomar en cuenta las condiciones internacionales en las que surgió y evolucionó el porfirismo y las relaciones que se establecieron entre México y los centros mundiales rectores del capitalismo.

A grandes rasgos puede describirse la situación mundial en los treinta años de porfirismo formada por tres períodos diferentes. Empieza con una época de serios desajustes producidos por las crisis del capitalismo industrial en Europa y en los Estados Unidos a principios de la década de los ochentas, después de un período de intenso crecimiento. Ello determinó que el impulso expansivo hacia México no haya sido tan intenso como lo sería más adelante, no sólo por la situación crítica mundial sino también por la atención preferente que prestaron a la extensión sus intereses en África y Asia. De todas formas, la escasez de bienes primarios, causa principal del primer impulso imperialista, se expresa en precios crecientes de éstos y en algunos casos, relaciones de precios del intercambio favorable para los países productores de esos bienes. La exportación de capital, sobre todo de Europa, ya era para entonces una pauta establecida aunque fluctuante debido a las frecuentes crisis, en tanto que en los Estados Unidos persistía una demanda de inversiones que superaba al ahorro interno, por lo que generaba una corriente neta de importación de capital.

La década de los noventas corresponde a un período de auge intenso en el panorama mundial, estimulado principalmente por la explotación de recursos y mercados coloniales, lo que produjo poderosos impulsos favorables al intercambio comercial y al crecimiento industrial. Tuvo lugar en ese lapso una expansión poderosa de Europa hacia las nuevas colonias dando lugar al extraordinario movimiento imperialista que caracterizó a esa época. Los Estados Unidos de Norteamérica también renovaron su tendencia hacia la expansión territorial, una vez terminada la primera etapa del proceso de incorporación económica de Alaska, adquirida en 1867, y asentada la pauta industrial después de la Guerra Civil. En la década final del siglo XIX ocuparon Hawaii, Cuba, Puerto Rico, y parte de las islas de Oceanía (entre 1893 y 1900), y tuvo lugar su penetración definitiva en América Latina. Tal es el sentido y razón de la organización de la Unión Panamericana en 1890.

Todo ello sucedió dentro de cambios de primera importancia para los países periféricos, principalmente la evidente erosión del poderío de Inglaterra entre la constante competencia de otros países que se adentraban en la pauta imperial. Francia por una parte, Alemania por otra, sin olvidar la contribución sistemática de otros países europeos como Holanda y Bélgica, y desde luego los Estados Unidos, retaban con vario grado de éxito al poderío británico. El inicio de la declinación del poder inglés se observa con la crisis de 1901-1902. Pero también sucede que los demás países europeos no estaban en capacidad plena de sustituir a Inglaterra como centro hegemónico, aunque lo intentaron. Solamente los Estados Unidos habrían de desempeñar ese papel más tarde, pero aún se encontraba en esa etapa en el proceso de formación de un aparato productivo básico, lo que influyó poderosamente en la manera de establecer sus vínculos con el exterior.

Los Estados Unidos se encontraban en un período de desarrollo preferente dentro de sus límites económicos, aun cuando su creciente comercio exterior inducía cambios en la inclinación aislacionista que había caracterizado su crecimiento en todo el siglo XIX. Es de considerar que estos límites económicos incluían toda América a los ojos de empresarios y políticos, sin faltar voceros de la vocación de expansión no sólo económica sino también territorial. Por lo mismo, dentro del auge de finales de siglo se evidencia que los avances norteamericanos en México se aceleraron formidablemente y cambiaron de contenido. La nueva presencia norteamericana no se limitó, como hasta entonces, a la explotación de materias primas necesarias para sus procesos productivos mediante la aplicación de inversiones directas en México, sino que empezó a incursionar con vigor en la colocación de manufacturas, competir en la obtención de concesiones ferroviarias, invertir en industria y formar grandes ranchos agrícolas y ganaderos. Ello naturalmente supuso una modificación trascendental de la relación con México, en la medida en que llegó a ser para el país la presencia externa principal y en que cambió el sentido que antes tenía.

La poderosa expansión del capitalismo mundial en la última década del siglo, estimulada en parte por la demanda agregada por los pueblos que iban siendo incorporados a su esfera y basada en cierta medida en las materias primas obtenidas de esos mismos pueblos, determinó que los precios de los bienes primarios continuaran elevándose. Desde luego, también se elevaron los precios de las manufacturas, en parte por las exigencias laborales en los países industrializados, pero sobre todo por las tendencias monopólicas y de creación de carteles que imponían precios crecientes. La competencia y los grandes avances de la productividad industrial no siempre se traducían en esa etapa en menores precios de los productos, particularmente de los provenientes de los Estados Unidos de Norteamérica, a los que compraba México proporciones crecientes de sus importaciones.

Dentro de los cambios de fines de siglo destacan los correspondientes a la forma de la influencia que ejercían los países hegemónicos. Francia y sobre todo Inglaterra establecían un aparato de apoyo mercantil para la colocación de sus productos, ya que les resultaba ventajoso y a veces necesario organizar estructuras financieras y distribuidoras para la venta y manejo de sus exportaciones e importaciones. El interés por la banca provenía de su tendencia a colocar ahorros de pequeños inversionistas o de grandes capitalistas en aventuras privadas y también en bonos de la deuda de México, al grado de que asumían parte considerable de la misma, y sobre todo, requerían de canales de intermediación financiera para las funciones mercantiles. Usualmente las casas comerciales de súbditos europeos eran las encargadas de operar las relaciones de exportación e importación con su país de origen.

Todo ello prestaba a la relación entre México y los países europeos, singularmente con Inglaterra y con Francia, un sentido de interdependencia de creciente complejidad en la que la intermediación financiera era de principal importancia. En contraste, con los Estados Unidos se planteaba sistemáticamente una relación que se caracterizaba por su sentido de competencia y de lucha, no sólo por las realidades de la esfera económica, sino también por las amenazas de despojos territoriales constantes hasta poco antes, y de intervenciones militares en todo momento. La exportación de capitales para la explotación de recursos naturales era el centro de interés para los Estados Unidos, y en cambio la exportación de bienes o las inversiones en servicios públicos o en bonos de la deuda, guardaban un interés menor.

Para principios de siglo se había iniciado abiertamente la disminución de la importancia relativa de la influencia inglesa. Sin embargo, los Estados Unidos no se encontraban aún en condiciones de suplir plenamente la presencia europea debido a que era, a pesar de su enorme crecimiento, una economía que seguiría por mucho tiempo centrando su funcionamiento en factores internos. Debido a esta coyuntura de tránsito la crisis mundial de principios de siglo, que marca la transición, se tradujo en una tendencia hacia la declinación del comercio mundial y tuvieron lugar grandes fluctuaciones en la demanda de materias primas y en la oferta de capitales. Los precios decayeron en su conjunto, incluyendo los de productos manufacturados, pero no con la intensidad de los correspondientes a las materias primas, por lo que los términos del intercambio se deterioraron para México. Es interesante resaltar que en esta coyuntura de crisis internacional la respuesta a los Estados Unidos fue la de retraerse a su espacio económico interno, con lo que mostraba que aún no prevalecían en ellos aspiraciones de hegemonía mundial que los hubiese inclinado a aprovechar la oportunidad de cobrar mayor poder comercial.

El conjunto de la economía observó en el período porfirista una poderosa evolución en torno a diversas variables interdependientes. Estaban las actividades de exportación, estimuladas por el ague mundial y las actividades internas inducidas por éstas, por la oleada de inversiones y por la elevación explosiva del gasto público, así como por la expansión del sistema crediticio y financiero privado. No existen estimaciones sobre el crecimiento del producto en la totalidad del período pero se supone que la reacción de la economía ante el conjunto de estímulos que operaron sobre ella se inició desde finales de los años setentas bajo la influencia de la inestable paz de esos años. La violenta crisis externa de principios de los años ochentas incidió severamente sobre la débil economía, a través de sus sectores de exportación, pero a causa de la escasa integración económica que aquejaba al sistema, la transmisión de la crisis a las diversas regiones del país se limitó considerablemente.

A lo largo de la década de los años ochenta las exportaciones se fueron elevando rápidamente y con ellas el producto interno de la nación. El estímulo era formidable, pero en la medida en que se generaba el crecimiento prioritario de los sectores exportadores se iba polarizando el sistema económico a su alrededor, con lo que tenían lugar dos efectos principales. Por una parte se adaptaba el sistema productivo y social para el máximo aprovechamiento de los poderosos impulsos del exterior. Por otra parte, esta polarización creaba una vulnerabilidad creciente de la economía ante las variaciones de esa misma esfera, a pesar de que los estímulos externos empezaron a inducir, junto con importantes apoyos de la política económica, el surgimiento de actividades alternativas y orientadas a satisfacer la demanda interna. Esto último se iba logrando con lentitud relativa ya que la velocidad de crecimiento de economía más directamente relacionada con el sector externo era formidable. Además, el papel compensador que podía jugar el sector público era casi nulo debido a que éste dependía del exterior en gran medida. En efecto, sus ingresos corrientes estaban estrechamente relacionados con las funciones de importación y con las de consumo (vinculadas a su vez a las variaciones de la exportación), como con el financiamiento externo para la inversión pública.

En la que se puede llamar primera etapa del crecimiento porfirista los efectos de la incorporación del país a las corrientes modernas del comercio y de la inversión mundiales pueden haber sido particularmente intensos en vista de que sucedían dentro de una economía de escasa dimensión. También en esta etapa, que tal vez se prolonga hasta finales de los años ochentas, sucedieron cambios violentos y un crecimiento irregular. La contrapartida de esta situación se encontraría en la falta de elementos de regulación de algunas de las variables y funciones económicas, como eran los sistemas de control comercial, bancario, monetario, etc. En el curso de la década fueron organizándose éstos al calor de las propias necesidades y dentro de un caos administrativo considerable. También en esos años se formaron las pautas de política interna que habrían de asegurar, junto con el crecimiento económico, la persistencia del régimen y la paz.

En la última década del siglo se regularizó más el crecimiento, no sólo por cuanto los impulsos externos tuvieron menos variaciones sino también porque para entonces empezaron a operar plenamente los cambios administrativos dirigidos a este objeto. Además debe resaltarse que la demanda interna influyó para prestar un dinamismo adicional al sistema económico con respecto al ritmo inducido por el exterior e inclusive pudo operar como mecanismo de compensación parcial a las variaciones de esa esfera en la medida que se retrasaba la internación de los efectos de las crisis externas.

XXI

INFLUENCIA EXTERNA. COMERCIO, INVERSIÓN Y RELACIONES DE PRODUCCIÓN

La exportación medida a precios constantes muestra un explosivo crecimiento y una notable estabilidad a lo largo de los treinta años de porfirismo, cuando se elevó con tasa promedio del 6% anual. Para ello fue necesaria la adaptación y transformación de la economía haciendo accesibles los recursos exportables. Es interesante el hecho de que el crecimiento de los dos grupos principales de bienes exportados es similar, es decir, alrededor de 6% anual, ya sean mercancías o metales preciosos. Sin embargo, dentro de esta evolución destaca la caída del valor unitario de los minerales a partir de 1903, lo que hizo menos vigorosa su aportación a la capacidad para importar en comparación con la de otras mercancías, entre las que se fueron incorporando bienes de alto precio unitario (chicle, petróleo, concentrados de minerales, etc.). Así, en lo que hace a los metales preciosos, disminuyó su importancia relativa dentro de la exportación, medida a precios corrientes, al producirse un incremento más enérgico de los precios de otras mercancías, de manera que la representatividad de los metales preciosos en el valor corriente de las exportaciones pasó de ser de 67% en 1889 a sólo 46% en 1911. Claro es que esto no quiere decir que se haya producido una transformación de la exportación en cuanto a incorporar abundantes manufacturas, con excepción de los concentrados de metales, sino que aún siendo formada por materias primas con diverso grado de elaboración, tuvo lugar una importante modificación de su composición.

La observación de la evolución de las exportaciones a precios corrientes señala dos contracciones notables en el período, que corresponden a los años de 1901 y 1909. También se produjeron tres años de estancamiento virtual, o sean los de 1883, 1890 y 1904. Tal secuencia indica la creciente incapacidad del mercado mundial de mantener las compras de materias primas a partir de 1901. También muestra el cambio de carácter de las crisis mundiales a lo largo del tiempo. Las de la década de los años ochenta fueron más breves y además en gran medida se resolvieron por vía de la expansión imperial en nuevas áreas coloniales. En cambio, la crisis de la primera década del siglo sólo se resolvió mediante la brutal destrucción de valor que significó la primera guerra mundial (véase el cuadro 15).

Es interesante resaltar la creciente importancia de las variaciones de la economía norteamericana sobre el acontecer del capitalismo desde la primera mitad del siglo XIX. Nos dice Engels al respecto:

CUADRO 15

México: Comercio exterior 1877/78 – 1910/11 (Índices con base 1900/01 = 100)

					Tasas anuales de crecimiento			
	1877/78	*1888/89*	*1902/03*	*1910/11*	*1877/78 1888/89*	*1888/89 1902/03*	*1902/03 1910/11*	*1877/78 1910/11*
Exportación								
Valor corriente	20.3	39.6	133.2	174.9	6.3	9.1	3.5	6.8
Quantum[a]	27.4	48.8	117.3	183.5	5.4	6.5	5.8	5.9
Precios	74.0	81.1	113.6	95.3	0.9	2.4	−2.2	0.8
Importación								
Valor corriente[b]	24.4	41.6	144.4	160.6	5.0	9.3	1.3	6.3d
Quantum[a]		49.6	115.4	142.5		6.2	2.7	4.9[d]
Precios		83.8	125.1	112.7		2.9	−1.3	1.4[d]
Relación precios intercambio[a]		96.8	90.8	84.6		−0.5	−0.9	−0.6[d]
Capacidad para importar[a]		47.2	106.5	155.2		6.0	4.8	5.6[d]
Saldo en cuenta Mercancías[c] (millones de pesos)	0.9	9.7	17.0	73.0				

FUENTE: Valor corriente y precios de importaciones y exportaciones: *Estadísticas económicas del porfiriato 1877-1911*, El Colegio de México, 1960.

NOTAS: [a] Calculado por el autor con base en datos de la fuente.
b Corresponde a valor de factura.
[c] Corresponde al saldo de valor de factura de exportaciones e importaciones.
[d] Corresponde al período 1888/89 – 1910/11.

"A partir del otoño de 1837 nos hemos acostumbrado por completo a que los pánicos monetarios y las crisis comerciales lleguen a Inglaterra procedentes de Nueva York. De todas las convulsiones que cada diez años se repiten en la industria, la mitad por lo menos tuvieron su origen en Norteamérica. Pero que Norteamérica pudiera conmocionar también las relaciones de la agricultura británica, consagradas por los siglos, revolucionar las relaciones feudales existentes desde tiempo inmemorial entre el *landlord* y el usuario, asestar un golpe a la renta inglesa y arruinar las granjas inglesas, este espectáculo había quedado en reserva para el último cuarto del siglo XIX."[1]

Es de considerar que si los Estados Unidos habían sido capaces, a través de su participación en el mercado mundial de factores y bienes, de crear una perturbación de esa magnitud sobre Inglaterra y Europa, tendría que ser una influencia irresistible para una economía como la de México, aunque esto dependía de la forma de interiorizarla. En todo caso es difícil suponer que la burguesía del país contaba en la etapa porfirista, dada la condición mundial, con suficiente margen nacional y exterior de decisión para optar por una relación externa diferente, exceptuando desde luego la obvia y negativa variante de cortar la relación, y entrar en un estancamiento permanente de carácter económico y social. Tal vez sea necesario concluir que pudo haber matices diferentes en la vinculación con el exterior, pero que era incontenible el empuje del capitalismo y en particular el vigor de la economía norteamericana. El porfirismo intentó un grado de heterogeneidad en su vinculación externa, y debe reconocerse que tuvo logros notables en este aspecto, como se verá al examinar más adelante las relaciones financieras del país con el exterior. En todo caso no fue ni por timidez del régimen ni por inclinación pronorteamericana que la influencia de esa nación se convirtió en una aplastante presencia en el panorama nacional. Más bien, esos resultados son atribuibles a la incapacidad de los países europeos para acrecentar su peso en México y a la intensidad de crecimiento que trató de alcanzar y mantener la burguesía mexicana.

Por lo que hace a las importaciones se observa un incremento general de 4.7% anual, medida a precios constantes. En éstas tuvo lugar un notable cambio de composición al crecer aceleradamente la importación de bienes de producción entre 1889 y 1911 (que pasan del 47 al 57% de la importación total), con lo que se refleja la rápida transformación capitalista de la economía y su expansión tanto en su efecto de sustitución de importación de bienes de consumo cuanto a la necesidad creciente de bienes de producción para impulsar la industrialización. Sin embargo, en la evolución de las importaciones, sobre todo las de bienes de producción, que se convirtieron cada vez más en elementos vitales para el funcionamiento interno, tuvieron

1. Engels, F., *El sistema del trabajo asalariado*, (artículos de The Labour Standard, 1881), Moscú, Editorial Progreso, 1971, p. 30.

lugar violentas variaciones que se expresaron en cambios de su valor corriente y *quantum*. La magnitud de tales variaciones del *quantum* se ejemplifica con las contracciones del 7% en 1893, del 24% en 1894, del 3% en 1901 y del 10% en 1910. Obvio es que tales cambios suponen dislocaciones profundas en el aparato productivo. Para fines del siglo el origen de estos violentos cambios no eran solamente la variación de las exportaciones, sino también las de otras fuentes financieras que contribuían a la capacidad para importar de la nación, como eran las inversiones y los empréstitos externos.

La relación de intercambio tendió a decaer en los treinta años de porfirismo al incrementarse en 51% el precio de las importaciones y sólo en 28.7% el de las exportaciones. Pero esto sucedió en condiciones de elevación de precios en una primera etapa que llega hasta 1902 (reflejando la expansión mundial) y de contracción de entonces en adelante, hasta final del porfirismo. Es importante constatar que el incremento del *quantum* de las exportaciones compensó la reducción de su precio. En tal razón la capacidad para importar generada por las exportaciones creció en 6% anual hasta 1902 y casi en 5% desde entonces, lo que se prolongó hasta 1911 a pesar de la reducción de precios en la década final (véase el cuadro 15). Claro es que las variaciones del financiamiento externo incidían también sobre la capacidad para importar de la nación.

Otro aspecto importante del comercio exterior reside en el cambio relativo del origen y destino de las transacciones, lo que responde con fidelidad a las transformaciones de la vinculación externa del país. En efecto, mientras que el 50% de las importaciones nacionales estaban formadas por productos ingleses a principios de la época independiente, se redujo su representación al 35% en 1876 y sólo al 11% en 1910. En cambio, la importancia relativa de las importaciones adquiridas en Norteamérica crecieron enérgicamente y las de otros países permanecieron con una participación casi constante (véase el cuadro 16).

Así, las relaciones externas de México se caracterizaron desde finales del siglo pasado por la importancia creciente que iba adquiriendo el intercambio con los Estados Unidos y su influencia financiera a costa de la posición relativa que en ella tenía Europa. Por ejemplo, en el año fiscal 1888-89 el 68% del valor de las exportaciones se vendía a los Estados Unidos y 21 años más tarde (1910/11) ya era el 77%, aunque debe considerarse que parte de esos bienes eran reexportados hacia Europa (véase el cuadro 1 del anexo estadístico). Sin embargo, el intercambio con Europa también iba cambiando, en el sentido de que se estaban reduciendo las relaciones con la Gran Bretaña (su participación en el valor de las exportaciones mexicanas pasó del 21 al 12% en el mismo lapso de 21 años), en contraste con la importancia que cobró el comercio con Francia cuya participación en la exportación subió del 6 al 12% entre 1889 y 1911. (Véase el cuadro 16).

CUADRO 16

México: Comercio exterior 1888/89 – 1910/11 según origen y destino[a]
(millones de pesos y porcentaje)

Países	*Exportación por destino*		*Importación por origen*		*Saldo de México (valor)*
	Valor	*%*	*Valor*	*%*	
Estados Unidos	2 601.3	74.2	1 579.7	55.4	1 021.6
Europa	831.8	23.7	1 217.7	42.7	–385.9
Inglaterra	420.7	12.0	391.7	13.7	29.0
Francia	119.1	3.4	281.5	9.9	–162.4
Alemania	176.3	5.0	308.5	10.8	–132.2
Otros	115.7	5.3	236.0	8.3	–120.3
Otros	73.9	2.1	52.3	1.8	21.6
TOTAL	3 507.0	100	2 489.7	100	657.3

FUENTE: cuadro 1 del anexo estadístico.
NOTA[a] Faltan los datos correspondientes a los años de 1890/91 y 1891/92.

Es de interés señalar que México obtuvo un saldo comercial favorable (por 657 millones de pesos), en todo el período del auge exportador moderno prerrevolucionario, es decir, entre 1880 y 1910 (véase cuadro 16). En esa época el país adquiría abundantes servicios del exterior –transporte, banca, etc.– y aún tenía gastos netos de turismo, pero un saldo comercial de la magnitud que se registra (equivale al 25% del valor de las importaciones y a 20% del de las exportaciones), sugiere que había importantes salidas ya por utilidades remitidas, ya por inversiones y depósitos de nacionales en el exterior (véase de nuevo el cuadro 15). Esta posición favorable fue creciendo: el saldo anual en cuenta de mercancías favorable a México pasa de ser un millón de pesos en 1877/78 a 27 en 1902/03 y a 73 millones de pesos en 1910/11 (véase de nuevo el cuadro 15).

Otro aspecto que se desprende de la información estadística anterior es que México tuvo entre 1880 y 1910 un elevado saldo favorable con los Estados Unidos (por 1022 millones de pesos), parte del cual se destinaba a adquirir importaciones de manufacturas europeas, con cuyo mercado tenía sistemáticamente un déficit comercial, que sumó 386 millones en dicho lapso. Tales resultados sugieren que la oferta norteamericana de manufacturas era insuficiente para satisfacer la demanda externa mexicana pese a que cubría más de la mitad de la misma. En tal razón la relación entre México y los Estados Unidos resultaba en una triangulación del comercio a favor de la industria europea a través de la importación de ese origen que efectuaba México. Al mismo tiempo, es de suponer que los flujos de capital que salían de México se dirigieron en parte a los Estados Unidos, ya en forma de utilidades remitidas, ya como capitales mexicanos que se invertían en ese país estimulados por las abundantes oportunidades de inversión que existían. De tal manera se completaba la influencia norteamericana característica de su crecimiento en esos años, que consistía en efectuar fuertes compras de materias primas, en absorber financiamiento neto del exterior y en mantener una limitada oferta externa de manufacturas, ya que las que producía se destinaban en su mayoría a satisfacer su protegido mercado interno.

La posibilidad de mantener la exportación en los elevados niveles de crecimiento residía en la afluencia de capitales extranjeros, tanto en forma de créditos al sector público como para financiar obras básicas de infraestructura cuanto en forma de inversiones directas aplicadas a la producción de bienes para la exportación. Es de considerar respecto de esto que las profundas transformaciones emprendidas en la época de la Reforma habían dejado a la nación en una precaria situación financiera, ya que los capitales que antes había se aplicaron en su mayoría a la adquisición de tierras, y otra parte salió fuera del país. De esta manera, quedaron varios sectores con urgente necesidad de inversiones, por ejemplo la minería, servicios públicos y comercio.

Cuando el advenimiento de la época porfirista, se hallaba el país con una deficiencia grave de financiamiento para emprender las transformaciones capitalistas deseadas. La obtención del exterior de crédito y de inversiones privadas para explotar recursos y fundar industrias se consideraba no sólo válido sino el único medio accesible para el país. Empero su presencia debería ser temporal, ya que la riqueza que produciría haría posible rescatar esas actividades. Decía Limantour, ministro de Hacienda:

". . . por más que se exageren los inconvenientes de una situación económica que nos hace, en cierta manera, tributarios del extranjero, no cabe duda que careciendo, como carecemos, de los elementos de hombres y dinero suficientes para poner en explotación los innumerables recursos que contiene nuestro suelo, no debemos desaprovechar esos elementos cuando nos lleguen de fuera y dejen al país inmensos beneficios, creando nuevas negociaciones, dando incremento a las industrias establecidas y contribuyendo a proporcionar mayor bienestar a los que en él residen, sin distinción de clases ni de nacionalidades. Algún día llegará, como se ha visto en la historia de otras naciones modernas, en el que enriquecida la población por la abundancia de elementos de vida y por una mejor educación para el trabajo, se reembolsarán poco a poco esos capitales, y se conservarán dentro del país, para no volver a dejarlos salir, los títulos, acciones y valores de nuestras empresas más florecientes."[2]

La inversión extranjera empezó a crecer simultáneamente en los campos de la minería, en ferrocarriles, en telégrafos y otros servicios públicos,

2. Limantour, J. I., *Presupuesto 1907/1908*, p. 193.

así como en el comercio. También se aplicó a la adquisición de bonos de la deuda pública. Sólo cuando estuvo más avanzado el proceso de transformación económica de la nación, se empezaron a aplicar a la industria y a la agricultura.

Existen diversas estimaciones acerca de la dimensión de la inversión extranjera. La más confiable muestra que para finales de la época porfirista había llegado a la fabulosa suma de 3 400 millones de pesos. Un tercio de ésta se encontraba concentrada en ferrocarriles, 24% en minas y metalurgia, 15% en bonos de la deuda pública y 7% en servicios públicos. Entre el 3 y el 6% variaba la proporción invertida en bienes raíces, bancos, comercio, industrias y petróleo respectivamente.[3]

Por lo que se refiere a la nacionalidad de la inversión extranjera resaltaba la norteamericana con el 38% del total, cuatro quintos de la cual estaba concentrada en ferrocarriles y minería. La Gran Bretaña mantenía la propiedad del 29% de la inversión externa y estaba aplicada principalmente en ferrocarriles, servicios públicos y minería, aunque en deuda pública, bienes raíces y petróleo también eran elevados sus intereses. Francia a su vez poseía el 27% de la inversión, que se encontraba más dispersa, puesto que tenía altos intereses en bonos de la deuda, ferrocarriles, minas, bancos, industria y comercio. Por lo que hace a la inversión francesa en bancos, se efectuó en torno a grupos financieros, uno de ellos en Suiza, bajo los auspicios de la Societé Financiere pour l'Industrie au Mexique, y el otro en México formando el Banco Nacional de México a partir de la fusión con otros bancos.

Es de primera importancia considerar que a finales del siglo la mayor parte de la inversión norteamericana en el exterior se encontraba en México, lo que significa que éste fue el país inicial de su expansión financiera (véase el cuadro 17). Más adelante habría de diversificar el destino de ésta, sobre todo después de la primera guerra mundial.

CUADRO 17

Estados Unidos: Inversión en el exterior en 1890.
(millones de dólares)

México	202
Canadá	190
América Central y Sur	50
Cuba	49

FUENTE: García Cantú, G., *Las invasiones norteamericanas en México*, Ed. ERA, México, 1971, pp. 213-215.

3. Nicolau D'Olwer, L., "Las inversiones extranjeras", en *Historia moderna de México. El porfiriato. Vida económica*, p. 1154.

Para 1902 la Comisión Monetaria estimaba que la inversión extranjera total en México era de 1 353 millones de pesos de los que 512 eran de norteamericanos.[4] En 1908 ya era de 672 millones de pesos la inversión de los Estados Unidos y en 1911 se elevó a 1 500, de los que 1 100 eran inversiones directas. Claro es que también se encontraba mayor capital de otras naciones, al grado de que se estimaba que 2/3 de todo el capital existente, fuera de la agricultura y artesanías, era extranjero. Así, por ejemplo, el capital inglés directo había pasado de 164 millones en 1897 a 200 en 1911 y el francés de 100 en 1902 a 400 en 1911.[5]

Algunas actividades se encontraban particularmente invadidas por el capital extranjero, como la minería y el petróleo, en las que en 1910 el 90% de la inversión fija era del exterior, en su inmensa mayoría norteamericano (80%).[6] La creciente influencia de los Estados Unidos y su pauta específica de penetración explican que en 1910 se registrase sólo en las actividades agrícolas la presencia de 10 000 ciudadanos de ese país, en tanto que no había más de 500 súbditos ingleses en todas las actividades.[7]

De particular interés resulta el caso de las inversiones norteamericanas en fundiciones y plantas de concentrados de metales en San Luis Potosí y Monterrey debido a que muestra la estrecha vinculación que había alcanzado la economía mexicana con la de los Estados Unidos. Las grandes fundiciones norteamericanas importadores de minerales mexicanos fueron afectadas por la aprobación de la tarifa McKinley en 1890, ya que incidía sobre la introducción de minerales en bruto con el fin de proteger a los mineros de ese país. Con ese motivo los fundidores obtuvieron en 1890 concesiones para instalar fundiciones en las mencionadas ciudades norteñas, donde procesarían el mineral, concentrándolo mediante el uso de carbón inglés que se habría de desembarcar en Tampico y ser transportado por ferrocarril a las plantas fundidoras. A este objeto se adecuaron las líneas ferroviarias y las facilidades portuarias. Más tarde se empezaron a utilizar carbones de la región norte y se emprendieron otras industrias siderúrgicas bajo el impulso de la inversión externa y las economías creadas por las fundiciones iniciales, lo que constituyó una base esencial del desarrollo industrial de Monterrey.

En general, en la industria se aplicó relativamente poco volumen de inversión extranjera, aunque en gran número. Esta fue principalmente fran-

4. González Navarro, M., *México: el capitalismo nacionalista*, Costa Amic, México, 1970, p. 186.

5. Vernon, R., *El dilema del desarrollo económico de México*, Diana, México, 1969, p. 61.

6. Chávez Orozco, L., *op cit.*, p. 168; y Miranda, J., *Historia de México*, ECLACSA, México, 1963.

7. Rippy, J. F., *The U.S. and Mexico*, F. S. Crofts and Co., N. York, 1931; y Tischendorf, A. G., *Britain and Mexico in the Era of Porfirio Díaz*, Duke University Press, 1961.

cesa y alemana. Pero a diferencia de otros sectores, entre 1890 y 1910 empezaron a acudir inversionistas nacionales a la industria bajo el poderoso incentivo de las fuertes utilidades que se obtenían gracias a la protección y estímulo que concedía el Estado para la explotación en estas actividades.

En lo que se refiere al petróleo, para 1910 ya era una industria de una producción considerable, su creciente importancia lo convirtió en fuente de disputas entre los inversionistas norteamericanos e ingleses. Díaz, en su intento de equilibrio político externo dio cierta preferencia a la Shell, de origen inglés, para compensar la poderosa influencia norteamericana, con gran irritación de ésta. Ello se afirma que fue un factor determinante del apoyo que dieron las empresas petroleras norteamericanas a la revolución de 1910 en contra del dictador.[8]

8. Goldschmidt, A., *Tierra y libertad*, EDIAPSA, México, 1944, p. 97.

XXII

EL ESTADO Y LA EXPANSIÓN CAPITALISTA

Uno de los aspectos notables del crecimiento capitalista fue la importancia que cobró el sector público en tanto promotor y protector de las transformaciones para estimular el lucro de empresarios. En este proceso creció su poder más allá de los límites del liberalismo ortodoxo debido en parte a la necesidad de participar en la economía.

Estas tareas exigían adaptaciones profundas. Las reformas administrativas y hacendarias de 1881 y 1884 libraron al aparato público de lastres y anacronismos. El saneamiento de los procedimientos administrativos eliminó impedimentos diversos para ejecutar las complejas labores de crear un Estado moderno y sobre todo, de formar un sistema social en transición. Un punto de gran importancia en estas transformaciones fue el manejo político del dictador Díaz al problema de controlar a la multitud de generales y caciques. Para ello creó un sistema para reducir gradualmente su poder militar y político a base de enfrentarlos entre sí y de compensar su degradación política con canonjías económicas, incluyendo gubernaturas.

La consolidación de la deuda externa en 1881 fue un antecedente de primera importancia para estimular la codicia de inversionistas y agiotistas extranjeros y su participación en la formación del capitalismo salvaje. Con la conversión de la deuda en 1886 no sólo se reparó el crédito de la nación sino que además se ahorraron 9 millones de libras esterlinas. Naturalmente, a estas manipulaciones financieras con la deuda correspondieron grandes y sucios negocios de porfiristas. En todo caso, el gobierno pudo contratar nuevos empréstitos en 1890, 1893, 1904 y 1910, debido al saneamiento de la deuda que se efectuó a principios de los años ochenta. Mediante el cambio de los términos de los empréstitos se logró un servicio de la deuda cada vez menos pesado a pesar del rápido incremento de la misma que pasó de 52 millones en 1890 a 441 en 1911. Se extendió el plazo medio de la deuda y se negociaron menores intereses (fueron del 6% en empréstitos contratados en torno a 1890 y del 4% en créditos de principios de siglo), lo que permitió que el servicio fuese una proporción decreciente del valor de las exportaciones y de los ingresos públicos ordinarios.[1] Esto no alteraba su esencia de ser mecanismo de acumulación originaria en cuanto a que el

1. El servicio de la deuda externa representó el 38% de los ingresos públicos ordinarios en el año fiscal 1895/96 y 24% en 1910/11. Véase Bazant, J., *La deuda exterior de México (1823-1946)*, El Colegio de México, México, 1968, p. 170.

pueblo pagaba la deuda que servía para formar capitalistas o facilitar la operación de sus empresas.

La moderación del servicio de la deuda externa, que había sido la pesadilla pública de la nación desde la Independencia, fue posible por la situación mundial de auge y expansión ya que creció la oferta de dinero a intereses decrecientes, pero también se debió a la habilidad de los funcionarios hacendarios que velaron celosa y exitosamente por los intereses de la nación sin olvidar los suyos propios.

Una de las preocupaciones centrales del Estado, después de asegurar la explotación creciente del trabajo y la formación de grandes fortunas y de sanear las finanzas públicas, fue el lograr la integración económica de la nación. Para ello atendió con preferencia el problema de las comunicaciones y transportes y también el de eliminar o reducir las alcabalas. Estas eran el arbitrio más rico de los estados y de muchos municipios, por lo que las preservaban con celo. En ello entraba no sólo la consideración económica de los ingresos que arrojaban, sino también el ser un símbolo del federalismo liberal que otorgaba la autonomía de los estados para diseñar su propia política fiscal. La Federación logró mediante múltiples argucias ir rompiendo la unidad de los estados hasta que pudo eliminar finalmente las alcabalas en 1896 y centralizar el poder. El antecedente más importante de esta trascendental medida fue la aprobación del Código de Comercio en 1883 que planteó la unificación de normas mercantiles en toda la nación. Con ello se aseguró la ruptura de las limitaciones de los mercados locales, la reducción de costos de producción y el avance subsecuente del capitalismo hacia nuevas regiones.

Con motivo del tremendo auge generado por la exportación creciente y la inversión interna y extranjera, los ingresos públicos crecieron rápidamente. Se empezaron a generar excedentes sobre los gastos corrientes, lo que fue una gran novedad en la vida independiente de la nación. La situación boyante de las finanzas públicas fue lograda desde 1895 después de más de medio siglo de penurias, cuando se combinaron favorablemente varios factores. Estaba por una parte el aumento de los ingresos del comercio exterior. Por otra parte tuvo lugar la reducción del enorme peso que habían significado en los quince años anteriores las subvenciones a las compañías ferrocarrileras. Por último, están los enormes ingresos que obtuvo la Federación por la aplicación de la política de deslinde y apropiación de baldíos.

Debido a las condiciones mundiales y nacionales de auge y a las acciones de saneamiento de los asuntos públicos, logró el Estado un importante apoyo político y social interno que le prestó un margen de acción amplio. Se creó una base de confianza en el crecimiento económico pese a la explotación. Esto se demuestra particularmente en el área monetaria ya que de las tres décadas de dictadura sólo en 1884, cuando se difundieron los efectos de una crisis mundial profunda que se transmitió a México a través de los vínculos comerciales externos, el público rechazó el papel moneda.

Es interesante resaltar que los rápidos cambios que tuvieron lugar en el seno de la economía nacional durante la última década del siglo pasado imprimieron notables cambios en las formas monetarias de transmisión de las crisis. En efecto, ya durante las recesiones de 1893, de 1903/04 y de 1907/08, se observan abiertas contracciones en el medio circulante en estrecha correspondencia con la perturbación externa. Ello supone que para entonces, y dentro de la deformación correspondiente a una economía capitalista en proceso de construcción, la monetización del sistema había alcanzado niveles muy elevados. En efecto, el circulante mantuvo un ritmo de expansión del 6% anual entre 1881 y 1911.

Hubo importantes cambios en el circulante durante el período, ya que entre 1882 y 1887 el componente más dinámico fue el papel moneda y en cambio entre 1897 y 1911 los depósitos bancarios fueron los que más rápidamente se incrementaron, entre otras causas por la expansión del sistema bancario.[2]

La banca observa dos etapas. Una de crecimiento acelerado y caótico de sus actividades que corresponde a la formación de nuevas instituciones a partir de 1884 y que se prolonga hasta 1890. La segunda etapa es la de regularización que va de 1897, cuando se emitió la ley de instituciones de crédito, hasta 1911, comprendiendo el receso de 1907 cuando la crisis afectó profundamente al sistema financiero. Los años finales del porfirismo son de errática recuperación bancaria.

De acuerdo con la intención de procurar el crecimiento capitalista más acelerado posible se dieron concesiones para establecer bancos por tiempo ilimitado. Empero, el Estado también imponía a los banqueros limitaciones que le daban una gran posibilidad de influencia en sus actividades. Se instituyó un poderoso control a través de la Secretaría de Hacienda, que podía ejercer en cualquier momento, pero no lo hacía sino eventualmente. Este caso es un ejemplo de como procuraba fortalecerse para intervenir económicamente y controlar los asuntos de política interna. Se iba formando así un Estado prepotente que asumía labores empresariales de la burguesía, en parte por la indecisión de ésta.

Para finales del porfirismo ya había en el país 28 bancos emisores (sólo en cuatro entidades federativas no se contaba con banco emisor) y tres hipotecarios. Afirma Solís que "el aliciente principal de los bancos era la emisión de billetes".[3] La multiplicación de los bancos de emisión vino a aliviar el problema gravísimo de la falta de liquidez, aunque durante gran parte de la época porfirista los billetes de bancos locales circulaban exclusi-

2. Secretaría de Hacienda y Crédito Público, Departamento de Crédito y Comercio, *Memorias de las Instituciones de Crédito*, México, 1903 a 1911.
3. Solís, L., *op. cit.*, pp. 78-79.

vamente dentro del Estado respectivo y solamente los emitidos por dos bancos de la capital gozaban de libre circulación.

En 1898 se estableció el Banco Central Mexicano que abrió cuentas a los bancos estatales a fin de funcionar a manera de cámara de compensación de billetes locales y facilitar las operaciones monetarias. Empero, el Banco Central cerró sus puertas en 1909 por efecto de la profunda crisis que afectó al sistema económico desde 1907. El crédito era usualmente prendario, muy escaso, con baja tasa de interés y de corto plazo (el término máximo era de seis meses), sin embargo, la presión económica obligó a los bancos a violar este límite, pero a costa de congelar sus recursos y a riesgo de quebrar. A finales del porfirismo se introdujeron modificaciones a esta política ampliando los plazos, y se organizó la Caja de Préstamos para Obras de Irrigación, destinada a dar créditos para inversiones.

Con peculiar brutalidad porfirista el poderoso Estado dispuso durante la crisis de 1907/08 que los bancos redujesen los créditos y elevasen las tasas de interés. Exigió que todos los créditos fuertes fuesen liquidados en un plazo límite de seis meses. Dice Wasserman que "ésto salvó los bancos de los científicos, pero a expensas del pequeño empresario y el pequeño propietario cuyas fuentes de ingreso estaban deprimidas".[4]

En vista de la violenta recesión de 1903 y del marcado desajuste monetario creado por la brecha creciente del bimetalismo, se decidió en 1905 llevar a cabo una importante reforma monetaria. Se eliminó el talón plata, cuya paridad con el oro había llegado a ser de 32 a 1. En los 37 años de paridad fija la devaluación de la plata por la caída del precio mundial de metal había operado poderosamente en una diversidad de formas sobre la economía nacional, mas ahora se consideró necesario estabilizar la moneda y optar por el talón oro para afrontar la crisis de las exportaciones. Con ello se alcanzó el objetivo propuesto pero tuvo otras consecuencias. Una de ellas fue que al continuar la inestabilidad mundial las variaciones externas se transmitieron al interior de la economía nacional con menos amortiguación, agravando con ello el efecto del desequilibrio externo, como se observó con la crisis de 1907/08.[5]

La preocupación por estimular el crecimiento capitalista llevó a la administración porfirista a recurrir a los medios más diversos para lograrlo y a la vinculación creciente con el exterior. Casos notables fueron las obras públicas, particularmente la construcción y concesión de explotación de los ferrocarriles.[6] Tomaremos éstos como ejemplo ilustrativo de la forma

4. Wasserman, M., "Oligarquía e intereses extranjeros en Chihuahua durante el porfirismo", *Historia Mexicana,* núm. 87, vol. XXII, núm. 3, enero-marzo de 1973, página 315.

5. Rosenzweig, F., "Moneda y bancos", en *Historia moderna de México. El porfiriato. Vida económica,* tomo II, p. 883.

6. Véase Ortiz Hernán, S., *Los ferrocarriles de México. Una visión social y económica,* S. C. y T., México, 1974.

caótica, brutal y efectiva del Estado para estimular a las empresas y como en este proceso cobraba por necesidad poder creciente.

Al igual que en otras áreas de la política económica, la ferroviaria reconoció dos etapas que corresponden con fidelidad a las condiciones internas y externas de la construcción a toda costa de un sistema capitalista. La primera es de impulso inicial, caótico e intermitente, donde prevaleció la voluntad interna de la burguesía para contar con un sistema ferroviario esencial y echar a andar la explotación capitalista, por encima de las enormes dificultades técnicas y económicas que existían. Esta etapa corresponde a la década de los años setenta y a los años iniciales de la siguiente.

A medida que la base productiva se ampliaba, aún cuando fuese con grandes dificultades y que el auge mundial se extendía y el país era incorporado al mismo, la afluencia de capitales externos creció rápidamente y con ello se facilitó la expansión ferroviaria. Para finales del siglo se consideró necesaria su regulación en vista de la heterogénea situación técnica y financiera. A este objeto el ministro de Hacienda Limantour elaboró un estudio para planear la construcción de nuevas líneas en los siguientes años. El proyecto fue aprobado y se aplicó para normar el diseño técnico y económico de nuevas rutas durante el resto del porfirismo. También aportó criterios de prioridad y las bases para la consolidación de líneas de compañías que se efectuó poco después, o sea a principios del siglo.

La expansión ferroviaria fue extraordinaria. De 617 kilómetros de vía en 1876 llegó a contar el país con casi veinte mil a fines del porfirismo, de los que más de siete mil se construyeron bajo el plan de Limantour. El procedimiento para lograr extender las líneas consistía en otorgar la concesión de los derechos de explotación de la línea a empresas extranjeras por 99 años y además, conceder ricas ayudas. Se daba una generosa subvención para ayudar a la construcción de las vías que variaba entre seis y ocho mil pesos por kilómetro, dependiendo de las dificultades técnicas del trazo.[7] Se concedía un derecho de vía de setenta metros a cada lado de la línea más los terrenos necesarios para edificios administrativos, talleres, patios, etc. También se otorgaba el derecho de tomar gratuitamente los materiales de construcción necesarios que se encontraban en terrenos nacionales vecinos (piedra, arena, calizas, madera, etc.). Los yacimientos de minerales y de materiales de cualquier naturaleza que se encontrasen dentro del derecho de vía se concesionaban automáticamente a la empresa. Además, en materia de impuestos gozaban de la exención total por veinte años para la importación de maquinaria y equipo de construcción, equipo rodante, de tracción, para comunicaciones y materiales para instalaciones. También se concedía exención del pago de impuestos sobre productos y capitales en el mismo lapso. Es importante señalar que el Estado no hacía concesiones

7. Véase Calderón, F., "Los ferrocarriles" en *Historia moderna de México. El porfiriato. Vida económica*, t. I, Editorial Hermes. México, 1965.

iguales a todas las empresas, sino que cada caso era objeto de una negociación aparte. Las facilidades otorgadas no siempre aseguraron el éxito de las empresas. En unos casos la ineficiencia y el desorden administrativo fueron causa de quiebras, pero en otros el problema de la operación imponía dificultades insalvables, entre otras causas por el problema de tarifas. En efecto, el Estado implantó tarifas favorables a los usuarios más importantes, como eran las compañías mineras, a fin de garantizarles abundantes ganancias, pero esto afectó a su vez a las empresas ferroviarias.

Con la existencia de la red ferroviaria se redujo el costo de transporte radicalmente y además fue un elemento central en la integración nacional, en la expansión de los mercados y en la posibilidad de exportar. Por ejemplo, en 1877 costaba 61 pesos por tonelada el transporte de algodón de la capital a las fábricas de Querétaro y en 1910 se había reducido a tres pesos por tonelada.[8]

La consecuencia de la construcción de ferrocarriles fue de gran significado. Por una parte, se produjo la expansión de la demanda sin cambios de ingreso, es decir, por la simple agregación de mercados antes aislados. A este efecto, de por sí formidable, se aunó el ingreso generado en la construcción de las enormes obras públicas para estimular y consolidar la economía capitalista.

El manejo de la cuestión ferroviaria muestra un rasgo que fue característico del Estado mexicano de aquel entonces y que persiste en el actual. Este fue el creciente poder de manipulación que cobró, en parte propositivamente, y en parte por necesidad de su función de Estado capitalista. Esto se muestra plenamente con motivo de la nacionalización de una fracción sustancial del sistema ferroviario, al que se denominó Ferrocarriles Nacionales de México (comprendía más de la mitad del sistema). El Estado había adquirido una parte de las acciones de la empresa desde su fundación. Mediante una maniobra financiera que mostró claros indicios de ser un gran negocio turbio, el Estado adquirió el resto de las acciones en 1908.[9] Con esta compra se asumió una deuda que habría de causar más adelante serios problemas a la nación.[10] Empero, lo importante es resaltar el poder económico que había alcanzado para entonces el Estado, ya que la actividad ferrocarrilera era de principal importancia en una economía de dimensión mucho menor que la actual y con todo adquirió parte del sistema.

Durante el período porfirista tuvo lugar un cambio en la importancia relativa de los factores internos en el desarrollo del país. En efecto, la expansión económica acelerada en comparación con el estancamiento de la

8. Hansen, R., *La política del desarrollo mexicano*, Siglo XXI, México, 1971, pp. 29-30.

9. Calderón, F., *op. cit.*, p. 620-621.

10. Bazant, J., *op. cit.*

época de la Reforma se originó en la combinación de la demanda de exportaciones, la afluencia de financiamiento externo y la tecnificación de la economía, pero sobre todo en la transformación estructural de la sociedad para generalizar la explotación capitalista. Así surge una incipiente industrialización a costa de los talleres locales y principalmente bajo el estímulo de la sustitución de importaciones de bienes de consumo pero también de la producción nacional espontánea (es decir, sin corresponder a la sustitución de importaciones); crece la minería; se amplía y diversifica la agricultura de uso interno; se extienden sistemas ferroviarios y de comunicaciones; tienen lugar cambios demográficos y económicos que determinan el crecimiento del sector de servicios. Las relaciones de producción capitalistas se extienden absorbiendo con frecuencia comunidades y actividades completas sin necesidad de alterar sus relaciones internas. Todo ello es parte de la transformación de las relaciones de producción que permite una intensificación de la explotación del trabajo, la formación de clase, la modificación del poder de grupos existentes y el surgimiento de otros nuevos (la "aristocracia pulquera", los banqueros, etc.). Esta enorme transformación, debida al crecimiento acelerado y sostenido de la economía, procede de la importancia determinante de los factores internos, tales como la explotación del trabajo, la demanda, las acciones del sector público, la adaptación monetaria y crediticia a la cual se añaden factores externos que ayudan a la acumulación y amplían sustancialmente la demanda y la oferta con exportaciones e importaciones abundantes.

La magnitud de la influencia externa se pone en evidencia en el momento en que la continuidad de las funciones de esa esfera se interrumpe, ya sea a través de fuertes fluctuaciones de precios de las exportaciones e importaciones, ya de las corrientes financieras. En circunstancias de crisis externa, como la recesión de 1901 y en ocasión de su segunda parte en 1907, la profunda perturbación que provocó en todo el ámbito nacional es una demostración de la estrecha interdependencia que había alcanzado la economía con los factores externos.

Los factores internos no eran secundarios, sino más bien adolecían de una marcada debilidad de compensación de las fluctuaciones externas por su polarización. Ello a su vez se debía a que habían surgido, se habían formado y habían orientado su operación bajo la influencia de los poderosos factores externos. Así, la economía se formaba de tres componentes:

a) El sector exportador y el comercio de importaciones, junto con una parte del aparato de intermediación financiera, directamente vinculados con el exterior.

b) Las actividades internas sostenidas por la demanda nacional que, a su vez, encontraba gran parte de sus estímulos en el ingreso generado por las actividades de exportación; en inversiones públicas sustentadas sobre los ingresos relacionados estrechamente con los tributos al comercio y financiamiento exterior; en inversiones privadas financiadas principalmente por fuentes de esa esfera, y otras con ahorros originados en gran medida en actividades relacionadas con la misma. Así, por ejemplo, se estima que casi la mitad de la inversión total en 1902/03 fue externa y que se aplicó en su mayoría a las actividades extractivas y de transporte. En cambio, la inversión privada nacional se orientó casi en su totalidad a la agricultura, transporte, construcción y al comercio y sólo una fracción (8% del total y 15% de la mexicana) a la industria.[11]

c) Las actividades agrícolas más cercanas al autoconsumo y por tanto menos afectadas por las fluctuaciones del sistema mercantil.

Así, con excepción del último sector, las actividades internas eran vulnerables a las variaciones del exterior, pese a la dimensión y a la relativa complejidad que habían alcanzado.

Existen diversos indicios que apoyan la interpretación anterior. Uno de ellos, tal vez el más evidente, consiste en que la evolución de los movimientos políticos se hallaba relacionada indirectamente con las condiciones externas. La marcada disminución de la lucha de clases a partir de la expansión porfirista de los años ochenta y su resurgimiento desde principios del siglo tienen una exacta correspondencia con el crecimiento por el auge y luego con la incapacidad del sistema para compensar las fluctuaciones externas y mantener el crecimiento económico. Este fue el principal elemento pacificador porfirista más que la represión, aunque ésta siempre estuvo presente para imponer la explotación. Es de observarse que entre los años setenta y 1910 el total de las fuerzas armadas se redujo sustancialmente, ya que pasaron de 102 mil miembros a 26 mil y dentro de ellas, el ejército regular pasó de 30 mil a 18 mil hombres.[12]

La dialéctica de los acontecimientos internos, estimulada por los externos, llevó a la ruptura política de acuerdo con las condiciones estructurales y circunstanciales pero a partir de la incapacidad del sistema para permitir un desarrollo más intenso de las fuerzas productivas. El descontento político y la resistencia a la explotación se aceleraron por la crisis interna estimulada por la externa. El rumbo mismo de la revolución de 1910 respondió a demandas de transformaciones capitalistas más intensas combinadas con demandas campesinas que aspiraban a un retorno a relaciones arcaicas. El tono y la orientación de la gesta armada y de su resultado último, tienen como antecedentes la forma de evolución del país en los períodos independiente, reformista y porfirista y se desencadenan bajo el estímulo de la incapacidad económica y política del sistema acentuada por la crisis externa. La revolución surge por causa de la explotación del trabajo y bajo el empuje de dos poderosas fuerzas. Una la formada por una

11. Navarrete, A., *El financiamiento del desarrollo económico*, en *50 años de Revolución*, Fondo de Cultura Económica, México, 1960, tomo I, p. 514.

12. Bulnes, F., *El verdadero Díaz y la revolución*, Editora Nacional, México, 1967, pp. 291-296.

parte de los explotados que pretenden aliviar su condición. Otra por aspirantes a explotadores que procuran participar, modernizar, extender y hacer más lucrativa la explotación. El exterior participa como demanda (exportaciones), como fuente de oferta (importaciones), como detonador de crisis y como participante en la explotación a través de inversiones directas. Sin embargo, entonces como ahora, la explotación principal, mayoritaria y determinante del sistema la efectuaban nativos, ya fuese en tanto dueños de los medios de producción o como representantes de los mismos.

XXIII

AGRARISMO LIBERAL Y LAS VÍAS CAPITALISTAS RURALES

De acuerdo con el esquema liberal porfirista se esperaba que la vinculación con el exterior jugase el papel de impulsora del crecimiento y del progreso. Este último se entendía como el proceso de formar un sistema económico interno capitalista capaz de ir reduciendo gradualmente la importancia del exterior sobre la determinación del acontecer nacional (obsérvese que con variantes menores siguen siendo la aspiración actual de la burguesía). Se esperaba que con el fastuoso auge de las exportaciones y con la formación de una extensa infraestructura económica se habrían de estimular los mercados internos. Con ello tendría lugar la formación de capitales mexicanos que junto con los externos se aplicarían a promover actividades agropecuarias, mineras e industriales orientadas a satisfacer la demanda interna. Mientras tanto, el sector exportador debía sostener un río de divisas para efectuar las importaciones requeridas y para liquidar la deuda, que por cierto aumentaba aunque su servicio pesaba cada vez menos sobre las finanzas públicas gracias a la habilidad para negociarla. Se esperaba que todo ello, complementado con una dosis creciente de educación y de administración firme, llevaría a la formación de una economía capitalista donde los empresarios nacionales habrían de sustituir gradualmente a los extranjeros a través del libre juego de la competencia. Y en realidad se acercó la nación a esa posibilidad en la medida en que se sostuvo el auge externo y a pesar de la creciente rigidez del sistema económico para ajustarse a las nuevas necesidades. Empero su violento crecimiento anquilosó estructuras sociales y políticas y además tuvo que depender de importaciones que eran insustituibles en esa etapa, no sólo de productos industriales sino aun de agropecuarios. Tal rigidez contrastaba con las demandas sociales generales por las mismas transformaciones económicas internas, y auspiciaba un conflicto social creciente, sobre todo en cuanto el sector externo empezó a debilitar su estímulo sobre la economía.

Para entonces se había polarizado la sociedad alrededor del poderoso sector exportador a pesar de los avances en los sectores sustentados en la demanda interna, particularmente de la industria.

La actividad agropecuaria dedicada al consumo interno adolecía de una marcada rigidez, por lo que su oferta, fue suplida durante un tiempo por la importación. Sin embargo, al debilitarse la exportación por la crisis, la importación de alimentos básicos se frenó y la escasez y el hambre golpearon violentamente al gran núcleo de pobres del país.

La esencia de la política porfirista era la vigorosa intervención del Estado en la economía, pero casi exclusivamente para crear las condiciones necesarias con el fin de que los poderosos impulsos externos ejerciesen su efecto transformador, y para estimular esos impulsos.

En el sector agropecuario que era el más importante de toda la economía, se aplicó la misma política pero con condiciones diferentes a las de la minería, industria o servicios públicos en vista de que el latifundio era la base principal de apoyo para la expansión capitalista en el resto del sistema. Aquí se requerían transformaciones agrarias profundas pero el Estado no podía ir más allá de favorecer –por cierto con medidas juaristas– la destrucción de reductos de propiedades comunales y de aplicar políticas para poner en circulación mercantil las dilatadas tierras propiedad de la nación mediante su deslinde y apropiación privada. Éste fue sin duda uno de los últimos episodios de la acumulación originaria.

Los estímulos a la producción consistirían, de esta manera, en facilitar la colonización, en extender el sistema ferroviario, en auspiciar el dominio privado de terrenos para la agricultura y en permitir el incremento de precios de productos básicos. Obvio es que tales estímulos no se oponían a los grandes negocios de militares y funcionarios, héroes y comerciantes, hacendados y técnicos, que en tumulto acudieron a obtener gratis o muy baratas grandes extensiones de tierras. Tuvo lugar una nueva concentración de la propiedad que se oponía al objetivo liberal de la libre concurrencia. La forma y el objeto de esta política eran parte de un criterio y de un estilo de gobierno que era al menos congruente. Es decir, las normas de política económica que se siguieron fueron similares en las principales actividades, pero los resultados en la agricultura fueron diferentes al aplicarse sobre relaciones de producción con características especiales por referirse principalmente a latifundios. Así el resultado fue el avance capitalista con base en la multiplicación de ranchos pero sobre todo dentro de la variante de la hacienda (la llamada vía "junker"), formando entre ambas variantes una articulación de relaciones de producción de principal importancia. También se caracterizó la transformación capitalista por las pocas inversiones externas y la preservación de formas de producción no capitalistas que fueron integradas a este sistema como conjuntos.

Es importante considerar que la transición de la sociedad mexicana al capitalismo se alcanzó sólo cuando el sector esencial de su reproducción, que era la agricultura, empezó a operar predominantemente a favor de la formación del capitalismo. Esto a pesar de que gran parte de la producción se efectuaba dentro de relaciones no capitalistas. Empero, en la medida en que la agricultura aportaba una sustantiva contribución a la acumulación ampliada de capital en el sector y en el resto de la economía y se generaban demandas sociales capitalistas como era la posesión de la tierra, la liberación del trabajo y la libre circulación de bienes, cobraba un sentido creciente capitalista la actividad, además de apoyar la consolidación de esta forma de producción en el resto de la sociedad. En la medida que en el propio sector no se podían cumplir estas demandas fue gestándose una creciente presión rural que influyó poderosamente como estímulo a las demandas políticas urbanas a finales del porfirismo.

Covarrubias dice: "El empeño y la actividad que el gobierno del Gral. Díaz tuvo en la materia agraria y en la agrícola, es el mismo que desplegó en todas las demás manifestaciones de la actividad orientado siempre en el mismo sentido: favorecer el desarrollo de la riqueza pública y dar aliciente al capital sin preocuparse gran cosa de la justicia distributiva . . . el aumento enorme que tuvo la renta de la tierra, la cual subió de valor hasta veinte veces, aceleró el movimiento de concentración o monopolio de la tierra, al mismo tiempo que subían de valor los artículos de primera necesidad y permanecían estacionarios o bajaban los jornales."[1]

Desde luego Covarrubias se refería en ese párrafo sólo a los resultados que produjeron los penosos procesos de concentración de la tierra por vía del despojo y no a los efectos, aún más poderosos, derivados de la política nacional de deslinde y apropiación privada de baldíos. A este respecto era de la opinión, poco convincente y escasamente compartida por sus contemporáneos, de que el deslinde no había afectado seriamente al que él llama "nuestro régimen rural", por lo cual entiende las formas de organización de la agricultura en la parte central del país que era la más poblada y más rica. Este régimen no se perturbó mayormente, nos dice, debido a que los deslindes se efectuaron principalmente en las regiones semidesérticas, poco pobladas y más alejadas del centro del país.[2]

Son ampliamente conocidas las cifras acerca de la enorme afectación y concentración de tierras que produjo la política de deslinde de baldíos a partir de la ley de 1883.[3] Ésta puso en aplicación, con la eficiencia característica del porfirismo, una idea liberal clásica. Con el fin de acelerar el proceso de incorporación a los mercados de factores y a la explotación a las tierras incultas y comunales, se concedió en propiedad a las empresas deslindadoras un tercio del total de tierras baldías que pudiesen localizar y delimitar topográficamente. Con ello el Estado no tenía que hacer erogación alguna para provocar una extraordinaria movilización de la propiedad de la tierra y en cambio obtenía ingresos considerables. Además cedía riquezas que constituían bases de acumulación originaria de primera importancia, pese a que dieron lugar al reforzamiento del latifundio y no a la proliferación de pequeñas explotaciones. Es decir, estimuló la llamada "vía junker" de expansión capitalista en la agricultura, aunque también ayudó a la proliferación de ranchos.

1. Covarrubias, J., "La trascendencia política de la Reforma Agraria", en *Problemas Agrícolas e Industriales*, vol. V, núm. 3, México, 1953, pp. 147-148.
2. *Ibidem*, p. 146.
3. Véase González Navarro, M., "La vida social", en *Historia moderna de México. El porfiriato. Vida social*, Ed. Hermes, México, 1957.

Baldía se consideró toda tierra carente de título de propiedad en regla, lo que dio lugar a una multitud de despojos legales e ilegales de tierras comunales y privadas. De ellas, decíamos, un tercio era para los deslindadores autorizados y los dos tercios restantes se vendían con grandes facilidades a los postores. Una de esas facilidades consistía en la facultad de pagarlas con bonos de la deuda a su valor nominal, que para entonces tenían un valor de mercado de 35 centavos por peso. Con ello, el Estado obtuvo grandes ingresos que vinieron a compensar en parte los estímulos a la construcción de vías férreas.

El efecto fue descomunal en varios sentidos. Se deslindaron en total 49 millones de hectáreas entre 1881 y 1906, año en que se consideró terminada la labor.[4] Esto supone que se afectó alrededor de una cuarta parte de la superficie total de la nación y que los accionistas de las compañías deslindadoras, entre derechos de un tercio de las tierras baldías en forma de "rescate" y la adquisición de los mejores lotes a precios bajos, obtuvieron o negociaron en alguna medida alrededor de 20 millones de hectáreas, o sea más del 10% del territorio nacional. Muchos de los afectados denunciaban sus propios lotes para tener la primera opción de recompra de sus tierras, lo que representó ingresos adicionales para las empresas deslindadoras y una forma de impuesto de regularización de la propiedad.

Ésta, de hecho, era una etapa más de la transformación agraria liberal que se inició en las primeras leyes de desamortización de las tierras de corporaciones civiles mediante su pago en 1856 y que siguió con las duras leyes juaristas de nacionalización sin pago de las mismas. La afectación de tierras que produjeron este conjunto de leyes y medidas, incluyendo el deslinde de baldíos, fue enorme.[5] Como punto de comparación considérese que la etapa final de la transformación liberal del agro, que es la reforma agraria de la Revolución mexicana de 1910, en las cinco y media décadas que lleva de aplicación desde 1915 hasta 1970 no ha llegado a superar la magnitud de la superficie afectada por la Reforma y el porfirismo.

Las apreciaciones anteriores permiten hacerse una idea de la profunda modificación agraria que supuso el liberalismo. El hecho de que ésta haya servido para sustentar la construcción de un sector capitalista urbano y minero a costa de vitalizar parte de las haciendas, sólo indica que en ese período no requería la destrucción de éstas, sino su adaptación. Por esta razón no se generaron fuerzas para revolucionar el agro e imponer la variante de la pequeña y mediana explotación, tan caras a la ideología liberal.

4. Silva Herzog, J., *El agrarismo mexicano y la reforma agraria*, Fondo de Cultura Económica, México, 1964, pp. 116-117.

5. Existe una diversidad de estimaciones que conducen a resultados diferentes. Véase De la Peña, M., *El pueblo y su tierra*, Cuadernos Americanos, México, 1964, página 275.

Además tenían los empresarios el campo abierto en las actividades más ricas del propio sector agropecuario para emprender actividades productivas con claro corte capitalista y aprovecharon esas oportunidades en diversas regiones.

La desviación y limitación del impulso revolucionario del capitalismo frente a la hacienda supuso dos efectos sociales de primera importancia. Por una parte, condicionó que junto con las relaciones de producción capitalistas persistiesen en el agro otras relaciones que vitalizaban estructuras que habrían de estorbar y deformar el desarrollo posterior del capitalismo. Por otra parte, la desviación ejerció una poderosa influencia sobre la evolución de otros sectores, tanto a través de la interdependencia económica que se establecía (por ejemplo la influencia que tenía en el acontecer nacional la producción agrícola de alimentos y cultivos industriales), como en las relaciones de clase y en la formación de la ideología burguesa (por ejemplo, la vitalización de tendencias señoriales en la burguesía).

La extensa transformación agraria tuvo gran influencia en la producción agrícola. Una parte de las tierras incultas fueron incorporadas a la explotación a través de esta enorme redistribución de la propiedad, sobre todo al iniciarse el auge agropecuario que requirió tierras, trabajo e inversiones abundantes. Los deslindadores conservaron en sus manos grandes extensiones de tierras y vendieron a latifundistas otras más. Esto aceleró la formación de ranchos y haciendas en los años porfiristas. Se estima que para 1910 el 97% de la superficie nacional estaba en manos de rancheros y hacendados, 2% en las de pequeños propietarios y 1% en las de comunidades.[6]

Así, puede afirmarse que las comunidades indígenas habían prácticamente desaparecido como elemento económico para entonces, dejando lugar a una relación desnuda hacienda-peón en el sector agropecuario, modificada por el desarrollo y modernización de haciendas, ranchos y pequeñas propiedades (sobre todo en las dedicadas a la exportación y a la producción de materias industriales), en las que se implantaron relaciones de trabajo y de explotación capitalistas deformadas por su forma de vinculación (peonaje acasillado, aparcería, etc.).

Para finales del porfirismo el efecto de la expansión de las haciendas se había alcanzado plenamente, tanto territorialmente cuanto a la modernización técnica, sobre todo en las dedicadas a la producción para exportación. Esta modernización se efectuó acentuando al mismo tiempo el peonaje que era una vinculación de la familia del peón con el señor con carácter de servidumbre, la que se apoyaba usualmente en la mediería u otras variantes similares de explotación de la tierra del hacendado. También se definían los términos de la prestación de servicios regulares a la

6. Loredo, J., *Producción y productividad agrícolas en México, 50 años de Revolución*, tomo I, p. 99.

producción y atención de la hacienda a la que se obligaba el peón acasillado, ya fuese derivada de una contratación especial a este objeto, donde se estipulaban las condiciones del trabajo (salario, jornada, pagos en especie), o de la relación de aparcería. En todo caso la relación se expresaba cada vez más en la absorción del peón con todo y familia y comunidad a la hacienda. Para 1910 la mayoría de las comunidades se encontraban incorporadas a haciendas (82%), en las que se encontraba la mitad de la población rural.[7] Es decir, inmersas en un medio capitalista, las haciendas absorbían como conjunto a comunidades y podían preservar las relaciones de producción no capitalistas. Así aseguraba la hacienda la mano de obra necesaria.

Además de los factores favorables a la vitalización de la hacienda, como fueron el auge económico y el largo período de gestación de los cambios superestructurales, también influyó poderosamente en la misma dirección el que éstas actividades se hubieran convertido en la fuente de apoyo de la expansión burguesa, junto con el comercio. Durante varios siglos la hacienda había sido la versión progresista de organización de la producción. Además fue la beneficiaria de las leyes de Reforma y del brutal despojo de los deslindes. En consecuencia se había vigorizado por lo que los estímulos liberales resultaron insuficientes para disolverla. Además, no puede olvidarse que la hacienda garantizaba la contención de los conflictos rurales y dejaba a la burguesía urbana y extranjera las manos libres para emprender el cambio social a partir de la minería y de la industria y aprovechar el auge en el mismo sector agropecuario. Así, una parte de las explotaciones agropecuarias eran de corte capitalista, entre ellas las ganaderas, al igual que algunas de las dedicadas a la producción de bienes para la exportación y buena parte de las que producían cultivos industriales como la caña de azúcar, entre otras. Además, las haciendas tradicionales también se incorporaron al auge de las exportaciones y al de la producción interna a nivel comercial en la medida en que las tierras y aguas se combinaban con una localización propicia para ello. Y en esta medida interiorizaban impulsos favorables al desarrollo capitalista.

La resistencia al capitalismo no provenía sólo de los hacendados por su orientación señorial, sino también de los campesinos que preservaban la imagen idílica de la propiedad comunal y en ocasiones sus estructuras, al lograr resistir el embate liberal.[8] Entre ambas fuerzas se encontraba una burguesía rural en permanente estado de descomposición, en proceso de convertirse en hacendado, en comerciante y eventualmente en campesino o peón. Su acción revolucionaria se frustraba ante las oportunidades de emprender pautas señoriales. A ello ayudaba la disponibilidad de tierras y la escasez rural de mano de obra.

7. Tannenbaum, F., "La revolución agraria mexicana", en *Problemas Agrícolas e Industriales*, vol. IV, núm. 2, México, 1952, pp. 23-24.

8. Gilly, A., *La revolución interrumpida*, Ed. El Caballito, México, 1971, p. 30.

No menos importante es el hecho de que la presión urbana para inducir el capitalismo en todo el ámbito de la economía era pequeña, en gran medida por efecto del auge externo. Es decir, el elemento dinámico de la sociedad que la inducía a crecer y a disponer de satisfactores no era una estructura manufacturera sino una minería, con limitada vinculación interna, y una agricultura de exportación. En esa medida faltaba el empuje necesario para que la agricultura como conjunto evolucionase más aceleradamente hacia la implantación de relaciones capitalistas.[9]

La transformación capitalista de la agricultura porfirista tuvo lugar por dos vías. Una fue la gradual formación de unidades empresariales de producción. Otra fue la transformación de todo el resto de la economía que formó una atmósfera o medio general de funcionamiento capitalista. En esa medida cambió el carácter global de la agricultura, ya que su relación era cada vez más con un medio plenamente capitalista. Claro está que se conservaron elementos de la organización peón-hacienda y ello a su vez determinó el fortalecimiento de tendencias favorables a preservar la organización comunal, aun cuando ya no dentro de las normas tradicionales, sino con frecuencia en vinculación estrecha con la estructura de la hacienda. Esto creó el aspecto puramente formal de que subsistía un modo de producción ya eliminado, que era el despótico tributario.

Lo más importante no fue la apariencia de la supervivencia de un modo de producción ya agotado, sino la manera en que ello se prestó a impedir que los mecanismos de la acumulación originaria operasen en plenitud. Por una parte la expropiación de tierras del clero y de las comunidades, y el fraccionamiento de las públicas, no se tradujo en la formación de una burguesía rural hegemónica y, a su vez, esto impidió que surgiese un proletariado. Es decir, no llegaron a delimitarse plenamente las clases sociales capitalistas antagónicas y la dinámica social no tuvo vigor suficiente para incorporar las relaciones de producción capitalistas al interior de todos los conglomerados sociales. Ello se debe atribuir en parte a la persistencia de estructuras heredadas de la Colonia, como eran las de origen despótico tributario, que ejercieron poderosa influencia a través de su funcionamiento diario y que estimularon la vitalidad del sistema señorial de explotación del trabajo y de la tierra. Podría haberse solventado esta persistencia en el caso de que en otros sectores surgiese una firme presión favorable al capitalismo en el agro a través de los canales de competencia por los recursos. Pero siendo los impulsos más dinámicos de origen externo, y al no existir un pleno conflicto por el dominio y uso de los factores entre un núcleo capitalista en expansión y uno hacendado, excepto en algunas regiones centrales, pudieron coexistir ambos. En efecto, el capital era abundante y externo; los recursos naturales sólo eran motivo de competencia entre la agricultura de carácter comercial y la tradicional, resol-

9. *Ibidem*, p. 15.

viéndose usualmente a favor de la primera. Las necesidades de mano de obra para asalariarse en la agricultura se resolvían regionalmente transformando las relaciones, y en actividades no agropecuarias se satisfacían ampliamente con la fracción de los desplazados de la agricultura y sobre todo por la masa de subocupados urbanos. Por otra parte esas demandas tampoco fueron exageradas, ya que la ocupación, que usualmente es superior a la necesidad técnica de mano de obra, creció entre 1895 y 1910 con tasa de 0.8% anual (fuerza de trabajo) y la población total 1.3%.[10] Es significativo que la fuerza de trabajo en la agricultura se elevó con ritmo anual de 1.2% en este lapso, es decir, que no perdió ni ganó mano de obra aunque tuvieron lugar tendencias diversas por regiones (véase el cuadro 18).

Además, no debe olvidarse que una piedra angular de la paz porfirista era dividir clases, grupos, intereses y nacionalidades y sostener el crecimiento económico. En tal virtud en ocasiones apoyaba el Estado a los hacendados, que eran poderosos localmente, frente a empresarios nacionales o exteriores, aun a costa de las ventajas evidentes que para el crecimiento económico podría tener una agricultura diferente. No menos importante es que parte de la burguesía compartía personal o familiarmente las ventajas de poseer una propiedad rústica. Gran parte de los políticos provenían de las haciendas o iban a dar a ellas. Los generales se domesticaban a base de darles un latifundio. Es decir, la hacienda era algo más que una forma de explotación de hombres y tierras. Era una parte central del funcionamiento capitalista durante el porfirismo.

A pesar de los elevados estímulos generales que el porfirismo concedió a la inversión extranjera, en la agricultura no tuvo lugar una invasión de capitales y empresarios del exterior similar a la que se registró en la minería o en la industria. Los inversionistas fueron sobre todo norteamericanos que se localizaron principalmente en las regiones fronterizas.

Por la misma transformación capitalista se generaron dos ritmos diferentes de gestación de los cambios. Uno era el cambio en la forma de explotación y del aparato económico, incluyendo la acumulación creciente de capital, la iniciación de nuevas actividades, la incorporación de tecnología más avanzada, la expansión y modificación del consumo, todo lo cual tuvo lugar en lapsos relativamente cortos. Otro era el efecto en la transformación social y superestructural que sucedía a través de los canales de interdependencia de las relaciones de producción y sociales que se iban

10. Las cifras sobre población total, económicamente activa y fuerza de trabajo deben tomarse con reservas. Un caso ilustrativo lo constituye el que se reporta un crecimiento de la población total con ritmo de 0.3% anual entre 1900 y 1910, mientras que la población económicamente activa y la fuerza de trabajo sólo se hace crecer en 0.4 % anual, sin datos de que haya sucedido un intenso cambio en la estructura de edades. En tal razón la información debe tomarse sólo como indicadora de tendencias generales.

CUADRO 18

México: Población total, económicamente activa y fuerza de trabajo 1895-1910 (miles de personas)

	1895	*1900*	*1910*	*Tasa anual de crecimiento (%) 1895/1900*	*1900/1910*	*1895/1910*
Población total	*12 942*	*13 607*	*15 160*	*1.0*	*1.1*	*1.1*
Población económic. activa	*4 942*	*5 360*	*5 581*	*1.6*	*0.4*	*0.9*
Fuerza de trabajo	*5 230*	*5 647*	*5 874*	*1.6*	*0.4*	*0.8*
–Agropecuaria[a]	2 976	3 178	3 584	1.3	1.1	1.2
–Industria[b]	693	803	803	3.0	0.0	1.0
–Servicios	1 241	1 355	1 421	1.8	0.5	0.9
–No especificada	320	311	66	–0.6	–14.3	–10.0

FUENTE: *Estadísticas económicas del porfiriato, Fuerza de Trabajo y actividad económica por sectores,* El Colegio de México, sin fecha, *passim.*

NOTAS: *a* Comprende agricultura, ganadería, silvicultura, caza y pesca.
b Incluye extractivas, de transformación, electricidad, gas y combustible.

modificando, incluyendo la formación de un poderoso Estado capitalista. El efecto conjunto de todo ello se veía matizado por la influencia positiva que ejercieron los cambios económicos sobre el ingreso, la ocupación y el nivel del consumo. La combinación de estos factores dio por resultado que la transformación en la superestructura tomase algún tiempo para alcanzar una adaptación más o menos equivalente a los cambios notables que habían tenido lugar en la actividad económica a través del explosivo incremento de la exportación desde principios de la década de los años ochenta.

XXIV
LOS SECTORES PRODUCTIVOS: LA AGRICULTURA

El incremento de la demanda externa de productos agropecuarios tradicionales y nuevos desde finales de los años setentas se expresó en un formidable e irregular aumento de los precios. Los estímulos de éstos se tradujeron por un tiempo considerable (hasta mediados de la década de los años noventa) en variaciones correlativas de la producción de los mismos, determinando una poderosa tendencia a incrementarse hasta principios de la década de los años ochenta, para estancarse primero y luego retroceder. Así, de 1877 a 1883 creció el producto agropecuario de exportación con tasa de 14.6% anual y entre ese año y 1887 decayó con ritmo de 2.8% anual (véase la gráfica 3 y el cuadro 19). Se sostuvo por siete años, pero entró en un lapso de crecimiento con violentas variaciones cíclicas por 11 años. En los años finales del porfirismo el sector exportador de la agricultura recobró la estabilidad del crecimiento. Así, entre 1887 y 1910 creció con el notable ritmo de 5.7% anual (véase el cuadro 19). Debe resaltarse que desde mediados de la década de los años noventa el *quantum* de la producción para exportación empezó a comportarse con pautas capitalistas, es decir, compensando la contracción de precios con mayor volumen de exportaciones a fin de sostener el ingreso bruto de divisas. Esto significó inicialmente una moderación de la elasticidad-precio de la oferta y luego el característico y usual cambio de dirección y signo de la elasticidad.

Se estableció así el mecanismo tradicional que colabora a la contracción de los términos del intercambio del lado de la oferta de bienes primarios, y al incremento de la transferencia del excedente. Esta forma de operación supone que se efectuó una depuración de productores y que se formó un núcleo de ellos con eficiencia creciente, aun cuando su producción se ampliase principalmente por vía de la extensión de cultivos más que la intensificación de los sistemas productivos.[1] En todo caso se transformó, junto con el núcleo de productores de materias primas industriales, en la parte del sector agropecuario donde proliferaron las relaciones de producción capitalistas. Aun en el caso de haciendas que preservaron relaciones de servidumbre en el trabajo (henequén, tabaco), se incorporaron como conjunto a un medio de claro corte capitalista, a diferencia de la mayoría de las haciendas productoras de alimentos, como veremos.

1. Véase Cosío Silva, L., "La agricultura", en *Historia moderna de México. El porfiriato, vida económica*, tomo I, Editorial Hermes, México, 1965.

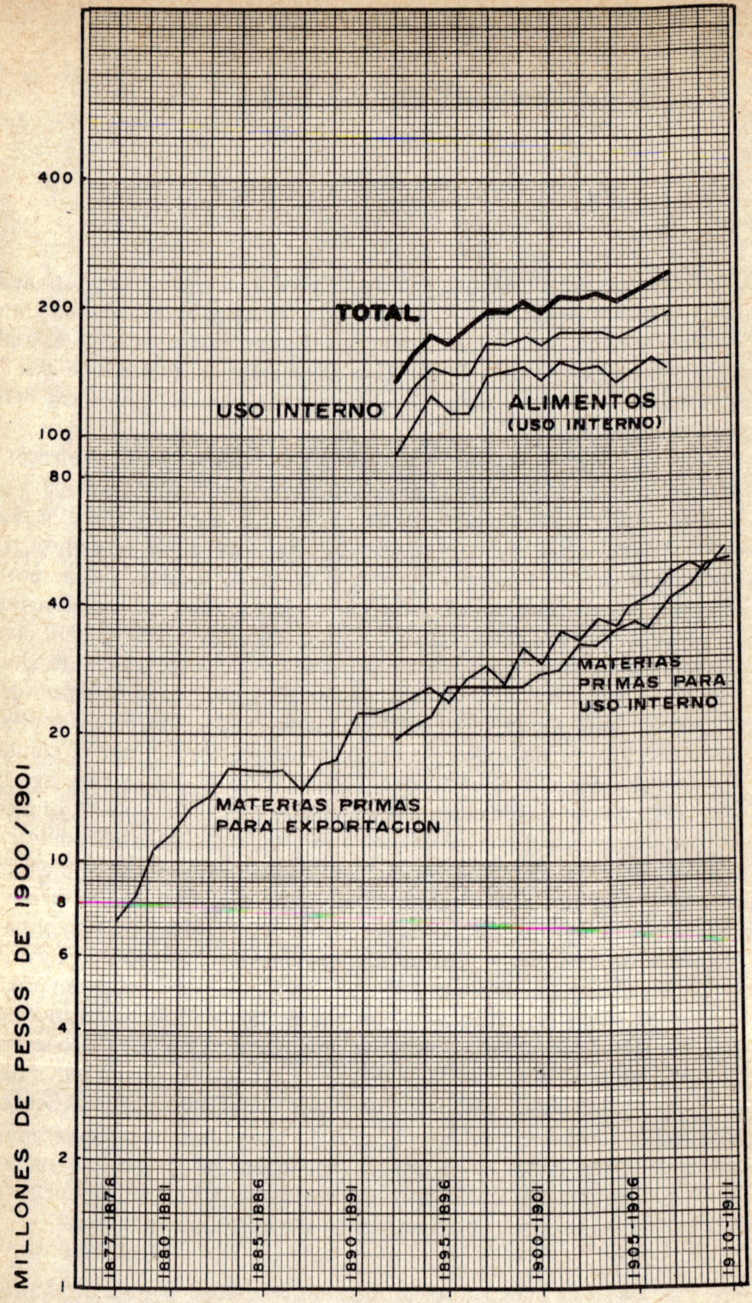

GRÁFICA 3

México: Producción agrícola, 1877-1910

El crecimiento tan notable del sector agropecuario exportador durante el porfirismo se basó en el aumento de los productos tradicionales (ganado, palo de tinte, vainilla, etc.) y también en la de una gran variedad de otros nuevos (café, chicle, henequén, etc.). La explotación se efectuó principalmente por medios extensivos, con tecnología tradicional (ganadería, vainilla), pero también hubo cultivos donde se aplicaron inversiones considerables y se introdujeron técnicas avanzadas (henequén, por ejemplo).

El estímulo del auge exportador sobre el conjunto del sector y sobre la economía en general se trasmitió por varias vías. Una de éstas era a través de la enorme movilización de recursos y hombres que se efectuó hacia las actividades de exportación para responder a la extraordinaria demanda externa. Ello generaba ingresos abundantes, al incrementarse la ocupación y los salarios, lo que determinaba un aumento acelerado de la demanda interna y, por lo tanto, un apoyo a la expansión de la oferta para estos mercados. Otra era la rápida elevación del ahorro público y privado que permitió tanto la inversión en infraestructura como directamente en la producción incluyendo el concurso de la inversión externa. A la movilización de factores internos para la expansión de la actividad exportadora contribuyó la fuerte concentración de recursos, incluyendo los financieros, en manos de comerciantes, de hacendados y de empresas agropecuarias, y la facilidad social y política que tenían en la explotación del trabajo y de recursos.

La producción para uso interno tuvo hasta 1899 una evolución mucho menos intensa que la de exportación, pero de todas formas notable (creció la producción, a precios constantes, 6.5% anual entre 1892 y 1899; véase el cuadro 19). En este caso el factor predominante de la evolución fue no sólo una sistemática elevación de los precios internos que convirtió a la agricultura en un brillante negocio, sino también la diversificación de la demanda. Por una parte, estaba la demanda tradicional de alimentos que, debido al fuerte incremento del ingreso interno y de la población tuvo una dinámica extraordinaria. La oferta se elevó en 9% anual entre 1892 y 1897 (mas no en el resto del período porfirista), por el estímulo del incremento de los precios de los principales alimentos a todo lo largo de la década de los años ochenta, empujados por la demanda inducida por el auge exportador y la inversión. Por otra parte, la rápida elevación de la demanda de cultivos para la industria interna sostuvo un enérgico crecimiento en todo el período 1892-1910 (5.6% anual) estimulada por el establecimiento de industrias, con lo que se convirtió en el componente más dinámico de la oferta agropecuaria en ese lapso (véase el cuadro 19). Debe considerarse que las industrias más importantes de la época se sustentaban, en su mayoría, en materias primas agropecuarias, tales como la textil, cervecera, azúcar, enlatados, etc.

Decíamos que la poderosa expansión de la oferta agropecuaria total se llevó a efecto bajo el estímulo sostenido del incremento de los precios internos por más de una década (hasta 1892 aproximadamente). Para ello se pusieron en explotación grandes extensiones de tierras antes incultas, ya bajo sistemas mercantiles avanzados, ya reteniendo las pautas de explotación tradicionales. Lo que de todas formas tuvo lugar fue una movilización formidable de recursos y una elevación correlativa de los ingresos hasta finales de siglo, no sólo de los hacendados, empleados y asalariados, sino también de la población acasillada. La disponibilidad nacional de alimentos se elevó sustancialmente hasta finales del siglo, ya que la población crecía con ritmo de 1.0% anual y la oferta interna de alimentos con ritmo de 5.9%.

CUADRO 19

México: Índices del quantum *de la producción agrícola 1877-1910 (base 1900 = 100)*

				Tasas anuales de crecimiento (%)		
	1892	*1899*	*1910*	*1892 1899*	*1899 1910*	*1892 1910*
Producción agrícola	*68.2*	*104.3*	*121.6*[a]	*6.1*	*1.9*[b]	*3.9*[c]
Para exportación	79.4	108.5	185.7	4.6	5.0	4.8
Para uso interno	66.9	103.5	114.5[a]	6.5	1.3[b]	3.7[c]
Alimenticios	66.2	105.6	107.0[a]	5.9	0.1[b]	3.3[c]
Materias primas	70.3	93.0	186.6	4.1	6.5	5.6

FUENTE: *Estadísticas económicas del porfiriato. Fuerza de trabajo y actividad económica por sectores,* El Colegio de México, sin fecha, pp. 61 y 63.

NOTAS: [a] Corresponde a 1907.
[b] Período 1899-1907.
[c] Período 1892-1907.

Como consecuencia de la oferta creciente para uso interno los precios de los principales productos alimenticios empezaron a declinar desde 1892 y continuaron esta tendencia hasta finales del siglo. En respuesta a ello, y también debido a los cambios en las formas de operación de las grandes haciendas, éstas empezaron a limitar la producción desde 1897 y mantuvieron ese nivel, con variaciones, hasta finales del porfirismo. El efecto no se hizo esperar, ya que los precios empezaron a crecer rápidamente desde finales del siglo y continuaron esa tendencia hasta 1910. Por ejemplo, en el caso del maíz los precios aumentaron en ese lapso en 7.7% anual. De esta manera los beneficios monetarios de los productores se incrementaron, pese a mantener el mismo nivel de producción, simplemente con empujar los precios hacia arriba. Así la rigidez creciente de la oferta dio por resultado una deficiencia en la disponibilidad de los alimentos básicos a partir de entonces. Eso creó graves condiciones de precios para los consumidores, sobre todo urbanos, pese al aumento de las importaciones. Particularmente notable fue esta evolución en el caso del maíz, cuya producción declinó desde 1897 con tasa de 1.2% anual, mientras que en el caso del frijol la producción se contrajo desde 1901 (con tasa de 2.1% anual).

Es de observarse la notable diferencia de respuestas a las variaciones de precios en el caso de productores para la exportación y para el consumo interno. Estos últimos optaron por soluciones mercantilistas mientras que los primeros siguieron pautas capitalistas. Ello se debió al carácter principalmente latifundista y señorial de la explotación que aportaba la mayor parte de la oferta de productos alimenticios. No faltaban las empresas de abierto corte capitalista, pero eran las menos en estas ramas. Así, a principios del auge la fuerte elevación de precios estimuló la explotación de grandes superficies de tierras en forma extensiva por dueños interesados en la formación y consolidación de haciendas e influidos por el espíritu de la paz recién lograda, lo que dio como resultado la notable expansión de la oferta de alimentos que caracterizó al inicio del porfirismo. En cambio, dos décadas más tarde los hacendados habían acumulado enormes fortunas y residían en la capital o en Europa. Había surgido el característico administrador encargado de las haciendas. La relación de señor-peón había desembocado inevitablemente en una actitud aristocrática. Todo ello determinaba que el interés se centrara más en la obtención de un gran volumen de ingresos que en elevar la tasa de beneficios o practicar la competencia. Se evitaron las inversiones y el interés se concentró en preservar las formas de explotación tradicionales, poco sensibles a los estímulos de precios.

En el caso de la producción de bienes agrícolas para la industria interna sucedió una evolución muy similar a la de la exportación. Es decir, por ser líneas de producción nuevas, que exigían inversiones cuantiosas y recursos bien administrados, tendieron a producirse preferentemente en explotaciones capitalistas. Esto no supone que en esas explotaciones no hubiese peonaje e inclusive esclavitud, sino que el funcionamiento de la unidad productiva estaba permeado y determinado por las condiciones capitalistas y su diseño se efectuaba con base en criterios de ganancias, rendimientos e inversiones. En tal virtud la producción respondió plenamente a las elevaciones de precios que indujo el incipiente y constante proceso de industrialización. El crecimiento de la oferta muestra una elevada sensibilidad y paralelismo con los cambios de precios. Particularmente significativo es el caso de la producción de caña de azúcar que por la transformación industrial lograda cobró perfiles de marcado acento capitalista.

Varios autores sugieren que la producción fue poderosamente estimulada por la recesión que provocó la lucha de independencia de Cuba (Bulnes por ejemplo). En todo caso, los cambios en la relación peón-hacienda en la zona de Morelos, al poner en plena explotación toda la superficie disponible con caña y al eliminar la práctica de la aparcería obligó a los campesinos a depender totalmente de la ocupación en el cultivo de la caña, proletarizándolos, elevando el salario (el mínimo en Morelos era más del doble del promedio nacional) y encareciendo la vida.[2] Pero la producción de caña es intermitente, y el campesino acostumbraba labrar la parcela comunal o la que explotaba a medias con la hacienda en las épocas en que se reducía el cultivo de la caña. Con el despojo de las tierras comunales y la especialización de las tierras de las haciendas se destruyó el delicado mecanismo de estabilidad política que había prevalecido hasta entonces y surgió, en su momento, la explosión zapatista.

A este respecto señala Díez:

"... En 1880 se instaló en las haciendas la primera maquinaria que usaba el método centrífugo, siendo Santa Clara la primera que utilizó este moderno procedimiento. Dicho procedimiento cambiaría radicalmente la vida en el Estado. Para aumentar la producción de azúcar, los hacendados trataron naturalmente de aumentar la superficie cultivada y esto tenía que ocurrir necesariamente a expensas de las tierras de las aldeas; las obras de irrigación se ampliaron y la propia administración pública tuvo que modificar sus impuestos y sus métodos de aplicación. En resumen puede decirse que la instalación de maquinaria moderna trajo un cambio total, los terratenientes prosperaron, su caña de azúcar les rindió más ganancias y el gobierno elevó sus impuestos; solamente a las aldeas se les obligó a entregar tierras y abastecimientos de agua."[3]

El despojo fue intenso. En sólo once años (de 1876 a 1887) disminuyeron en 40% los de ranchos en Morelos (pasan de 53 a 31) y más notable aún, los pueblos pasaron de 118 a 105. La causa era la expansión de la hacienda y la transformación de la población semilibre en asalariada para incrementar la producción cañera. En 1901 se inició la exportación de azúcar.

Otros productos industriales de origen agrícola fueron estimulados por la expansión industrial, como es el caso del algodón. Su producción demandaba para entonces una proporción de mano de obra y la aplicación de una tecnología que no podían ser aportadas por la hacienda tradicional, por lo que su cultivo en la época porfirista se concentró, en general, en explotaciones de corte capitalista, frecuentemente con riego, y con mano de obra asalariada. La expansión de la producción, inducida por el crecimiento acelerado de la industria textil, alcanzó el elevado ritmo de 7.1% anual en el período de 1891 a 1910, para el que existen datos confiables.[4]

2. Véase González Navarro M., *México: el capitalismo nacionalista*, Costa Amic, México, 1970, p. 135.

3. Díez, D., *Bosquejo histórico geográfico de Morelos*, Editorial Tlahuica, Morelos, 1967, p. 130.

4. *Fuerza de trabajo y actividad económica por sectores*, El Colegio de México, México, sin fecha, p. 71.

XXV

LOS SECTORES PRODUCTIVOS: LA MINERÍA

Acorde con la idea de lograr el mayor crecimiento posible, el Estado concedió grandes facilidades para la inversión en minería. Cedió en propiedad los yacimientos con base en el Código de Minería emitido en 1884, con lo que se modificó el criterio colonial de que la propiedad inminente de estos recursos era del poder público. Además se otorgaron facilidades fiscales diversas desde 1887 como fue la exención permanente de impuestos de todo tipo a la producción de petróleo, de mineral de hierro, de carbón y de azogue, así como rebajas en las tarifas de importación de materiales y equipo minero.[1]

La gran expansión mundial del capitalismo sobre todo después de la crisis de 1890, determinó una diversificación de la demanda y una rápida elevación de los precios mundiales de los productos mineros. Esto se combinó con la gradual apertura de líneas ferroviarias para convertir a la minería en un negocio altamente lucrativo. Como consecuencia se pusieron en explotación yacimientos que se habían abandonado por incosteables y se emprendió la exploración y explotación de nuevos yacimientos antes inaccesibles. Con la afluencia de inversiones se introdujeron mejoras técnicas diversas que elevaron la productividad del trabajo rápidamente (creció 4.7% anual entre 1895 y 1910).[2] Claro es que, en vista de que los capitales nacionales se dedicaban preferentemente a las actividades especulativas, a la adquisición de bienes raíces urbanos, a la agricultura, y más adelante a la industria, fueron capitales extranjeros los que primordialmente se aplicaron a la minería, los que en un principio se dedicaron a adquirir minas en explotación.

La abundancia de inversiones en minería y las facilidades portuarias y ferroviarias (el 60% del movimiento de carga lo constituía el transporte de mineral) incluyendo la fijación de tarifas preferenciales al transporte de minerales, tuvieron un efecto intenso sobre la producción.

En los primeros años del porfirismo la minería se concentró en la

1. Véase Nava Oteo, G., "La minería", en *Historia moderna de México. El porfiriato. Vida económica*, México, 1965, tomo I.

2. La información disponible muestra que el Producto Interno Bruto generado en la minería creció entre 1895 y 1910 a un ritmo de 5.9% anual (Gutiérrez Requenes, M., *Producto Interno y series básicas 1895-1967*, Banco de México, 1969) y la fuerza de trabajo aumentó con tasa de 1.1% anual en ese lapso (*Fuerza de trabajo y actividad económica por sectores*, El Colegio de México, sin fecha, p. 47).

explotación tradicional de mayor rendimiento, o sea la producción de oro y plata, ya que era la única que soportaba los altos costos de producción y transporte. En vista de la abundancia de la producción mundial de plata, se registró una constante contracción en su precio a diferencia del precio del oro que se mantuvo en crecimiento hasta los primeros años del nuevo siglo. La producción de metales preciosos constituyó prácticamente el total de la producción minera aún a principios de la década de los años noventa. La producción del sector creció a precios constantes, con ritmo de casi un 5% anual entre 1877 y 1891 y de 9% entre 1892 y 1911 (véase el cuadro 20). Además este crecimiento se apoyó principalmente en la elevación de la producción de oro, cobre y combustibles.

La contracción sistemática de los precios mundiales de la plata fue más que compensada con la reducción de los costos de transporte y de producción, ya que a partir de 1892 se introdujo el método de cianuración que revolucionó el procedimiento técnico. A su vez el precio del oro siguió elevándose y además se fueron reduciendo los costos de producción creando un amplio margen de ganancias. Así, el *quantum* de la producción de plata creció casi en 4% anual entre 1892 y 1911 y el del oro en 18%.

La electrificación mundial y nacional requería un gran volumen de cobre para conductores, lo que se reflejó en el crecimiento acelerado de los precios del metal. Las necesidades de alimentos y la transformación industrial en Europa y en los Estados Unidos demandaban cantidades crecientes de metales diversos como plomo y zinc. La producción minera de México reflejó fielmente esas poderosas demandas. Particularmente espectacular fue el inicio de la producción de petróleo que determinó en las dos décadas finales del porfirismo que la producción en el renglón de combustibles se elevase, a precios constantes, en 23% anual. Con estas nuevas líneas de producción, incluyendo el cobre cuya producción creció casi 12% anual, la composición de la producción del sector se modificó sustancialmente. Así, de representar a principios del porfirismo prácticamente la totalidad de la producción los minerales preciosos, se redujo esa al 54% para 1910.

La estrecha vinculación con los Estados Unidos determinó la ventaja de un grado mayor de manufactura de algunos minerales por conveniencia de los exportadores. Esta vinculación se tradujo también en la preponderancia de capitales de ese país en la actividad los que primero sustituyeron a mineros nacionales y a empresas inglesas establecidas y después desarrollaron nuevos yacimientos.

A principios del siglo la actividad se vio amenazada por la violenta crisis mundial que se reflejó en la tendencia a la baja de los precios de casi todos los minerales. La recuperación posterior fue breve y la exportación sólo pudo aumentar en valor corriente gracias a que el volumen compensaba las variaciones a la baja de los precios. Sin embargo, en 1909 la recesión fue inevitable y tuvo lugar una grave contracción neta del valor corriente de la producción del 2% (véase el cuadro 20).

CUADRO 20

México: Producción minero metalúrgica 1877/78 – 1910/11
(Índices base 1900/1901 = 100)

				Tasas anuales de crecimiento (%)		
	1877/78	*1891/92*	*1910/11*	*1877/78 1891/92*	*1891/92 1910/11*	*1877/78 1910/11*
Producción total (*Quantum*)	19.5	37.3	200.0	4.8	9.3	7.3
Oro						
Quantum	8.0	11.5	268.7	2.6	18.0	11.2
Precios	53.6	65.7	96.3	1.5	2.0	1.8
Plata						
Quantum	33.4	63.4	126.9	4.7	3.7	4.1
Precios	100.0	100.0	85.8	–	–0.8	–0.5
Cobre	—					
Quantum		23.0	184.8	–	11.6	11.6
Precios	55.1	48.9	74.9	–0.9	2.5	0.9
Combustibles						
Quantum	–	51.3	245.3	–	22.5	–

FUENTE: *Estadísticas económicas del porfiriato. Fuerza de trabajo y actividad económica por sectores*, El Colegio de México, sin fecha, pp. 135-142.

Por tradición y por su evolución acelerada durante el porfirismo, la minería constituyó el sector de mayor avance capitalista de la economía. La modesta ocupación de mano de obra en relación con la elevada inversión y al cambio tecnológico se vio acompañada inevitablemente por el avance en la organización laboral y por la combatividad de los trabajadores. Es difícil ponderar la influencia que ejerció sobre esto el hecho de que se trataba principalmente de empresas extranjeras, pero no puede soslayarse la importancia del hecho. Es indudable que la presencia de técnicos y trabajadores extranjeros sindicalizados, indujo avances en la organización laboral, al igual que en los ferrocarriles. En todo caso existen indicaciones de que se trató de uno de los sectores donde se registró el incremento más importante del salario mínimo real, ya que creció entre 1877 y 1911 con tasa de 2.5% anual, e inclusive se observa un período en el que se incrementó hasta 8% anual (de 1892 a 1898; véase el cuadro 24). Es de considerar que sólo en este sector y en la industria se registraron incrementos netos en el salario mínimo en términos reales entre 1877 y 1911 (véase de nuevo el cuadro 24). Otro indicio importante en este sentido lo constituyen las frecuentes huelgas que se efectuaron en diversas empresas sobre todo en los albores del siglo XX. Una de ellas fue de tal envergadura y en tal oportunidad (Cananea en 1905), que se considera antecedente ideológico y político principal del movimiento revolucionario de 1910 y semillero de los escasos dirigentes obreros de esta gesta.

XXVI

LOS SECTORES PRODUCTIVOS: LA INDUSTRIA DE TRANSFORMACIÓN

A diferencia de la expansión en los sectores primarios y en los de servicios, la industria de transformación observó un crecimiento más bien modesto. La preocupación inmediata porfirista no fue la industrialización, aunque se protegió y subsidió a la actividad. Tal vez ello fue consecuencia de que las posibilidades reales de expansión industrial eran limitadas en esa época en comparación con la riqueza de las actividades de exportación. En éstas se hacían abundantes inversiones, sobre todo externas, mientras que en la industria faltaban mercados y elementos financieros así como una infraestructura más extensa para emprender una industrialización vigorosa. En consecuencia, en el período de 1877 a 1910 el producto de la industria de transformación sólo logró un crecimiento modesto e irregular del 3% anual, a precios constantes, incluyendo estancamientos y contracciones (véase el cuadro 21 y la gráfica 4). De hecho hay dos subperíodos claramente definidos: uno de expansión desde 1877 hasta 1906 y otro de abierta declinación de 1907 a 1910.

La industria era objeto de impulsos contradictorios. Había el sistema de estímulos fiscales implantado en 1893, que consistía en importantes exenciones.[1] También operaba a favor de la industria la protección con respecto a importaciones mediante el arancel a pesar de su corte liberal. Se dice que "... la industria en general disfrutó de protección comercial con aranceles del 50 al 200% del valor de la importación, e incluso en la textil hubo prohibición absoluta de importar algunos productos similares a los manufacturados internamente".[2] Es de resaltar que la liberación del arancel (en 1856 y 1872), preparó el camino para la industria al eliminar gran número de talleres, imponer cambios en otros más e inducir la creación de otros nuevos. Además operó como factor de protección la devaluación de la moneda a través de la sistemática caída del precio mundial de la plata en contraste con el precio interno constante, lo que hacía más rentables las actividades internas en comparación con las del exterior (incluyendo la agricultura y la industria). Es decir, esta relación creaba un premio para el

1. Rosenzweig, F., "La industria", en *Historia moderna de México. El porfiriato. La vida económica*, tomo I, Editorial Hermes, México, 1965, p. 465.

2. Solís, L., *La realidad económica mexicana. Retrovisión y perspectivas*, Siglo XXI, México, 1970, p. 63.

productor por el incremento de precios. Así se formaba un mercado hostil a las importaciones, lo que auspiciaba su sustitución. Otro factor igualmente estimulante a la industria fue la expansión del mercado interno por dos vías: una era la simple elevación de la población y del ingreso; otra era el efecto de la integración territorial a través de la expansión de la red ferroviaria. No menos favorable era la abundante disponibilidad de mano de obra que, excepto en los años iniciales y finales del porfirismo, no planteó problemas laborales graves para su explotación en la industria.

En contraste había también factores negativos a la industrialización, entre ellos las fuertes variaciones del ingreso interno en razón de su elevada vinculación con los ciclos de las exportaciones y con la construcción de grandes obras públicas. Otro factor negativo era la marcada concentración del ingreso que limitaba las posibilidades de expansión de la demanda y su diversificación (aunque esa misma concentración pudo ser fuente de inversiones). Por último, el obstáculo más importante a la industrialización fue la propia euforia por las exportaciones. La abundancia de ingresos del exterior atraía inversiones y empresarios. Además imponía una importación extraordinaria de bienes que, a pesar de las barreras arancelarias y las alcabalas (que se derogaron finalmente en 1898), competían con la oferta nacional.

Los factores anteriormente mencionados son la explicación de que el crecimiento industrial fuese relativamente modesto y marcadamente errático. Esto lo demuestra el que los años de estancamiento o de franco retroceso en la producción industrial fueron siete de los 18 años que comprende el período 1892-1910 para el cual existe información. Resalta el que la mayoría de los años de decaimiento coinciden con las recesiones mundiales por causa de la estrecha interdependencia de las variables industriales internas con el exterior.

La etapa más crítica para la industria se inició en 1906-07, con motivo de la contracción de la economía norteamericana, que era para entonces la influencia externa más poderosa que recibía México. La industria entró en un grave retroceso (decreció el producto casi en 1% anual) de la que no se había recuperado todavía en 1910 (véase de nuevo la gráfica 4).

Durante los largos años del porfirismo tuvieron lugar una multitud de cambios y transformaciones que influyeron poderosamente sobre la evolución industrial de la nación. Uno de los más importantes fue la expansión de los mercados internos por el efecto combinado del gradual incremento del ingreso y de la población, de la monetización creciente de las transacciones y por la radical revolución de los transportes que unieron mercados regionales antes dispersos.

Además se emprendieron modificaciones tecnológicas considerables ya que en ese período se intensificó la aplicación de los medios mecánicos para la generación y transmisión de energía mediante la máquina de vapor, que vino a liberar a la industria de la rígida dependencia de los ríos como fuente energética. No menos importante en este aspecto fue el inicio y la expansión de la generación y el uso de energía eléctrica que tuvo lugar desde 1890, por cierto a base de aprovechamientos hidráulicos. También se empezó a utilizar el petróleo como combustible, el que vino a desplazar en gran medida a la leña.

Los cambios tecnológicos suponían no sólo el uso de medios de producción más poderosos y efectivos y la necesaria importación de los respectivos bienes de capital, sino también la demanda de nuevos insumos industriales. Parte de estos insumos eran de inevitable importación, pero también hubo algunos que fue posible producir internamente. Esto añadió demandas nuevas para apoyar la diversificación y el crecimiento de la industria.

También de importancia fueron las modificaciones en la política de estímulo a la industria a partir de 1880. Antes de esa fecha se consideraba la industria más como fuente de ingresos fiscales que como el futuro eje del proyecto burgués de economía nacional, a pesar de las calurosas declaraciones de liberales positivistas a favor de esa actividad.

El gradual crecimiento industrial fue acumulando intereses nacionales y externos, los que eran sobre todo franceses (la inversión francesa en este ramo significaba en 1910 el 55% del total de inversión externa industrial).[3] En consecuencia se vio obligado el Estado a atender las necesidades de apoyo a la actividad, uno de cuyos resultados fue el establecimiento del sistema de incipientes estímulos en 1893.

La mayor parte de la expansión industrial se efectuó dentro de las pautas tradicionales, es decir, a base de pequeñas unidades fabriles de baja eficiencia y dedicadas a producir bienes de consumo. Así, para 1906 estaban en operación 6 338 industrias de las que tres cuartas partes eran de alimentos. En algunas ramas tuvo lugar una sustancial modernización (textiles, papel) y en otras sólo se establecieron grandes fábricas debido a exigencias técnicas (cerveza, cemento). Pese a todas las limitaciones del caso, la industria se fue convirtiendo en un elemento de creciente importancia para la expansión de la burguesía.

De particular interés es la evolución que siguieron las principales ramas industriales. La más importante de entonces, que era sin duda la textil, muestra una elevada sensibilidad a los cambios del exterior. Su expansión se basó en parte en el estímulo de la sustitución de importaciones. Empero el impulso central surgió de la expansión de la industria tradicional de telas burdas que no encontraban competencia de telas importadas. La producción de telas de alto precio y de tejidos finos sólo se emprendió muchas décadas más tarde. Al principio de este período los textiles tuvieron una

3. Véase Nicolau D'Olwer, L., "Las inversiones extranjeras", en *Historia moderna de México. El porfiriato. Vida económica,* t. II; Ed.Hermes, México, 1965, página 1121.

expansión modesta (hasta 1892 crece el producto textil en menos de 3% anual en términos reales; véase el cuadro 21). En cambio, desde 1892 se observa una aceleración considerable del producto hasta 1906 (crece en 9% anual) debido a la intensa modernización de la industria inducida por la elevación rápida del ingreso del conjunto de la población así como por la consolidación de la red nacional de los ferrocarriles. En cambio, desde ese año hasta finales del porfirismo la industria textil entró en una grave recesión debido a la crisis del exterior, al igual que en todas las ramas industriales, pero de mayor intensidad (se contrajo el producto con ritmo de 5% anual). A pesar de la contracción observada, en 1911 la textil era la rama de mayor importancia, con 145 industrias y una capacidad formada por 725 000 husos mientras que en 1887 contaba con sólo 238 mil.[4] En esos años había tenido lugar también una gran modernización de la industria al introducir telares nuevos. La evolución de la rama textil es característica del grupo de industrias productoras de bienes de consumo que fueron las de crecimiento más dinámico pero también más irregular. Dentro de este grupo se encuentran algunas de elevada importancia y un poco menos sensibles a las variaciones del sector externo como eran las de tabaco y la de azúcar y derivados (véase la gráfica 4).

CUADRO 21

México: Valor agregado en la industria de transformación 1877 – 1910 (millones de pesos de 1900/01)

					Tasas anuales de crecimiento (%)			
	1877	*1892*	*1906*	*1910*	*1877 1892*	*1892 1906*	*1906 1910*	*1877 1910*
TOTAL	*75.1*	*90.5*	*209.7*	*204.5*	*1.3*	*6.2*	–0.6	*3.1*
Textiles	10.9	16.3	54.6	44.5	2.7	9.0	–5.0	4.4
Azúcar y derivados	16.8	20.3	32.9	35.1	1.3	3.5	1.6	2.3
Tabacalera	10.9	10.0	19.2	17.6	–0.6	4.8	–2.1	1.5

FUENTE: *Estadísticas económicas del porfiriato. Fuerza de trabajo y actividad económica por sectores,* El Colegio de México, sin fecha, p. 106.

4. *Fuerza de trabajo y actividad económica por sectores,* El Colegio de México, sin fecha, p. 106.

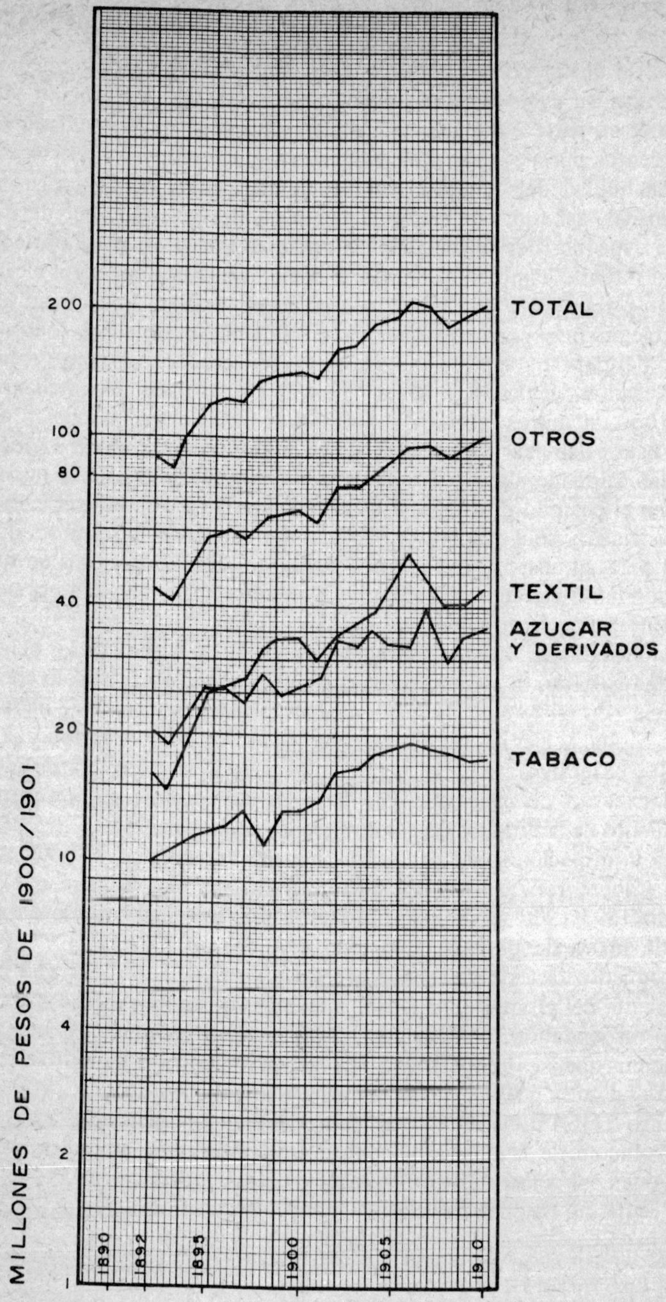

GRÁFICA 4
México: Valor agregado en industria de transformación, 1877-1910

Por lo que se refiere a la incipiente industria de bienes intermedios se afirma que su evolución fue enérgica pero errática.[5] Lo primero puede atribuirse en parte a que la escasa dimensión que tenía determina que los crecimientos iniciales aparezcan exagerados, y lo segundo se relaciona con la inestabilidad del conjunto de la industria, cuyas causas ya han sido examinadas, así como de la construcción pública y privada que dependía en gran medida del financiamiento externo. Había casos de protección natural intensa, como en el de materiales de construcción, cuyos elevados costos de transporte con respecto a su precio eran un impedimento a la importación más poderoso que los propios aranceles, sobre todo en el centro del país. En cambio en las costas eran frecuentes las construcciones con techados de pizarra y de teja francesas, con barandales italianos de hierro, o con muros eregidos con tabiques ingleses, que se usaban como lastre para estabilizar las embarcaciones que venían casi vacías a América.

Han afirmado algunos autores que la expansión inicial de las manufacturas en el período porfirista se efectuó sobre la base de utilizar la capacidad instalada y sólo después de 1888 se emprendieron inversiones importantes para ampliar la producción.[6] Esta interpretación se basa en que la inversión industrial fue poco abundante en esos años, incluyendo la extranjera. En rigor sólo hay indicios para una interpretación preliminar de la evolución industrial como es el hecho de que en la década de los ochentas en la industria textil se duplicaron los telares y en contraste sólo creció la ocupación en un tercio,[7] lo que indica un crecimiento a base de incrementos de capital y elevación de la productividad más que por la aplicación de métodos extensivos. Empero regionalmente pudo suceder una instalación inicial excesiva de capacidad por necesidades técnicas y determinar un crecimiento de la producción sin inversiones adicionales.

La información sobre ocupación industrial de la época es poco confiable y sólo se refiere a los años 1895, 1900 y 1910. Sugiere que en el período 1895-1900 se registró el impulso sectorial más intenso de absorción de mano de obra en la actividad (crece en 2% anual) y un total estancamiento de esta variable entre 1900 y 1910. Esto contrasta con el crecimiento del producto industrial, a precios constantes, en esos períodos, que corresponden a 3.5% anual y a 3.6% respectivamente, lo que conduce a concluir que la productividad real se incrementó al elevado ritmo de 3.8% anual entre 1900 y 1910, y de 1.2% anual entre 1895 y 1900 (véase el cuadro 22). Aún haciendo consideración de lo incipiente de la industria, una evolución de la productividad de esta naturaleza supondría grandes inversiones así como transformaciones técnicas profundas en la industria, de las cuales no hay indicios claros.

5. Rosenzweig, F., *op. cit.*
6. Leal, J. F., *op. cit.*, p. 103; y Solís, L., *op. cit.*, p. 65.
7. Solís, L., *op. cit.*, pp. 67-68.

CUADRO 22

México: Productividad del trabajo industrial de transformación 1895 – 1910 (a precios de 1900 – 1910)

	1895	*1900*	*1910*	*Tasas anuales de crecimiento (%)* 1895 1900	1900 1910	1895 1910
Producto industrial (miles de pesos)	120,465	143,241	204,548	3.5	3.6	3.6
Fuerza de trabajo (miles de personas)	555	624	614	2.4	−0.2	0.7
Productividad (pesos/persona)	217	230	333	1.2	3.8	2.9

FUENTE: *Estadísticas económicas del porfiriato. Fuerza de trabajo y actividad económica por sectores,* El Colegio de México, sin fecha, pp. 48 y 105.

Más bien es de suponer, a pesar de las cifras, que en los años del porfirismo se establecieron gran parte de las pautas de ocupación y de evolución de la productividad industrial correspondientes a la situación de formación de un capitalismo polarizado hacia la exportación que caracterizaba a la economía mexicana. Dentro de estas pautas se podría suponer como tendencia probable una inclinación hacia la ocupación creciente e innecesaria de mano de obra barata, tanto para incrementar la producción a base de trabajo, más que de capital caro, como por influencia de las inclinaciones señoriales y paternalistas de los patronos que podían ceder una fracción de sus utilidades para hacer la buena obra de dar trabajo a algunos de los muchos desocupados. Es difícil suponer que en un medio donde la información económica era aún más escasa que en la actualidad, donde el capital era mucho más caro y los bienes respectivos más difíciles de obtener, donde había una elevada disponibilidad de mano de obra barata y desprotegida, la gestión empresarial fuese a tal grado eficiente que lograse una elevación importante de la productividad por hombre ocupado. Como punto de referencia debe considerarse que la productividad en la industria manufacturera entre 1959 creció 2% anual y que entre 1960 y 1967 creció sólo 2.3% anual.[8]

8. Véase Trejo, S., *El incremento de la producción y el empleo industrial en México,* El Colegio de México, México, 1970.

En la época porfirista la industria no estaba llamada a desempeñar un papel dominante como fuente de ocupación de la mano de obra ni como eje de transformación burguesa. Su demanda de trabajo fue escasa y con una dinámica tan leve (menor que el crecimiento de la población total que fue de 1.1% anual y desde luego que el de la población urbana), que es difícil atribuirle un peso de importancia en el mercado de trabajo (crece la ocupación industrial total 1% anual entre 1895 y 1910 en tanto que la de la industria de transformación crece 0.7% anual en el mismo lapso; véanse los cuadros 18 y 22). Sus necesidades de mano de obra las podía satisfacer ampliamente con la masa de población urbana semiocupada que para entonces ya existía, aunque es indudable que ejerció un atractivo importante para estimular la corriente migratoria rural que se generó hacia las ciudades en combinación con la propia expansión urbana.

Tuvo lugar en realidad un doble movimiento migratorio de importancia. Uno era el que se dirigía a los centros urbanos bajo condiciones y por impulsos similares a la poderosa corriente actual que gravita principalmente sobre servicios superfluos por la incapacidad capitalista para incorporarla al trabajo productivo. Otra corriente migratoria de importancia se dirigió al exterior. Parte importante de ésta iba hacia los Estados Unidos, que desde décadas antes del porfirismo ya era un gran mercado de trabajadores nacionales. También hubo otra, "poco conocida, a Cuba y a Centroamérica, principalmente a Guatemala".[9]

Un aspecto demográfico que debe resaltarse es que el incremento de la población urbana apenas fue superior al total nacional durante la mayor parte del último tercio del siglo pasado. La información disponible sugiere que con excepción de Monterrey, donde se registró un poderoso impulso industrial a partir de las actividades de fundición desde los años setenta, y de Mérida, donde el auge henequenero atrajo importantes núcleos de población desde esa década, en el resto de las principales ciudades el crecimiento rebasó un poco a la media nacional (véase el cuadro 23). Es de resaltar que sólo a partir de 1900 se inició una expansión demográfica más acelerada de la capital de la nación. Así, a pesar de la prudencia que debe tenerse en el manejo de esta información estadística, se puede derivar que el factor más importante que desde entonces determinó la migración a las ciudades fue el incremento relativo del ingreso urbano en constraste con la miseria rural, más que la demanda directa de trabajo de la industria.

Lo que puede afirmarse es que la industria tuvo consecuencias importantes en la división del trabajo a pesar de su modesta expansión en los años porfiristas. En cambio no cobró un papel central para polarizar un crecimiento capitalista más intenso y avanzado. Sobre todo a partir de los primeros años del presente siglo incidieron varios factores simultáneamente para frenar su expansión. Unos estaban asociados directamente con la

9. Leal, J. F., *op. cit.*, p. 90.

CUADRO 23

México: Crecimiento de principales ciudades 1869 – 1910
(miles de personas)

				Tasas anuales de crecimiento (%)		
				1869	1900	1869
	1869	1900	1910	1900	1910	1910
TOTAL 5 CAPITALES	*398*	*646*	*829*	*1.6*	*2.5*	*1.8*
México	230	345	471	1.3	3.2	1.8
Guadalajara	65	101	120	1.4	1.7	1.5
Puebla	65	94	96	1.2	0.2	1.0
Monterrey	14[a]	62	79	4.9	2.5	4.3
Mérida	24	44	63	2.0	3.7	2.4
Población total del país	9 390	13 065	15 160	1.1	1.5	1.2

FUENTE: Boyer, R. S., "Las ciudades mexicanas: perspectivas de estudio en el siglo XIX", *Historia Mexicana,* vol. XXII, núm. 86, pp. 157-158.

NOTAS: [a] Tomado de Davis K. A., "Tendencias demográficas urbanas durante el siglo XIX en México", en *Historia Mexicana,* vol. XXI, núm. 83, El Colegio de México, enero-marzo de 1972.

debilitación del esquema de crecimiento con base en la estrecha y creciente vinculación con el exterior, cuyo decaimiento ya ha sido comentado. Otros resultaron de la cancelación del doble patrón de la moneda al eliminar el de la plata desde 1904 (que era el que en realidad regía) y quedando sólo referida la moneda al talón oro. Esto tuvo como consecuencias inmediatas que se eliminaran los mecanismos monetarios automáticos de protección a las utilidades que venían operando desde la época de Juárez por vía de la devaluación de la plata.

El ajuste de la paridad monetaria de 1904, dictada por consideraciones de la violenta reducción de la demanda de plata y por las ventajas de tener una moneda sana para salir de la crisis que asolaba al mundo, puso en términos comparativos y competitivos a las manufacturas nacionales con las del exterior. El efecto fue que la invasión de importaciones desde 1905 incidió seriamente sobre la industria por lo que decayó desde 1906 hasta 1910 (el producto se contrae 0.6% anual; véase el cuadro 21). Una notable y previsible consecuencia de la afluencia de importaciones es que tuvo lugar una reducción de los precios de los productos industriales para el consumo (se reducen en 0.2% anual entre 1890 y 1910).[10]

10. Véase *Estadísticas económicas del porfiriato. Fuerza de trabajo y actividad económica por sectores,* El Colegio de México, sin fecha.

XXVII

LAS LUCHAS DE CLASE

El auge de las exportaciones, las masivas inversiones en infraestructura y la expansión de los sectores productivos determinaron en su conjunto una más intensa explotación del trabajo pero también una fuerte elevación de los ingresos de éste por casi 20 años (desde principios de la década de los años ochenta y hasta finales del siglo pasado). El efecto que ello tuvo en cuanto a los beneficios que llegaron a toda la población fue notable aunque, claro está, se distribuyeron en forma altamente diferenciada. En todo caso ello determinó en gran medida la pacificación de la nación. Las incipientes luchas obreras de los años cincuentas y sesentas se relajaron más por causa de la posibilidad de ocupación para la mano de obra y ventajas que lograba la población, por leves que éstas fuesen, que por la eficiencia del aparato represivo, aún cuando éste no dejaba de operar. Las cifras existentes sobre salarios reales de la época permiten suponer que la transformación de los niveles de consumo y las posibilidades mayores de ocupación influyeron decisivamente sobre el acontecer político interno.

En efecto, los salarios reales muestran un incremento anual medio de casi 6% entre 1892 y 1898, destacándose sobre todo el aumento anual de los vigentes en la industria (12% anual), en minería (8%) y en las fuerzas armadas (7%; véase el cuadro 24). Es de suponer que tal tendencia se inició desde finales de la década de los setentas y a principios de los años ochentas, pero la escasa información no permite adelantar conclusiones definitivas a este respecto. Dicha información sugiere que en 1877 los salarios reales eran mayores que en 1892, lo que es improbable si consideramos el auge exportador y que el capitalismo se implantó dentro de una condición de expansión rápida del producto y con oferta abundante de mano de obra, con excepción del caso de la agricultura tradicional, por lo que no tuvo necesidad de pauperizar en términos absolutos a la población para liberarla, transferirla a sectores donde asalariarla y explotarla en forma capitalista (con la excepción de algunos sectores y regiones). Además el mismo auge externo hizo innecesaria la total proletarización de la mano de obra por el momento, en vista de que los sectores de punta, que eran los que atraían el interés mayor de la creciente burguesía, estaban unos proletarizados (la minería) y otros organizados en forma tal que respondían al estímulo externo sin plantear exigencias incontenibles de transformación para su más intensa explotación (por ejemplo la semiesclavitud en la explotación henequenera). Estos elementos sugieren que en el conjunto de ramas y sectores los salarios reales pueden haberse elevado durante todo el período de auge y que por lo tanto es más probable que éstos hayan sido más elevados en 1892 que en 1877. Además es de suponer que la explotación del trabajo pudo tener una variación correlativa, es decir, que fue aumentando junto con el desarrollo y extensión del capitalismo, dando así lugar a más elevados salarios y mayor explotación.

CUADRO 24

México: Salario mínimo real por actividades 1877 – 1911 (pesos de 1900)[a]

	1877	1892	1898	1911	Tasas anuales de crecimiento (%) 1877 1892	1892 1898	1898 1911	1877 1911
General	*0.325*	*0.280*	*0.390*	*0.303*	*−1.0*	*5.7*	*−1.9*	*−0.2*
Agricultura	0.318	0.263	0.374	0.268	−1.3	16.1	−2.5	−0.5
Industria	0.322	0.255	0.503	0.361	−1.5	12.0	−2.5	0.3
Minería	0.322	0.299	0.475	0.720	−0.5	8.1	3.3	2.5
Sector público	0.790	0.736	0.966	0.735	−0.5	4.6	−2.1	−0.2
Fuerzas armadas	0.453	0.266	0.402	0.276	−3.5	7.1	−2.9	−1.5

FUENTE: *Estadísticas económicas del porfiriato. Fuerza de trabajo y actividad económica por sectores*, El Colegio de México, sin fecha, pp. 147-154.
NOTAS: [a] Aproximación a milésimos de peso por el autor.

Al generalizarse el crecimiento económico a partir de la década de los ochentas se empezaron a debilitar los movimientos laborales. Decayeron las incipientes organizaciones que habían surgido desde mediados del siglo, y retrocedió la influencia de periódicos obreros fundados en los setentas (*El Socialista* en 1871 y *La Comuna* en 1874). Durante casi dos décadas declinó la actividad política y clasista de los trabajadores al grado de que desaparecieron varias de las organizaciones que con tan grande dificultad habían surgido, como algunas de las mutualidades que tenían fuerte influencia artesanal (en 1880, tras ocho años de actividad, se disolvió el Gran Círculo de Obrero Mexicanos). Empero surgieron nuevas organizaciones en otros sectores, sobre todo los que en la época porfirista eran los de "punta". Así se formaron uniones y fraternidades en la minería, industria y ferrocarriles. En otros sectores el efecto de la expansión de la ocupación y del ingreso, aun cuando de modesta dimensión, eran suficientes para reducir las tensiones sociales, sobre todo después de los largos años de guerra y hambre.[1] Pero la lucha de clases no desapareció del todo. A partir de 1881 y a pesar de la represión y de las prohibiciones legales se organizaron nuevos movimientos de huelga (se registraron 250 huelgas a lo largo del porfirismo). Otra evidencia de la lucha fueron los numerosos movimientos de rebeldía de campesinos, en unos casos comuneros y en otros pequeños propietarios, pero en todo caso se reducían a intentos de carácter local que fácilmente apagaba el Estado.

Desde finales de siglo y a pesar de los obstáculos y desviaciones de la lucha laboral, el proceso de proletarización empezó a ejercer su influencia y a vencer los efectos conciliadores del auge que a toda una generación había apaciguado, así como a superar la pesada influencia artesanal. Cambió el carácter de la lucha y se multiplicaron los intentos de organización y las expresiones de descontento, con frecuencia encabezadas por el combativo grupo de periodistas liberales y anarquistas. Pero debemos examinar algunos aspectos de las relaciones sociales dentro de las que todo esto sucedió.

A consecuencia de la combinación de un crecimiento democrático importante en relación con la forma y el grado de expansión de la ocupación urbana y rural que implantó el capitalismo en el país, se creó una importante característica de las relaciones de producción. Efectivamente, la relación de explotación rural que imponía formas no capitalistas de retención de la mano de obra, y la condición urbana que empujaba a la mano de obra hacia los servicios, empezaron a ejercer influencia sobre las relaciones de producción de otros sectores y del sistema económico como conjunto.

Los proletarios con ocupación formaban un grupo escaso en comparación con la masa creciente de desocupados urbanos. En consecuencia se estimularon algunas tendencias gremiales en la lucha de clases y al mismo tiempo se desvió una masa creciente del proletariado hacia actividades de servicios, tradicional semillero de desclasados urbanos. Con ello se formó la condición propicia para que la diferenciación de clases en los centros urbanos se viese parcialmente frustrada y convertida en diferenciación estamental y étnica. Esta evolución guarda estrecha correspondencia con la tendencia similar en las actividades rurales.

En efecto, en las actividades agropecuarias, con excepción de algunas regiones donde el surgimiento de la pequeña burguesía fue posible, subsistieron las relaciones peón-hacienda y en otras pocas aún se pudieron conservar las comunidades indígenas. En ambos casos resultaba impedida la formación plena de clases sociales de claro corte capitalista y en la misma medida se frustraba su enfrentamiento, lo que inducía la identificación

1. Valadés, J., *El porfirismo. Historia de un régimen. El nacimiento (1876-1884)*, Robredo, México, 1941, p. 18.

entre burguesía y señores de la tierra (hacendados, latifundistas) para enfrentarse al campesinado.

En correspondencia se auspició la formación de una superestructura que contenía, dentro de su orientación capitalista, acentos señoriales, rasgos ideológicos que surgían de las relaciones de servidumbre del trabajo, o ideas sobre la incapacidad de decisión política del pueblo y sobre las ventajas sociales que tenía una dictadura ilustrada. A todo ello se añadieron otras ideas positivistas y liberales.

De esta manera la lucha de clases capitalista se desviaba y en esta medida se convirtió en el factor más importante de estímulo y reproducción de un capitalismo que era capaz de crecer más no de formar las relaciones sociales que habrían sustentado un desarrollo mayor. Tal situación no se derivaba sólo de que había una relación inadecuada entre una dimensión y estructura de la población y las formas de organización de la producción o de la articulación de relaciones de producción diferentes por influencia de estructuras sociales y productivas heredadas del pasado colonial. También ejerció una poderosa influencia en este sentido la orientación de la producción en cuanto a privilegiar la producción de bienes para la exportación. En las actividades respectivas tuvo lugar un poderoso desarrollo de relaciones capitalistas. En contraste, en el resto de la economía esos cambios fueron inducidos más lenta y débilmente.

La creciente vinculación con el exterior fue convirtiendo cada vez más a la economía en parte de la infraestructura económica del sistema capitalista mundial. En consecuencia, se desarrolló una superestructura que respondía a necesidades e impulsos del capitalismo pero incluyó también estructuras dirigidas a reproducir las condiciones de interiorización del auge externo y para sostener la articulación de relaciones de producción diferentes. El conjunto de características y de relaciones del desarrollo del capitalismo favorecieron la indefinición de clases y las dificultades para plantear y resolver los conflictos de su lucha, incluyendo la inexistencia de canales organizativos y políticos para ello.

Dentro de la superestructura así formada se organizó un Estado poderoso que respondía a las necesidades de la construcción capitalista. En cuanto a la lucha de clases dicho Estado había encontrado la fórmula política que habría de regir hasta nuestros días: crecimiento económico a ultranza y paz interna. Para lograrlo se fortaleció gradualmente el Estado, no tanto como un propósito general, sino por efecto de la práctica política cotidiana. Y con ello también implantó el porfirismo otro elemento que desde entonces está presente en la política de todos los regímenes mexicanos que lograron establecer condiciones para el crecimiento, esto es, el acentuado pragmatismo en el manejo de los asuntos públicos que cancela la posibilidad de trazar planes de largo alcance.

El Estado formalizó su condición sobre la inmadurez de la clase explotada para participar políticamente al implantar un paternalismo arbitrario y represivo. Esto era sólo el resultado de la unidad entre la burguesía "enseñoriada" y los señores para afrontar las débiles protestas de campesinos, de los escasos obreros y de núcleos de intelectuales, en las dos décadas de paz y abundancia. En cambio el paternalismo decreció y la represión aumentó a medida que las protestas y la resistencia crecieron desde principios del siglo.

Otro factor central de la política nacional surgió a medida que se adentraba el país en un juego de poderes mundiales de creciente complejidad. El problema consistía en usar habilidad y fuerza para impedir la formación de bloques de intereses externos. El porfirismo aprovechó las lecciones del farragoso pasado del país y forzó en lo posible que la negociación de privilegios o la solución de presiones no se efectuase con bloques, sino individualmente, ya fuera el caso de empresarios extranjeros, de potencias mundiales o de hacendados y negociantes nacionales. Con este objeto se establecieron mecanismos formales e informales de relación entre el Estado y los representantes de intereses nacionales y extranjeros que dejaban en cada caso la interpretación y solución del problema correspondiente en manos de ese, así como la decisión última.

En todos los aspectos se procuraba impedir la hegemonía de grupos políticos, de militares, de empresas o de acreedores. La norma era generar elementos de ventajas y de diferencias de manera que se pudieran incitar enfrentamientos y celos mientras que el Estado se mantenía al margen en su papel de árbitro final. A ello se debe que los grandes monopolios internacionales no lograran nunca el control absoluto de mercados, de recursos o de las finanzas. Cuando más, se formaba una especie de *cárteles* (por ejemplo en la explotación petrolera), que en todo caso le eran al Estado menos difíciles de enfrentar que una sola empresa con hegemonía plena.

Un ejemplo notable de esta hábil política de división de Díaz, es el tratamiento dado a los numerosos próceres militares. Primero los hizo gobernadores y así los separó del mando de tropas, y luego distribuyó cuidadosamente la oficialidad para desligar lealtades. Después estableció la norma de que las recomendaciones de hacendados y comerciantes locales fuesen el medio de ascenso político de los próceres, con lo que los subordinó a la burguesía. Por último, implantó la institución del jefe político local designado por el centro, con poderes decrecionales y sobre todo con el apoyo de las tropas armadas denominadas "los rurales".[2]

Otro caso de equilibrio fue el intento, parcialmente exitoso, de compensar la creciente influencia norteamericana mediante resistencia a ésta y el estímulo a la europea.[3]

2. Leal, J. F., *op cit.*, pp. 140-143.

3. Limantour, J. I., *Apuntes sobre mi vida pública,* Ed. Porrúa, México, 1965, pp. 197-198; y Sierra, J., *El Istmo de Panamá y la Doctrina Monroe, Obras Completas,* t. IV, UNAM, p. 396.

A pesar de la indudable habilidad de manipulación del Estado, la condición capitalista en que se había inmerso el país desde finales del siglo pasado determinó que la posibilidad de contar con un espacio económico protegido del exterior fuese casi imposible. Esto se derivaba del hecho de que para crecer lo más rápidamente posible la burguesía, y con ella el Estado, había optado por aprovechar al máximo el auge externo. Pero esto a su vez determinaba una creciente vulnerabilidad del conjunto de la economía en relación con las fluctuaciones externas, además de la incorporación de pautas de funcionamiento que eran propias del sistema capitalista sin la contrapartida total de los beneficios de un sistema desarrollado. El ingreso se había elevado, el país se había transformado técnicamente, las fuerzas productivas habían avanzado y se habían modificado parcialmente las relaciones de producción en un buen número de sectores, y en cambio el desarrollo de las relaciones sociales se frenaba y se deformaba, lo que limitaba a su vez un desarrollo mayor de las relaciones de producción. Esto mismo conducía a la acumulación de fuerzas sociales que en su oportunidad se convertían en políticas, para explotar en el movimiento revolucionario.

Una característica del capitalismo que se implantó es el elevado desperdicio de las fuerzas productivas a pesar de su impresionante desarrollo. Una fracción importante de la capacidad de trabajo se había acumulado sin aplicación en las ciudades. Se utilizaban técnicas primitivas en gran parte de las actividades productivas. Las relaciones de producción condicionaban una organización del trabajo que imponía desperdicios sustanciales en los procesos productivos en comparación con las normas vigentes en esa época en los centros capitalistas más desarrollados. Además, la acumulación era insuficiente. Es decir, se frustraba el uso y el desarrollo pleno de las fuerzas productivas, lo que condicionaba a su vez una diversidad de consecuencias que iban desde la limitación de la producción de satisfactores hasta el impedimento al desarrollo mayor del capitalismo, ya sea por el bloqueo a la formación de clases, ya por la frustración de su lucha.

En los primeros tiempos del porfirismo la lucha de clases no cobraba una expresión política concreta por la disgregación de los trabajadores, no sólo política, sino aun laboralmente, ya que la lucha por la sindicalización era incipiente y usualmente gremial. En realidad el enfrentamiento político de clases fue incorporándose a las dos corrientes existentes que representaron en un principio la corriente conservadora del porfirismo y la que pretendía implantar un capitalismo más desarrollado. Estas dos corrientes correspondían, la primera, a los intereses señoriales, latifundistas, de exportadores y de grandes comerciantes, es decir, a los de la gran burguesía que había absorbido a gran parte de los señores de la tierra. La segunda correspondía a los intereses de rancheros, pequeña burguesía y sus ideólogos, así como algunos industriales. A esta última se fueron sumando núcleos de proletarios (mineros, obreros textiles, etc.) y aun de campesinos que reclamaban el respeto a la constitución vigente. Así se estableció el germen de una alianza de clases en contra de la gran burguesía enseñoriada.

La corriente política opositora se formaba inicialmente por el grupo de liberales que luchaba por la implantación de un capitalismo acorde con la doctrina ortodoxa liberal. Combinaban su ideario con tesis positivistas que los convirtieron en fanáticos del cientificismo. Por ello se hicieron acreedores del mote de "científicos" con el que se conoció al porfirismo, aunque en realidad nunca lograron el poder (sólo algunos de sus militantes estuvieron en el Gabinete). Empezaron a reclamar a Díaz su traición al liberalismo a lo que éste respondió atacando al grupo de científicos por medio de la prensa leal y de matones a sueldo. Así el liberalismo se escindió en dos grupos a medida que evolucionaba a lo largo del porfirismo. Antes de la escisión sus ideólogos desarrollaron los postulados justificativos del privilegio, del racismo, de la necesidad de una dictadura ilustrada temporal que implantase la paz aun a costa del terror, de las virtudes de la inversión extranjera, y todo ello basado en una interpretación que desarrollaron a partir del positivismo.[4] El proyecto liberal del porfirismo preveía que en un momento propicio, no lejano, la dictadura sería sustituida por el gobierno de una oligarquía y que la Constitución de 1857 se adaptaría para evitar la necesidad de que el Estado la tuviese que violar constantemente para poder gobernar. Es de considerar que el grupo científico o puro aprobaba este esquema hasta 1892.

La escisión se estableció en definitiva en 1892 cuando Díaz, que se consideraba también liberal, bloqueó la posibilidad de que los "puros" formasen un partido con base en la Unión que lo postuló para su reelección de ese año. El rompimiento se acentuó con la ebullición creciente de la lucha de clases, sobre todo al irse sumando núcleos opositores a Díaz y grupos de pequeñoburgueses que le fueron imprimiendo un sentido radical al movimiento. Surgieron nuevos grupos igualmente liberales que rebasaban los planteamientos de los opositores científicos. La crisis definitiva sucedió en 1904 cuando se enfrentaron abiertamente la corriente liberal, representante para entonces de la burguesía progresista de peso nacional, usualmente excluida del poder político (financieros, comerciantes, rancheros, industriales), con la agrupación porfirista "Círculo de Amigos del General Díaz" que representaba los intereses de exportadores y hacendados, con poder local y regional así como la fracción de la burguesía en el poder nacional.

Es importante resaltar que los intereses industriales habían evolucionado hasta considerar el mercado interno como objetivo de primera importancia y que el ampliar la demanda debía ser una finalidad central de la política económica.[5] Su presencia dentro del movimiento político del libe-

4. Córdova, A., *La ideología de la Revolución mexicana,* ERA, México, p. 45.

5. "Programa del Partido Liberal", en *Fuentes para la historia de la Revolución mexicana. I. Planes políticos y otros documentos,* FCE, México, 1954, pp. 13-14.

ralismo progresista indica con claridad al abierto conflicto gestado dentro de la burguesía debido a que el desarrollo de las relaciones de producción era bloqueado por las relaciones sociales y políticas existentes.

Durante la primera década del siglo la perturbación del sector externo, la crisis monetaria y la reducción de la inversión pública al terminarse gran parte de las grandes obras, afectaron gravemente al mercado de trabajo. En efecto, veíamos *supra* que la información existente sugiere que entre 1900 y 1910 la fuerza de trabajo sólo aumentó con ritmo de 0.4% anual. Por otra parte, la rigidez de la oferta, principalmente de productos agrícolas, y el peso creciente del aparato de distribución de las mercancías, generó presiones inflacionarias. Por ejemplo, de 1891 a 1908 el precio del maíz, frijol, chile, trigo y harina, aumentó entre 65 y 110%.[6] La economía se encontró así en medio de la situación de inflación-deflación, muy usual en el capitalismo tardío y deformado de las ex colonias latinoamericanas y causa de multitud de factores y de características que lo incapacitaban para un desarrollo más acelerado.

La combinación de inflación-deflación fue desastrosa para los asalariados. La pérdida de capacidad de compra del trabajo se generalizó con excepción de la mano de obra ocupada en minería. En el resto de las actividades el salario real retrocedió, erosionando rápidamente el poder de consumo de la mayoría de la población. Se observa que el salario mínimo real promedio descendió con ritmo de 2% anual en 1898 y 1911, y en algunos sectores este deterioro llegó a ser de casi 3% anual (véase de nuevo el cuadro 24).

Así, a la radicalización de los reclamos laborales y al estímulo de la lucha de clases contribuyó poderosamente el decaimiento económico que empezó a afectar profundamente al sistema desde principios del siglo. En consecuencia, en 1900 se organizó el Gran Círculo de Obreros Libres con 2 000 miembros, que constituyó la primera agrupación laboral del país con abierto carácter proletario, aunque el acento gremial también estaba presente debido a la elevada competencia por el trabajo. Creció la influencia de las organizaciones laborales de extranjeros (mutualidades, círculos masones, sindicatos) sobre todo de norteamericanos que trabajaban en ferrocarriles y telégrafos. La desocupación creciente y la contracción del salario real de la población proletarizada dejó sentir todo su peso sobre las masas urbanas y sobre el conjunto de trabajadores asalariados de la agricultura, ganadería y minería. Proliferaron los movimientos de huelga, los intentos de organización laboral y la rebeldía de la población, incluyendo levantamientos armados que eran brutalmente sofocados y los sobrevivientes eran esclavizados. Un indicador de la creciente rebeldía y lucha clasista es que en 1906, a un año de fundado, el periódico *Regeneración* de los Flores

6. Tannenbaum, F., "La revolución agraria mexicana", en *Problemas agrícolas e industriales de México,* vol. IV, 1952, núm. 2, p. 57.

Magón y representante del movimiento liberal opositor, tenía una circulación de 30 000 ejemplares.

El Estado, y con él la gran burguesía, no tenían fórmulas alternativas de paz social aparte de la mágica combinación de crecimiento económico y de división de frentes políticos. Su recurso era por necesidad la represión (levas, persecución, torturas, exilio y esclavitud), con la esperanza de aguantar mientras que se renovaba el crecimiento de la economía bajo el impulso del exterior. Desde luego esta esperanza era fundada, ya que el sector externo mostraba a finales de la primera década del siglo signos de recuperación, sobre todo, por la rápida expansión de la exportación de nuevos productos, principalmente petróleo.

En cambio, el sector interno de la oferta se volvía cada vez más inflexible. Estaba estructuralmente incapacitado para responder técnicamente a las demandas de bienes de consumo (invertir capitales, organizar expansiones de la producción, tecnificar ésta, etc.), aun bajo condiciones de auge externo y elevada demanda interna de productos agrícolas e industriales, y mucho más para crear un mercado de trabajo de suficiente dinamismo que absorbiese a una parte sustancial de las masas de mano de obra desocupada.

A su vez el aparato político se encontraba anquilosado para responder a los requerimientos de un período de crisis generalizada. La participación de la población en el quehacer político formal era escasa, tanto por los impedimentos del Estado para formar nuevos partidos y concurrir a las gestas electorales cuanto por el profundo atraso cívico y organizativo de la población, producto de la extrema explotación y de la manipulación económica y política de que era objeto. Decía Covarrubias que en esos años más del 80% de la población . . . "constituye una masa inerte políticamente".[7]

Las huelgas de centros mineros y fabriles sacudieron políticamente al país en 1906 (Cananea en 1906 y Río Blanco en 1907) y fueron semillero de movimientos revolucionarios y de dirigientes insignes. En consecuencia con las violentas perturbaciones laborales de esos años se efectuaron cinco incursiones armadas y rebeliones que se organizaron desde los Estados Unidos en 1906 y dos más en 1908.[8]

7. Covarrubias, J., "La trascendencia política de la reforma agraria, en *Problemas Agrícolas e Industriales de México*, vol. V, núm. 3, 1953, p. 129.

8. Wolf, E., *Las luchas campesinas del siglo XX*, Siglo XXI, México, 1972, p. 45.

XXVIII

LA CRISIS DEL SISTEMA

Un factor del desequilibrio general del sistema a finales del porfirismo fue sin duda el cambio del centro de influencia externa dominante. Este era un proceso de larga historia que se inició desde principios de la Independencia con el incremento del dominio de los Estados Unidos al empezar el siglo XIX. No se trataba todavía propiamente de un desplazamiento de la influencia europea, sino el cambio proporcional de la importancia relativa del comercio y de la inversión norteamericana en México. Para la formación del capitalismo esto suponía una vinculación externa más compleja y rica en posibilidades, la que podía aprovechar la burguesía sin necesidad de clausurar los canales de relaciones ya establecidos.

La crisis de principios de siglo señaló el momento de declinación de la hegemonía inglesa en el mundo ante la competencia europea y sobre todo norteamericana. Sus intereses coloniales en Oriente y Africa así como la confrontación europea demandaron de Inglaterra aplicar a estos lances toda su potencialidad económica, política y militar, y ella respondió a la exigencia.

Para México, significó un importante cambio en la relación externa. La presencia inglesa había sido, con excepción de algunos años de hostilidad juarista, una constante en los avatares de la nación. Su inversión directa era símbolo de un financiamiento de perfiles peculiares, ya que las utilidades que lograba en sus aventuras eran más bien modestas, ya fuese en las iniciales empresas mineras de la época independiente, ya en las inversiones en tales actividades y en la industria a fines del porfirismo. Tischendorf ha encontrado que entre 1885 y 1910 se establecieron 210 empresas inglesas en la actividad minera, de las que sólo 27 llegaron a extraer mineral y de éstas apenas 15 pagaron dividendos alguna vez. Sólo tres de estas empresas distribuyeron dividendos por más de cinco años. En el sector agropecuario el panorama es similar ya que se organizaron 32 empresas en esos 25 años de las que sólo dos tuvieron éxito. En realidad, fue en petróleo y en servicios públicos donde lograron mayores utilidades las inversiones inglesas (ferrocarriles, electrificación).[1]

El retroceso de la influencia inglesa se caracteriza a fines de los años ochenta por la clausura de casas comerciales inglesas de importancia al

1. Tischendorf, A., *Great Britain and Mexico in the era of Porfirio Díaz*, Duke University Press, 1961, *passim*.

grado de que sugiere que en 1896 tiene lugar el inicio del cambio de influencia británica en el comercio exterior de México.[2] En cambio la inversión directa siguió creciendo hasta finales del porfirismo a un ritmo elevado, ya que pasó de ser de 33 millones de libras esterlinas en 1880 a 98 en 1910.[3]

La transición de esfera de influencia externa supuso cambios profundos en la operación de la economía. Entre los más relevantes está la gradual reducción del sistema de crédito europeo para el financiamiento de importaciones. En cambio se registró un poderoso incremento de la inversión directa de empresas norteamericanas. Esto, junto con la complejidad creciente de la operación de la economía, requirió la expansión del sistema bancario desde finales del siglo, para lo que el Estado creó estímulos generosos. En tal razón proliferaron los bancos pasando de 10 en 1897 a 34 en 1904. La ineficaz regulación de su operación acentuó el desequilibrio monetario en la segunda mitad de la década, sobre todo a través de la emisión incontrolada. Durante la crisis de 1907 contribuyó a las elevadas presiones inflacionarias.

Se puede afirmar que el advenimiento de la era porfirista vino a consolidar una pauta de funcionamiento de la economía que ya se anunciaba desde hacía medio siglo y que en cierta forma había sido al mismo tiempo interrumpida y hecha posible por la sangrienta intervención francesa. Esta pauta resultaba de la incorporación plena de México a las corrientes internacionales comerciales, financieras y productivas correspondientes a la acelerada expansión mundial que tuvo el capitalismo en la segunda mitad del siglo pasado y a la transformación de las relaciones de producción prevalecientes en el país.

La manera en que sucedió dicha incorporación repitió la pauta de otros países latinoamericanos. En esencia fue la combinación de la construcción de la infraestructura básica para explotar los recursos naturales y exportarlos; el rápido incremento de las importaciones y la consecuente elevación del nivel del consumo; el cambio en las formas de producción y aumento rápido de la actividad económica productiva y distributiva; el incremento de la demanda interna que auspiciaba la expansión de nuevas actividades económicas; la elevación sustancial y sostenida de los ingresos del Estado; la afluencia de inversiones externas a las actividades exportadoras y de comercio exterior; la renovación y contratación de nuevos empréstitos; la multiplicación de las obras públicas productivas (puertos, sistemas de transporte, ferrocarriles, etc.), de los edificios públicos (mercados, palacios municipales, rastros), de obras de ornato (relojes, kioscos, bustos de Hidalgo, etc.), que en conjunto modificaron en gran parte el

2. Rosenzweig, F., "Las exportaciones mexicanas de 1877 a 1911", en *Historia Mexicana*, enero-marzo 1960, p. 395.

3. Rippy, F., *British investment in Latin America 1922-1945*, University of Minnesota Press.

paisaje urbano de la nación. Todo ello era aún más impresionante en contraste con los cincuenta primeros años de vida independiente de la nación que fueron de escaso crecimiento económico y de intensa perturbación política.

Es evidente que la estabilidad política porfirista se debía, en gran parte, al crecimiento económico que tenía el país a pesar de las fluctuaciones que provocaban los cambios en la demanda mundial de las exportaciones mexicanas. Y también es indudable que esa estabilidad fue una base de gran importancia en la promoción de la actividad económica y del avance del capitalismo aunque estuviera deformado por la presencia de relaciones de producción no capitalista en numerosas actividades.

Sin embargo, el esquema de crecimiento con estabilidad política había generado fuerzas capitalistas crecientes cuya plena expansión no permitía ya el sistema. Además, en el exterior estaban gestándose profundos cambios de habrían de afectar la continuidad de la pauta de crecimiento, lo que escapaba a la posibilidad de manipulación del núcleo dirigente. La manera de crecimiento –que consistía en una abierta orientación hacia el exterior matizada por cierto grado de proteccionismo en algunas actividades de interés interno había producido los máximos beneficios inmediatos pero también había condicionado la imposibilidad de alterar la orientación del crecimiento mediante la diversificación de la producción y de mercados externos. El auge de las exportaciones, a pesar de la protección, permitió que se introdujera en el país una abundante corriente de bienes manufacturados importados, de bajo precio, con los que la producción nacional se encontraba imposibilitada para competir abiertamente. Al mismo tiempo, la estabilidad del país exigía una creciente disponibilidad de bienes, pero el flujo de importaciones se ponía en entredicho en cuanto las exportaciones se afectaban. En cierta forma las ventajas del crecimiento abierto habían condicionado no sólo la vulnerabilidad de la economía a las fluctuaciones externas, sino también, que el país no efectuase el enorme esfuerzo necesario para acelerar el tránsito hacia el modo de producción capitalista y encaminarse hacia un desarrollo más intenso.

En la esfera interna iban creciendo los factores conflictivos que el propio crecimiento había estimulado. Eran, entre otros, el crecimiento de la población, la gradual e incompleta proletarización del sector artesanal a través de la relativa expansión industrial (textiles, cerveza, fundiciones, pulque, materiales de construcción, cerámica y vidrio, alimentos, etc.) y actividades comerciales, financieras, administrativas y de otros servicios. La población que laboraba en estas ramas formaba grupos diversos que esperaban una creciente participación en el bienestar y en las decisiones políticas. La desocupación laboral plagaba al sector urbano y la subocupación estaba presente en todos los sectores económicos y en la mayoría de las regiones del país.

Al mismo tiempo se iba profundizando la diferencia en la condición política, laboral y social que existía entre la población urbana y la rural. Por ejemplo, mientras que en los núcleos urbanos la esclavitud se había abolido desde 1829, excepto en Texas donde el Estado cedió, complaciente, a la presión de los colonos norteamericanos, en cambio en una parte del territorio nacional prevalecía todavía el sistema de sujeción servil en las actividades agropecuarias e inclusive se había acentuado. Por otra parte la diferenciación de clases y su abierta confrontación no lograba consolidarse debido en gran parte, a que en las áreas rurales los núcleos indígenas y gran número de las haciendas funcionaban dentro de normas no capitalistas y operaban como amortiguadores a la lucha de clases. Desempeñaba un papel similar en las ciudades la creciente población dedicada a los diversos servicios, incluyendo a la pequeña burguesía, aparte de los asalariados y al creciente núcleo de desclasados urbanos.

Debido a la forma de crecimiento, la economía se volvía cada vez más sensible a las variaciones externas. La expansión industrial y el aumento de otras actividades de orientación interna (servicios, agricultura para consumo interno) se habían generado bajo el poderoso impulso externo y eran incapaces de producir por sí mismas estímulos para reproducir al sistema. Es decir, no se producía lo suficiente en volumen ni variedad de bienes y tampoco se generaba ahorro suficiente para sostener el crecimiento y compensar las variaciones externas.

Al crecimiento de la producción agrícola para la exportación entre 1895 y 1901 –que coincide en gran medida con la expansión minera–, corresponden crecimientos también importantes de la producción agrícola para el mercado interno así como del valor agregado de la industria de transformación.

Efecto del aumento de la oferta interna, a la que se añadió la externa (las importaciones crecen en 12% anual en tanto que las exportaciones crecen en 9% anual entre 1895 y 1901; véase el cuadro 1 del anexo estadístico), fue la elevación del consumo y de la inversión. Un indicador indirecto de esto es la evolución de los precios internos, sobre todo de productos alimenticios básicos que muestran una ligera baja en el período de referencia.[4]

Con la crisis mundial de 1901 se precipitaron diversos acontecimientos de primera importancia. Se contrajo el valor de las exportaciones en 3%, debido a que empezaron a decaer los precios del henequén y de otras exportaciones agrícolas y se aceleró la reducción del precio de la plata. Como consecuencia, al año siguiente se contrajo la actividad nacional (en 1902 el producto interno bruto decayó casi en 5%; véase el cuadro 2 del anexo estadístico) y la importación se redujo en 2.9%. El desequilibrio externo, junto con la paralización del financiamiento extranjero causada

4. Véase *Fuerza de trabajo y actividad económica por sectores*, El Colegio de México, sin fecha.

por la misma crisis, condicionó la reforma monetaria de 1905 que fijó la paridad externa de la moneda y eliminó el estímulo de la relación de precios internos favorables.

Los cambios monetarios y la debilidad de la oferta para uso interno, sobre todo la agrícola, auspiciaron una inflación creciente que afectaba seriamente los salarios reales. Los precios internos se elevaron rápidamente sobre todo de alimentos (el pulque y el maíz, por ejemplo), debido a la escasa producción agrícola de uso interno (crece sólo en 1% anual entre 1901 y 1906).[5] Aumentó en ese lapso la producción manufacturera con ritmo anual de sólo 1.2%, por lo que no alivió gran cosa el efecto recesivo de la agricultura de uso interno sobre el consumo nacional. A partir de 1906 se inició abiertamente el proceso de deterioro acelerado en lo que se refiere a la producción de uso interno, ya fuese la agrícola o el producto industrial (decaen ambos en torno a 2% anual). Al faltar también las importaciones tuvieron lugar fuertes aumentos de precios sobre todo de alimentos. El efecto que tuvo la contracción de la actividad interna es notable por su estrecha correspondencia con la variación de las exportaciones (en valor corriente decaen en 1901, 1905 y de 1906 a 1909) y desde luego con el de las importaciones que retroceden con ritmo de 11% anual entre 1906 y 1909 (véase de nuevo el cuadro 1 del anexo estadístico).

Con el decaimiento de la actividad y del nivel de consumo que provocó el retroceso del salario real se fortalecen los movimientos populares, ahora con un creciente acento burgués y antioligárquico (sobre todo en el norte), que se extienden al estar imposibilitado el Estado para mantener el ritmo de expansión de la economía.

Así, a pesar de que después de la recesión de principios de siglo sucedió una recuperación en la actividad económica en el segundo lustro, la perturbación social era incontenible en gran parte por la irregularidad del crecimiento que desquiciaba los procesos económicos. Esto limitaba la capacidad de la economía para satisfacer las exigencias sociales que se encontraban para entonces en plena ebullición.

Los impedimentos de orden económico a la expansión de las fuerzas productivas capitalistas que diesen ocupación a la mano de obra y con ello la posibilidad de participar en el consumo, estaban correspondidos en el nivel superestructural con brutales restricciones políticas y sujeciones sociales.

Así, los impedimentos a la organización laboral y la permanente reiteración de que la situación prevaleciente era la normal funcionaron como efectivos mecanismos de regulación social por el crecimiento económico. Sin embargo, a poco de fallar éste, el conflicto latente fue irrefrenable en su expresión abierta, ya que los ingredientes revolucionarios formados por

5. *Fuerza de trabajo y actividad económica por sectores*, El Colegio de México, sin fecha.

los impedimentos sociales al ajuste de las estructuras productivas y al desarrollo de las clases sociales capitalistas, estaban presentes a la espera de una oportunidad propicia para estallar.

Esta fue determinada por la secuencia de crisis externas en combinación con la inflexibilidad productiva y distributiva internas para dar paso a una nueva etapa de transformación capitalista, lo que creó un clima político explosivo.

XXIX

A MANERA DE CONCLUSIÓN

A lo largo de los cuatro siglos de historia de la nación que comprende la presente investigación tuvieron lugar profundas transformaciones que culminaron con la implantación del capitalismo industrial. Éste no fue en modo alguno un proceso lineal, sino marcado con frecuentes desviaciones, estancamientos y retrocesos.

Una constante de importancia en este largo camino fue la poderosa y cambiante presencia externa que influyó en una multitud de formas y por una diversidad de vías en la sociedad y en su desarrollo. Empero fue siempre una influencia, por poderosa que haya sido, que se ejerció sobre el complejo desarrollo de relaciones de producción, de fuerzas productivas y de relaciones sociales existentes que formaban a la sociedad mexicana en cada momento, sin predeterminarlas. Esto se desprende de que esas relaciones son siempre internas porque son la esencia de la formación y evolución de la sociedad. En consecuencia el capitalismo no llegó de fuera en el siglo XIX sino que surgió del interior de las relaciones sociales existentes, bajo el estímulo de múltiples factores, entre ellos la influencia externa.

Es indudable que una parte de la potencialidad y vitalidad de las estructuras internas proviene de su génesis. Es decir, una vez formadas mediante la brutal imposición inicial hispana de relaciones productivas y sociales dirigidas a ordenar y regular la explotación colonial, ésta quedó inmersa en un complejo sistema de interdependencias con España que se ejercían, además, en forma intermitente. El desarrollo de la Nueva España se efectuaba formalmente bajo el dominio hispano, mas tenía por necesidad (por ausencia, se podría decir), que desarrollarse bajo una superestructura colonial en cierta forma incompleta y con relaciones infrecuentes.

A fin de apreciar la génesis de algunos rasgos del capitalismo actual, resulta esencial profundizar en el carácter del modo de producción que prevalecía en la Nueva España. Esto conduce por necesidad a examinar la formación de los dos modos antagónicos con los que se inicia la vida colonial.

Uno fue el despótico-tributario, que desapareció a finales de la Colonia y que dejó como herencia a los restos de las hostilizadas comunidades indígenas. Éstas finalmente fueron en su mayoría absorbidas por las haciendas del siglo XIX y el resto se incorporaron al capitalismo dentro de diversas modalidades. Algunas formalmente preservaron rasgos arcaicos en sus relaciones sociales internas.

El segundo modo de producción de la etapa colonial fue el formado con base en los rasgos señoriales de un feudalismo decadente encuadrado en una condición de colonialismo internacional. Esto resultaba en la combinación de heterogéneos elementos como eran la explotación laboral en forma de esclavitud y servidumbre de los indígenas, con una práctica mercantilista y la vigencia del poder real sobre señores, explotaciones y clero. De esta formación constituida por encomiendas y productores individuales surgió la hacienda, y en parte también dio lugar a la explotación minera y ganadera de corte más avanzado. Este modo de producción fue dominante desde el siglo XVI. Empero, en su evolución dio lugar a un proceso de transición que formó dos tendencias: una que sustentaría la formación de una burguesía, que atraía y propiciaba brotes de nuevas formas de organización y de impulsos favorables al futuro capitalismo; y otra, que en su decadente fijación en la encomienda, terminó aliándose al otro cadáver social que era la comunidad. En los intersticios surgían actividades empresariales pero el dominio de estructuras coloniales y señoriales (incluyendo el clero y el Estado virreinal) limitaba sus posibilidades de crecimiento.

El poderoso peso de estructuras coloniales impedía el desarrollo de las fuerzas productivas al ritmo y forma que éstas demandaban y creció el conflicto social. La ruptura se inició en la esfera política con la Independencia. Sin embargo, los impedimentos principales siguieron presentes después de su consumación y la lucha prosiguió con violentos altibajos entre la corriente conservadora (clero, parte de hacendados, restos de gremios), y los abanderados de un capitalismo de fuerte acento liberal. La destrucción de diques a la expansión empresarial era una necesidad social insoslayable, incluyendo la transformación de la propiedad de la tierra y las formas de explotación, para lo que se requería la eliminación del poder de la Iglesia y de la milicia, de los grandes propietarios y de los gremios, y también la modificación de las superestructuras ideológicas.

A fin de imponer el modo de producción capitalista en gestación sobre el señorial de rasgos feudales era necesaria la liberalización del sistema, incluyendo al trabajo, a fin de establecer la explotación capitalista, o sea para asalariarse. La acumulación originaria debía culminar con la formación y vigencia de relaciones de producción y sociales capitalistas, es decir, dictadas por la ley del valor correspondiente al modo de producción capitalista. Se formó así una ideología burguesa con demandas capitalistas y poco a poco se organizaron medios políticos y sociales para lograrlas.

A la realización del magno proyecto de la burguesía contribuyeron las brutales sacudidas sociales de las guerras internas y externas del período independiente, particularmente las invasiones de los ejércitos de los Estados Unidos y la intervención de Francia. Las gestas militares prepararon el camino al capitalismo a través de la movilización de enormes masas de población, de la destrucción de impedimentos sociales y de la apropiación de riquezas acumuladas y congeladas en manos del clero, comunidades y propietarios rurales y urbanos.

El proyecto burgués era por necesidad compartido por núcleos de hacendados. El interés de los hacendados por la destrucción del poder clerical para librarse de las enormes deudas que habían adquirido en siglos de ineficiente gestión, se mezclaba con la ambición de obtener bienes raíces de la Iglesia a bajo precio. Así la burguesía se alió con los señores de la tierra en su lucha contra el clero, cuando estos señores juzgaron que el éxito estaba del lado de los liberales, o sea a mediados del siglo XIX.

Con la derrota del clero y de Francia en los años sesenta del siglo XIX finalmente se abrió la posibilidad del desarrollo capitalista. A ello colaboraron la poderosa influencia externa del auge comercial, de disponibilidad de capitales y de avance tecnológico. Se completó la acumulación originaria de esa etapa con el brutal despojo de propiedades clericales, de comunidades y la repartición de tierras nacionales.

El desarrollo capitalista avanzó incontenible en el último cuarto del siglo XIX, una vez rotos los obstáculos mayores del sistema señorial, combinando la construcción de grandes obras públicas con el auge de exportaciones y la acelerada expansión de la producción para uso interno. Esto se efectuó a fines del siglo XIX con el concurso de una burguesía que se enseñorea y de señores de la tierra que se aburguesan. Paralelamente al desarrollo capitalista urbano tuvo lugar un desarrollo capitalista rural en la minería, en la ganadería y en gran parte de la agricultura, de la cual dan cuenta la adecuación de las haciendas a la operación capitalista, y la proliferación de ranchos. Para fines del siglo el predominio capitalista era total a pesar de la presencia de unidades productivas, comunidades y aun regiones que no operaban dentro de relaciones de producción de esta naturaleza, pero que estaban inmersos en el sistema capitalista y conectados a éste por multitud de vías. En esta medida estaban determinados en su reproducción por un capitalismo total.

La unidad de la burguesía y de los hacendados, que surgió por la necesidad de la lucha contra el clero, se debilitó durante las dos décadas de auge de la economía, o sean las finales del siglo XIX.

Surgió una fracción burguesa que no compartía las ventajas de enseñorearse ni tenía acceso al poder económico. Además, se formó una clase proletaria urbana y creció la rebeldía de campesinos explotados. Estas circunstancias determinaron que la unión entre hacendados y burguesía enseñoreada recobrase vitalidad. El desequilibrio externo de la economía a principios del siglo XX, agudizado por la polarización del crecimiento económico en torno a las exportaciones, se añadió para poner en tensión creciente el sistema económico, social y político. Pero el sistema no tenía capacidad para resolver las demandas de bienestar y de liberación campesina, que hubiera requerido la destrucción de la hacienda, ni de participación política y económica de la burguesía disidente, que hubiera demandado ceder parte del poder y la alteración de las relaciones de producción y sociales, y mucho menos aún para reponder a las exigencias proletarias de bienestar, ocupación, organización laboral y representación política.

De los numerosos rasgos importantes del capitalismo que se desarrolló en México resalta la articulación de relaciones de producción capitalistas y no capitalistas a través de la vigorización de la hacienda. Es decir, este desarrollo que combinó la llamada "vía junker" (haciendas) con la denominada "vía farmer" (ranchos, pequeñas propiedades), fue posible en la medida en que la hacienda absorbió la casi totalidad de las comunidades campesinas en su interior, sin alterar formalmente las relaciones de producción internas, y en cambio los ranchos se multiplicaron con base en trabajo asalariado. Así, estas comunidades, algunas de ellas indígenas, fueron incorporadas al capitalismo sin necesidad de establecer el trabajo asalariado libre o de generar procesos de acumulación ampliada en su seno. En cambio se estableció la forma peculiar de salario característico de la relación de peonaje en las labores de las haciendas, con trabajadores de esas mismas comunidades.

Otra característica estrechamente vinculada con la anterior, es que las clases sociales correspondientes a la formación capitalista no se desarrollaron totalmente en ese entonces. La burguesía se enseñoreó y las clases explotadas se encontraron en una condición intermedia de explotación entre proletariado y servidumbre. Las excepciones son los mineros, los trabajadores industriales, los ferrocarrileros. Empero numéricamente era una parte reducida de la clase explotada.

Además de los rasgos ideológicos claramente correspondientes a las clases capitalistas, o sea los de la burguesía más progresista, de la proletaria y de la pequeña burguesía, estaba la ideología señorial así como la de un gran sector rural que deseaba el retorno al pasado. Este pasado se idealizaba no sólo como deseo de restablecer las comunidades campesinas con base en los derechos de propiedades coloniales expoliadas por la Reforma y por los deslindes de tierras baldías, sino aún como nostalgia por la comunidad indígena prehispánica. Los poderosos rasgos ideológicos comunales subsistieron en parte por la política colonial de preservación de estructuras tribales, no sólo por la Corona, sino también por la Iglesia y aun por la hacienda debido a la forma de explotación del trabajo que cobraba ventajas con la persistencia formal de las comunidades.

A principios de siglo se había alcanzado ya un desarrollo capitalista generalizado aunque con una diversidad de rasgos peculiares. A ello contribuyó un poco la presencia externa, ya en forma de financiamiento que aceleró la acumulación inicial y colaboró a implantar la ley del valor, ya por sus aportaciones técnicas, administrativas e ideológicas. Naturalmente el capitalismo mexicano pronto contribuyó con creces a la acumulación ampliada mundial de capital, además de formar su propia base productiva en constante crecimiento. De todas formas se trataba de un capitalismo inicial que recién salía de las últimas etapas de acumulación originaria y que combinaba diversas relaciones de producción en su seno, lo que era particularmente intenso en la agricultura del centro y del sur del país. Para entonces la explotacón del trabajo ya era predominantemente capitalista, no por estar la mayoría de los trabajadores asalariados o que la principal producción surgiera de empresas capitalistas sino porque las actividades donde prevalecía esta forma de explotación eran las determinantes de la reproducción económica, social y política del sistema, es decir, del modo de producción capitalista.

A pesar del avance capitalista que había alcanzado el país, las relaciones sociales y productivas eran incapaces de abrir paso a un desarrollo mayor a las fuerzas internas y externas en vista de que se requería la alteración de estructuras y relaciones antagónicas. Para ello era necesario una profunda sacudida política, destruyendo el poder económico y político de las clases sociales opositoras, formular un proyecto social más avanzado e implantar los medios para llevarlo a efecto.

La creciente acumulación de tensiones dio lugar a una lucha social a la espera de una oportunidad para derrumbar el orden establecido. La coyuntura debía ser propicia, lo que sólo era posible de darse con una combinación de circunstancias internas y externas. Se trataba de alcanzar un estadio más avanzado de ordenamiento capitalista, con todas las implicaciones de más intensa explotación y de posibilidades mayores de desarrollo político, social y económico.

Se había completado una primera etapa del desarrollo capitalista en la que los rasgos señoriales eran de gran peso. Ahora tenía lugar la irrupción de un núcleo burgués más avanzado que planteaba la alianza con campesinos y proletarios para destruir a la oligarquía señorial. Su objetivo era alcanzar un desarrollo industrial intenso y formar una nación moderna capitalista con dominio mayor de la economía por la burguesía nacional y mayor participación en sus ventajas. En efecto, en el siglo XIX había tenido lugar un desarrollo capitalista tardío de fuerte orientación externa que había violentado la formación de relaciones sociales internas. Ahora éstas demandaban un replanteamiento o retorno al desarrollo interno en un nivel más avanzado y complejo. Eran los albores de la revolución burguesa en la búsqueda de caminos y de un espacio económico más exclusivo que demandaría la destrucción del sistema capitalista-señorial para dar paso al capitalista-burgués. Esta nueva etapa requería una reestructuración sustantiva de las relaciones de producción y sociales a la que habría de corresponder una nueva etapa de acumulación, (que ya no sería originaria en estricto sentido a pesar de sus apariencias), ahora orientada a sustentar un capitalismo industrial más complejo.

La destrucción de las estructuras sociales capitalistas-señoriales poderosamente orientadas al exterior, para formar las relaciones capitalistas-industriales de sentido nacionalista correría a cargo de la revolución armada y sus transformaciones posteriores. La tercera etapa agraria de acumulación, que habría de modificar los efectos de las dos anteriores (de la Reforma y de los deslindes) habría de correr a cargo de la Reforma Agraria.

En cierta forma la sociedad burguesa tomó de nuevo el rumbo que llevaba antes del gran auge externo del siglo XIX a fin de acentuar el desarrollo interno. La evaluación del intento y su grado de éxito habrá de enjuiciarse en una investigación posterior. Aquí podemos adelantar que el desarrollo capitalista tardío se aceleró en gran medida por el impulso externo a fines del siglo pasado. Pero también esa forma de desarrollo no supuso el "salto de etapas", particularmente el período del nacionalismo burgués, sino su anquilosamiento. La revolución de 1910 y su secuela de cambios respondió a la demanda de ese desarrollo interno de las clases sociales para sobrevivir. El desarrollo capitalista se habría de alcanzar mediante la industrialización, la liberalización del trabajo y la proliferación de relaciones capitalistas empresariales, según se fue definiendo en los años siguientes.

Es de preguntarse si en la etapa del surgimiento del capitalismo el proyecto socialista era viable en México. La respuesta es clara: no era viable internamente, lo que se demuestra por el hecho de que no había una demanda social en este sentido. La nostalgia comunal campesina era un anacronismo. Peones, proletarios y en general los explotados demandaban en el mejor de los casos la vigencia y observación de normas burguesas al igual que la fracción burguesa más avanzada. Las ideas socialistas y anarquistas eran del dominio de pequeños grupos de intelectuales y de dirigentes sindicales que se vieron rebasados ampliamente por la sed de liberalismo de las masas. Estas ideas reaparecieron en la formulación de la Constitución de 1917 como aspiración, más que en respuesta a demandas sociales. En consecuencia algunas quedaron en calidad de letra muerta hasta que la sociedad alcanzó, décadas más tarde, un desarrollo en que demandaba ese tipo de disposiciones.

Una cuestión diferente es que en el capitalismo existían desde el siglo pasado elementos que serán determinantes del tránsito al socialismo y componentes de este futuro modo de producción. La socialización de la producción, la formación de clases y el desarrollo de las fuerzas productivas son algunos de esos elementos. En cambio la comunidad rural o el ejido no son ni fueron ya en este siglo ejes del avance hacia el socialismo o formaciones "de punta" en el desarrollo en esa dirección. Desde que se alcanzó el predominio capitalista estas estructuras formaron parte del sistema, pero a costa de adaptar sus relaciones al mismo. En todo caso, con el capitalismo y su desarrollo se sentaron las bases para el surgimiento del socialismo, particularmente por la formación de un proletariado urbano y rural, el que incluye, en una expresión deformada por su origen, a la gran mayoría de la masa ejidal y buena parte de minifundistas privados, a pesar de su apariencia comunitaria no capitalista.

Desde 1910 las perspectivas revolucionarias para implantar un capitalismo nacionalista surgían junto con aspiraciones campesinas. El carácter explosivo y masivo de éstas se combinaba con su característica incapacidad política de clase para orientar por sí misma la revolución. En ausencia de un proletariado extenso y organizado que dirigiese dicha transformación quedó en manos de la burguesía aprovechar la explosión armada campesina y esperar a descabezarla para dirigirla. Su éxito en alcanzar un estadio de desarrollo capitalista más avanzado se sustentó en un pragmatismo que en ocasiones la condujo a adoptar soluciones sociales heterodoxas para el capitalismo de su tiempo, como fue la Reforma Agraria. Empero lo que procuraba y logró, era una explotación del trabajo más intensa y compleja, lo que determinó correlativamente la formación de clases sociales, su mayor participación política y aun la obtención de cierto bienestar. Así tuvo lugar el efecto revolucionario del capitalismo, en cuanto a socializar la producción, politizar al trabajo y ampliar constantemente las fuerzas productivas, aun dentro de condiciones de crisis y desperdicios enormes. En esta medida prepara inevitablemente el surgimiento del que será el estadio siguiente del desarrollo, o sea el socialismo.

ANEXO ESTADÍSTICO

CUADRO 1

México: Comercio exterior total y con algunos países 1888 – 1911[a] (millones de pesos)

AÑO FISCAL	TOTAL		ESTADOS UNIDOS		EUROPA TOTAL		INGLATERRA		FRANCIA		ALEMANIA	
	EXP.	IMP.	EXP.	IMP.	EXP.	IMP.	EXP.	IMP.	EXP.	IMP.	EXP.	IMP.
1888-89	60.2	54.1	40.9	30.6	18.9	22.9	12.5	8.6	3.5	6.7	2.1	3.8
1889-90	62.5	68.5	43.0	38.3	19.3	29.4	13.7	11.2	3.2	8.2	1.7	4.8
1890-91	63.3		44.9		18.0		10.9		3.7		2.8	
1891-92	75.5		49.9		25.3		15.3		4.6		4.3	
1892-93	87.5	65.8	63.8	39.7	23.4	25.0	14.7	8.6	3.7	7.2	3.3	4.4
1893-94	79.3	56.1	60.7	26.6	18.0	28.7	11.6	10.7	2.4	8.1	2.8	5.0
1894-95	90.9	66.7	67.3	29.7	22.2	36.1	15.3	13.1	2.1	10.9	3.1	6.6
1895-96	105.0	61.1	79.6	20.1	24.0	40.1	16.5	14.6	2.1	11.3	3.0	8.1
1896-97	111.3	82.8	86.7	44.3	23.3	37.4	14.3	13.5	1.9	9.8	4.4	7.9
1897-98	128.9	96.9	95.0	47.8	30.9	48.1	14.8	18.0	5.3	12.1	7.0	10.6
1898-99	138.3	108.2	103.6	51.4	28.7	55.1	14.1	19.6	6.3	12.6	4.0	12.1
1899-900	149.9	127.7	116.1	64.6	27.5	60.9	12.5	21.8	6.6	14.1	5.0	13.9
1900-01	148.5	132.8	117.2	71.8	25.7	59.1	12.0	20.3	2.8	13.4	5.0	14.5
1901-02	171.8	150.5	141.4	88.7	24.7	60.0	10.5	18.8	2.2	14.3	4.8	14.7
1902-03	207.4	189.8	152.8	102.0	48.0	27.2	84.8	25.8	3.7	16.3	9.7	23.9
1903-04	210.3	178.0	154.0	96.9	51.4	78.5	25.3	22.8	6.3	16.9	11.2	21.7
1904-05	208.5	179.4	153.0	100.8	50.5	76.0	17.1	21.8	5.9	17.8	16.2	20.5
1905-06	271.1	220.0	186.0	145.5	79.8	71.8	41.7	20.2	8.0	16.2	20.5	20.7
1906-07	243.0	232.2	175.8	146.4	68.5	82.2	31.9	23.5	8.1	17.3	20.1	24.0
1907-08	242.7	221.3	170.1	118.0	69.5	99.2	26.2	32.7	12.8	19.8	22.4	28.3
1908-09	231.1	156.5	172.9	90.6	55.1	61.6	24.1	19.8	11.0	12.4	12.9	17.1
1909-10	260.0	194.9	196.9	112.8	59.1	74.3	28.5	22.3	12.3	17.4	8.4	20.3
1910-11	293.8	205.9	224.5	113.1	63.3	86.5	35.9	24.0	9.3	18.7	8.7	25.6
TOTAL[a]	3 507.0	2 849.7	2 601.3	1 579.7	831.8	1 217.7	429.7	391.7	119.1	281.5	176.3	308.5
SALDO[a]	657.3		1 021.6			385.9	29.0			162.4	132.2	

FUENTE: *Estadísticas económicas del porfiriato, comercio exterior de México 1877-1911*, El Colegio de México, México, 1960.

NOTA: [a] No existe información acerca de las importaciones en los años 1890/91 y 1891/92. El total de expansiones no incluye los valores de estos años a fin de hacer la suma comparable con la de las importaciones.

CUADRO 2

Producto interno bruto por sectores, 1895-1910
(millones de pesos de 1950)

Año	*Total*	*Agricultura*	*Ganadería*	*Minería*	*Petróleo*	*Manufacturas*	*Electricidad*	*Gobierno*	*Comercio*	*Otros*
1895	6 483	1 382	1 251	438	–	890	2	156	1 170	1 194
1896	6 906	1 471	1 268	449	–	1 034	3	154	1 291	1 237
1897	7 512	1 745	1 288	493	–	1 109	3	176	1 381	1 317
1898	7 676	1 694	1 305	540	–	1 121	3	198	1 436	1 379
1899	8 175	1 773	1 329	565	–	1 273	4	201	1 599	1 431
1900	8 250	1 632	1 335	550	–	1 360	5	194	1 697	1 477
1901	9 019	1 740	1 361	544	–	1 594	6	202	1 902	1 570
1902	8 584	1 766	1 361	704	1	1 265	7	197	1 752	1 531
1903	9 287	1 642	1 419	758	1	1 522	9	216	2 037	1 638
1904	9 688	1 718	1 511	784	1	1 573	11	236	2 083	1 771
1905	10 016	1 789	1 497	862	2	1 628	13	198	2 186	1 841
1906	10 292	1 828	1 470	840	3	1 702	15	219	2 310	1 905
1907	10 624	1 713	1 479	872	8	1 756	17	250	2 560	1 969
1908	10 904	2 387	1 486	922	12	1 678	20	257	2 232	1 920
1909	11 389	2 442	1 495	977	24	1 837	22	242	2 358	1 992
1910	11 650	2 609	1 501	1 039	33	1 836	26	220	2 377	2 009

FUENTE: Gutiérrez Requenes, M., *Producto bruto interno y series básicas 1895-1967*, Banco de México, documento del Departamento de Estudios Económicos, México, 1969, p. 4.

ÍNDICE DE CUADROS

ÍNDICE DE GRÁFICAS

impreso en editorial melo, s. a.
av. año de juárez 226 local d — méxico 13, d. f.
cinco mil ejemplares
9 de marzo de 1977